Colons, Créoles et Coolies

L'immigration réunionnaise
en Nouvelle-Calédonie (XIXe siècle)
et le tayo de Saint-Louis

© **L'HARMATTAN, 2007**
5-7, rue de l'École-Polytechnique ; 75005 Paris

http://www.librairieharmattan.com
diffusion.harmattan@wanadoo.fr
harmattan1@wanadoo.fr

ISBN : 978-2-296-03575-1
EAN : 9782296035751

Karin SPEEDY

Colons, Créoles et Coolies

L'immigration réunionnaise en Nouvelle-Calédonie (XIXe siècle) et le tayo de Saint-Louis

Préface de Bernard Brou

L'Harmattan

Collection

Lettres du Pacifique

Collection dirigée par Hélène Colombani, Conservateur en chef principale des bibliothèques (AENSB), Chargée de Mission pour le Livre en Nouvelle-Calédonie.

Cette collection a pour objet de publier ou rééditer des textes littéraires (romans, nouvelles, essais, théâtre ou poésie), d'auteurs contemporains ou classiques du Pacifique francophone, ainsi que des études sur les littératures modernes ou les traditions orales océaniennes (mythologies, contes et chants).

Ouvrages déjà parus dans la collection :

1 - Les Terres de la demi-lune, nouvelles par Hélène Savoie
2 - L'Ile monde, nouvelles par Dany Dalmayrac
3 - Mystérieuses civilisations du Pacifique, essai par Christian Navis,
4 - Du rocher à la voile, récits contes et nouvelles du Cercle des Auteurs du Pacifique
5 - Les Montagnes du Pacifique, roman marquisien, par Dominique Cadilhac
6 - Coup de soleil sur le Caillou, nouvelles, par Joël Paul.

Remerciements

Ce travail n'aurait pu être entrepris sans le financement de deux Fonds de Recherche de l'Université Macquarie, Sydney. Ces Fonds (MUNSG et MURDG) m'ont permis de voyager en Nouvelle-Calédonie et en France afin de faire les recherches d'archives nécessaires à la réalisation de ce projet.

Je tiens aussi à remercier les collègues et amis suivants qui m'ont, d'une façon ou d'une autre, encouragée et soutenue : Sabine Ehrhart, Chris Corne, Daphne Corne, Véronique Fillol, Gilles Pestaña, Raylene Ramsay, les familles Boukhelifa et Benbrahim à Paris, Jeanette et Gary Speedy à Auckland, Youcef Boukhelifa, Guy Neumann, Simone Drépierre et Joanne Penno, ainsi qu'Hélène Colombani, directrice de cette collection, qui m'a aidée et conseillée.

Je dédie ce livre à ma fille, Aliyah.

Liste des abréviations

Ø	Marqueur zéro
1S	Première personne du singulier
2S	Deuxième personne du singulier
3S	Troisième personne du singulier
3PL	Troisième personne du pluriel
Ad. Poss.	Adjectif possessif
Art. Déf.	Article défini
Art. Indéf.	Article indéfini
CAOM	Centre d'Archives d'Outre-Mer, Aix-en-Provence
Caus.	Marqueur causatif
Cop.	Copule
Dém.	Démonstratif
DPPC	Dépôt des Papiers Publics des Colonies (Etat Civil)
EC	État Civil
FM	Fonds Ministériels
Imparf.	Temps imparfait
Ind. Verb.	Indice verbal
L1	Langue première
L2	Langue seconde
NCL	Nouvelle-Calédonie
Nég.	Adverbe de négation
P. D.	Pronom dépendant
Poss.	Marqueur possessif
P.Perf.	Temps passé perfectif
Prép.	Préposition
Prés.	Temps présent
Présentateur	Présentateur
Rel.	Pronom relatif
SG	Série G

Préface

En 1982, la Société d'Études Historiques de la Nouvelle-Calédonie a publié mon étude sur *Les lieux historiques de la Conception, Saint-Louis, Yahoué.*

C'était – et cela reste – un premier inventaire de lieux chargés d'histoire, d'une région très proche de la presqu'île de Nouméa, près de laquelle le piéton, le touriste ou le curieux passent couramment sans forcément savoir qu'il s'agit de lieux historiques. C'était donc un ouvrage de vulgarisation, mais aussi un appel à la protection des vestiges, dans une région qui a connu beaucoup de modifications et même des bouleversements.

Dans les dernières pages de cet opuscule, je n'ai pas manqué d'évoquer le « regroupement composite » du village dit mélanésien, d'aujourd'hui (pages 86-87) et j'ai même osé publier une carte schématique de la curieuse composition par groupes séparés mais juxtaposés, des humains de ce village original de Saint-Louis, décidé et construit par la Mission catholique à partir de 1860.

Il regroupe, mais distingue, accolés, des descendants d'autochtones de Touho (en fait : de la lointaine côte est) et aussi, à côté mais distincts, de Boulouparis, puis de Païta, sans oublier des descendants de vrais autochtones de la région, des métis divers... et même des importés de la Réunion... ou encore des libérés d'un bagne bien proche, qui cherchaient du travail et un asile peu curieux.

Car l'histoire de la création de Saint-Louis, exposée dans ce livre, est riche, variée et originale, mais aujourd'hui en partie oubliée.

Et je terminais le chapitre sur « l'agglomération mélanésienne » actuelle de Saint-Louis par ces mots qui, à l'époque, ont pu surprendre beaucoup de lecteurs :

« Le langage de Saint-Louis est un pidjin français, c'est-à-dire un parler dont la base est la langue française, qui a subi de fortes influences différentes et composites. On pourrait même dire que ce cas particulier de regroupement de l'agglomération de Saint-Louis est un exemple de créolisation calédonienne ».

En résumé, <u>un langage créole</u> !

Écrire cela en 1982, il y a 25 ans, était, de la part d'un historien, étonnant, et même osé !

Aujourd'hui, en 2007, cela surprendra encore ! Car les langages créoles passent pour être nés dans les « vieilles » colonies, celles qui ont connu l'esclavage, ce qui n'est pas le cas en Nouvelle-Calédonie.

Les sociologues et les linguistes ont cependant dû admettre que d'autres conditions particulières, elles aussi importantes, voire contraignantes, ont pu agir profondément sur des regroupements d'êtres humains, issus de régions très différentes, aux langages incompatibles, mais amenés à vivre en commun, à connaître des réactions identiques... et à correspondre avec les autres dans un nouveau langage, déjà fortement esquissé, et qu'ils créaient ensemble.

De là serait née la langue créole dite : le tayo de Saint-Louis.

Il est donc intéressant et constructif de publier l'étude d'un auteur qui a observé, étudié, analysé les particularités de ce parler encore actuel qui est la spécificité des habitants de Saint-Louis.

Un quart de siècle après « les lieux historiques », j'ai apprécié le texte objet de cette publication, qui forme un constat, même surprenant, qui analyse et cherche à expliquer sa singularité. Il faut dire que toute étude de ce genre sur un sujet aussi étroit est parfois à « contre-courant » des idées reçues, ne peut inciter les spécialistes à le choisir, et le mérite est grand, pour ceux qui ont opéré ce choix, et ont décidé d'étudier les origines et les spécificités de tels sujets de recherches.

La bibliographie montre que peu d'auteurs ont osé aborder un tel cas particulier : le tayo. Qu'ils en soient félicités et honorés, comme d'ailleurs l'Éditeur de cet opuscule courageux.

Pour moi, je reste confondu et extasié d'admirer les travaux exposés dans le texte, et j'apprécie les analyses, les examens, les exemples et les conclusions qui resteront désormais à la disposition des lecteurs futurs.

Ces recherches ont aussi l'avantage de montrer que l'histoire de la Nouvelle-Calédonie n'est pas un sujet épuisé, et que grand est le mérite de ceux qui publient actuellement sur des sujets aussi particuliers, citant et exposant les travaux de leurs aînés, montrant que les sujets d'études peuvent évoluer et n'ont pas révélé la totalité de leurs aspects : l'avenir est encore plein de richesses à découvrir.

Remercions ces trois universitaires natifs des îles du Pacifique : l'auteur, Karin Speedy, d'origine néo-zélandaise, qui a consacré son temps et sa volonté au déchiffrement d'un langage parlé qui a révélé de si originales spécificités : une énigme calédonienne est devenue, grâce à elle, une singularité de la diversité locale.

Hélène Colombani, Chargée de mission pour le livre en Nouvelle-Calédonie, à qui je suis reconnaissant de m'avoir proposé cette préface, et dont je salue l'important travail qu'elle poursuit en faveur de la littérature et du livre Océaniens et de leur promotion.

Mais aussi, je dois remercier aujourd'hui celui qui, il y a bien longtemps, étant au courant de mes recherches sur les lieux historiques de Saint-Louis, m'a révélé le fruit de ses observations sur le langage de ces gens si proches de Nouméa, langage qui commençait alors à poser problème.

C'est Paul Griscelli, dont la formation, très variée, comportait aussi la linguistique. C'est lui qui, à ma connaissance, a remarqué les anomalies et qui a commencé, à sa surprise sans doute, à pressentir que le parler de Saint-Louis n'était pas qu'une langue mélanésienne, alors que tout le monde le croyait à ce moment-là.

Je suis aujourd'hui heureux, de préfacer un ouvrage qui, un quart de siècle plus tard, lui donne raison.

Bernard Brou
Docteur d'État
Membre du Cercle des Auteurs du Pacifique
Past Président de la Société des Études Historiques

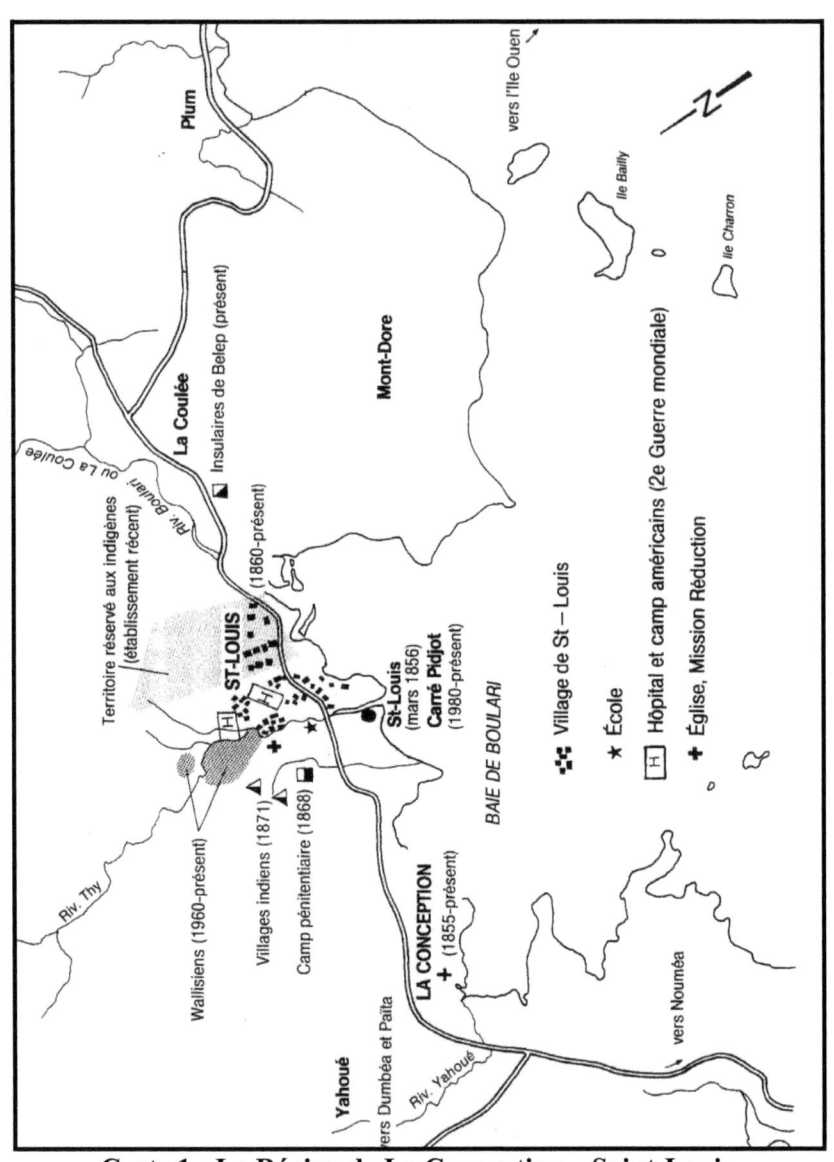

Carte 1 : La Région de La Conception – Saint-Louis
Carte reproduite d'Ehrhart (1993)
avec l'aimable autorisation de S. Ehrhart et d'A. Bollée.

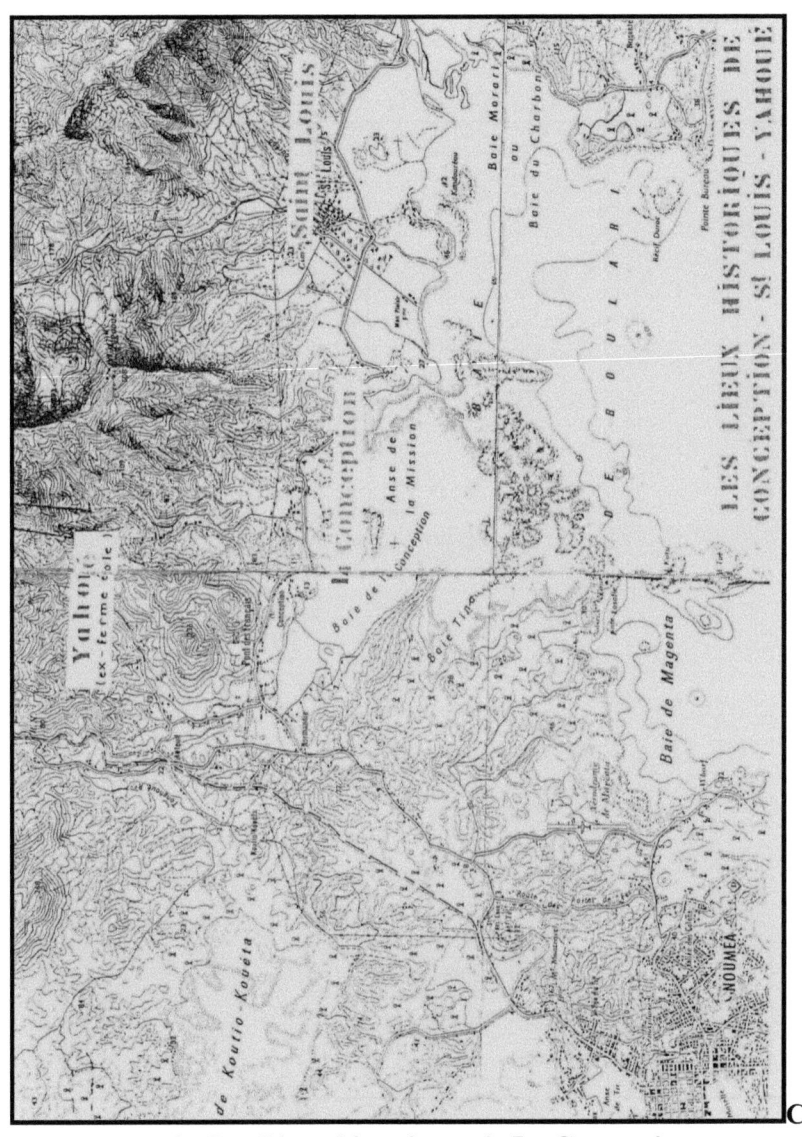

arte 2 : Les Lieux historiques de La Conception, Saint-Louis et Yahoué
Carte reproduite reproduite avec l'aimable autorisation de B. Brou.

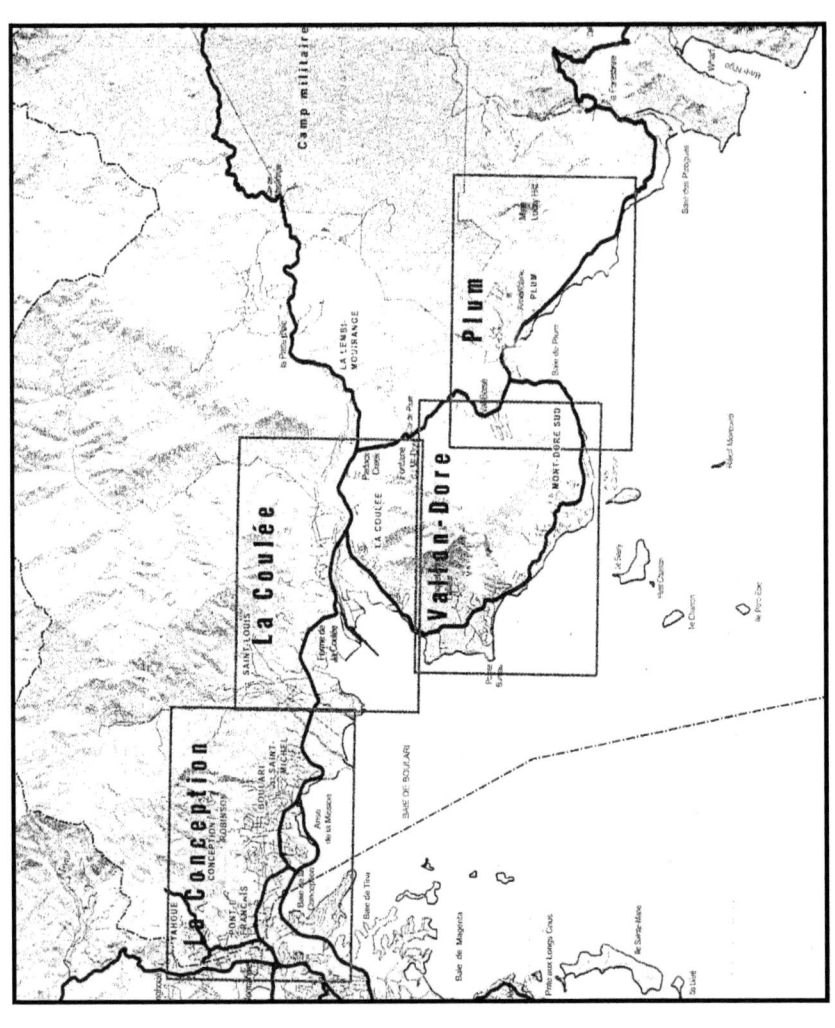

Carte 3 : Les Quartiers du Mont-Dore
(OPT Nouvelle-Calédonie)

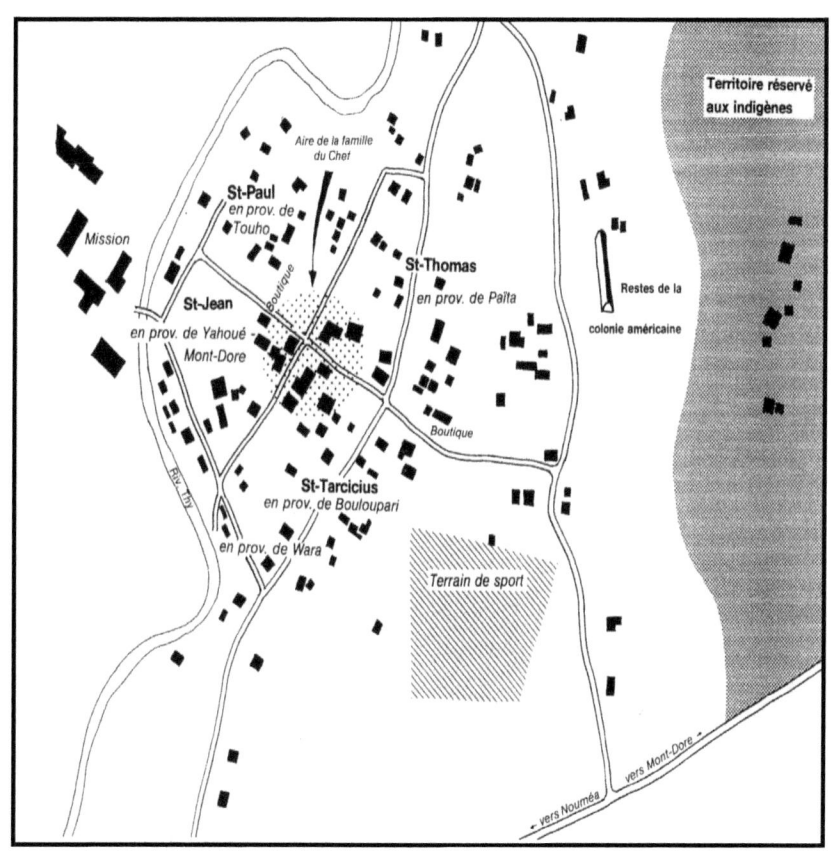

Carte 4 : Le Village de Saint-Louis, aire centrale
Carte reproduite d'Ehrhart (1993)
avec l'aimable autorisation de S. Ehrhart et d'A. Bollée.

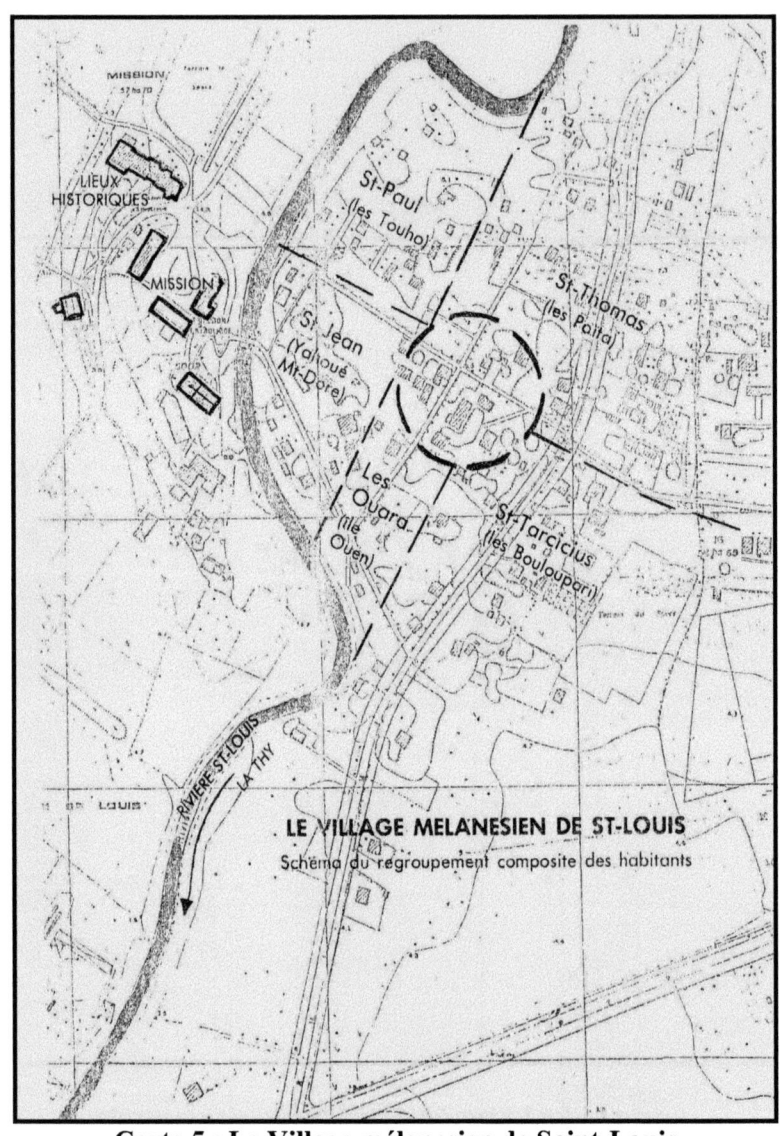

Carte 5 : Le Village mélanesien de Saint-Louis
Carte reproduite reproduite avec l'aimable autorisation de B. Brou.

Introduction

Afin de comprendre la genèse d'une langue créole donnée, une étude approfondie de l'histoire sociale de la communauté créolophone qui se sert de cette langue est primordiale.[1] Cette notion est répandue dans le domaine de la créolistique depuis la publication en 1974 de la thèse de Robert Chaudenson, *Le lexique du parler créole de la Réunion,* dans laquelle il déclare :

> [...] *nous ne pensons pas qu'il soit possible de s'interroger sur la genèse d'un parler sans prendre la précaution de rechercher aussi exactement que possible d'où venaient les hommes qui l'ont fait naître et quelles langues ils parlaient (Chaudenson, 1974, p. xi).*

Les recherches ont amené Chaudenson à formuler plusieurs hypothèses sur l'évolution et le développement des vernaculaires créoles. Ses théories ont beaucoup influencé le travail de la plupart des créolistes de notre époque (cf. Chaudenson 1979, 1992, 1995, 2003).

D'abord, cet auteur a proposé de distinguer les parlers « endogènes », qui se sont formés dans des territoires où la population indigène a été colonisée, des parlers « exogènes », nés dans des sociétés coloniales, souvent insulaires, ayant une population (noire et blanche) d'immigrés. Étant donné que la plupart des langues créoles sont exogènes, issues des colonies ayant une histoire socioéconomique basée sur l'esclavage, Chaudenson, tout comme les autres créolistes, utilise ce type de société comme modèle pour l'élaboration de ses théories.

Chaudenson souligne qu'au début de toute colonisation exogène, les Blancs sont généralement plus nombreux que les Noirs et que ces derniers, parlant une variété de langues, se trouvent obligés d'apprendre la langue de leurs maîtres afin de communiquer avec ceux-ci dans le cadre du travail. Dans le cas des colonies françaises, cette langue dominante consiste en plusieurs « variétés populaires de

---

[1] Ce sont les circonstances sociohistoriques du développement des langues créoles qui constituent le facteur le plus important distinguant la créolisation des autres types de restructuration comme, par exemple, celles que l'on voit dans des variétés de langues européennes en Amérique du Nord ou en Inde (Mufwene, 1996a, pp. 5-6).

parlers d'oïl [. . .] du XVIIème et du XVIIIème siècles » (Véronique, 1997, p. 194). Lors de cette première phase de colonisation qu'il désigne comme « société d'habitation », caractérisée par de petites exploitations agricoles (les habitations) ayant peu d'esclaves, les Noirs sont intégrés à la famille blanche. Ainsi les Noirs et les Blancs entretiennent des contacts très étroits. Les maîtres et leurs esclaves travaillent côte à côte aux champs et les unions inter-raciales, officielles ou officieuses, sont nombreuses, entraînant un rapide métissage de la population. Contrairement à ce que certains créolistes comme Robert Hall Jr. (1966) ont prétendu, pour Chaudenson ce genre de situation ne conduit nullement au développement d'un pidgin.[2] Il soutient plutôt que :

*[. . .] le système de communication colonial de cette première phase est organisé de façon **centripète**, en direction d'un français[3] qui est l'idiome usuel et/ou la langue-cible de tous. On est donc en présence d'un ensemble concentrique de variétés approximatives de français ; les plus éloignées du centre (le français) consistent dans le « jargon des commençants » (Mongin) que parlent les nouveaux-arrivants ; les plus proches du français sont pratiquées par des esclaves créoles ou créolisés qui, selon le témoignage du même Mongin, pourraient parfois enseigner le français à bien des Français ! (Chaudenson, 2003, p. 99, c'est lui qui souligne).[4]*

---

[2] Selon Hall Jr. la créolisation est synonyme de « nativisation ». Pour lui, avant que la créolisation puisse avoir lieu, il faut qu'un pidgin se développe comme langue de communication d'une communauté plurilingue. Lorsque ce pidgin est adopté comme langue maternelle par un groupe de locuteurs de cette communauté, lorsqu'il est « nativisé », il devient alors un créole. Ce concept a joui d'une vogue dans le domaine de la créolistique pendant une trentaine d'années.
[3] Il faut comprendre que le « français » dont il parle est une koinè française d'oïl « marquée par des traits et des emprunts dialectaux nombreux, mais aussi par des évolutions structurelles déterminées par les tendances autorégulatrices de la langue. Ces évolutions étaient rendues plus efficientes par l'absence de pression normative et les situations de communication partiellement exolingues » (Chaudenson, 2003, p. 188).
[4] Mongin est le Révérend Père Mongin qui a écrit en 1679 « Lettres du Révérend Père Mongin : l'évangélisation des esclaves au XVIIe siècle », texte établi et annoté par M. Chatillon, *Bulletin de la Guadeloupe*, 61-62, 3ᵉ et 4ᵉ trimestre, 1984, cité *in* Chaudenson (2003).

La deuxième phase de colonialisation, « la société de plantation », est une période dans laquelle le système économique dépend d'une vaste unité de production. Les cultures comme la canne à sucre ou le café nécessitent une main-d'œuvre nombreuse et, par conséquent, la colonie commence l'importation massive et constante d'esclaves parlant diverses langues. L'évolution du schéma économique veut dire que ces nouveaux-venus ou « bossales » n'ont pas le même contact avec le maître, et donc avec la langue-cible, en l'occurrence le français koinè, qu'avaient leurs confrères pendant la phase d'habitation. Ce sont plutôt avec les esclaves créoles[5] qu'ils ont affaire et la variété approximative de français de ces derniers devient leur langue-cible. Chaudenson nous donne plus de détails :

Tout apprentissage d'une langue étrangère consiste dans la mise en œuvre de stratégies d'approximations de la langue-cible et dans la constitution de « grammaires approximatives », successives et provisoires [. . .]. Or, ces bossales de la phase II ne vont pas avoir pour langue-cible le français, comme l'avaient ceux de la phase I qui vivaient en interaction constante avec des francophones, mais la périphérie [. . .] [d'] un état de langue qui consiste déjà lui-même dans des approximations du français. Le phénomène essentiel est donc, on le comprend, **un passage à la puissance de l'approximation du français, une approximation au carré** *qui me paraît être le véritable moment et lieu de la créolisation :* **l'autonomisation de ce système approximatif** *par rapport au français (Chaudenson, 1992, p. 121, c'est lui qui souligne).*

Ce n'est donc qu'avec le développement de la société de plantation qu'une langue créole apparaît.
    Chaudenson a aussi forgé la notion de « générations » de parlers. Un parler de première génération est un parler qui se forme dans une colonie donnée sans l'influence des parlers de populations venues d'une autre colonie. Le bourbonnais (ancien parler de l'île de la Réunion) ou l'ancien créole de Saint-Christophe sont deux exemples de parlers de première génération. Afin d'accélérer l'installation de l'infrastructure et de faciliter le développement

---

[5] Les esclaves créoles sont ceux qui sont nés dans la colonie.

économique d'une colonie, des colons expérimentés, venant de colonies plus anciennes, étaient encouragés, parfois financièrement, à s'établir dans des colonies plus jeunes. Ces colons avaient comme rôle d'instruire ceux qui étaient récemment venus d'Europe en leur transmettant leur expérience du climat, du terrain et des conditions de la région et en leur enseignant les techniques de défrichement, de culture etc. Ils le faisaient, bien évidemment, dans leur idiome local, un parler qui contribuera à la genèse d'un parler de deuxième génération. Chaudenson prend comme exemple le bourbonnais (parler de première génération) qui aurait influencé le mauricien (deuxième génération) qui, à son tour, aurait joué un rôle dans le développement du seychellois (troisième génération).

Bien qu'il ne nie pas l'apport des langues parlées par les esclaves à la formation d'une langue créole, Chaudenson privilégie la thèse que « l'essentiel du matériau linguistique vient du français d'origine » (Chaudenson, 2003, p. 170), c'est-à-dire que la plupart des traits présents dans un créole peuvent être attribués à des restructurations des variétés de la langue-cible.

Comme Chaudenson, Philip Baker est un créoliste qui a exercé une grande influence sur la théorie de la créolistique en s'appuyant sur l'importance des recherches sociohistoriques des territoires créolophones. Son ouvrage, *Isle de France Creole : affinities and origins,* écrit en collaboration avec Chris Corne est peut-être le livre le plus cité par ceux qui voient dans la créolisation un plus grand rôle pour les « substrats » ou les langues des esclaves. Dans ce livre, Baker et Corne émettent l'hypothèse que les différences entre le réunionnais et le mauricien s'expliquent par l'histoire sociale respective de chacune de ces îles. Prenant le contre-pied de Chaudenson, ils soutiennent que les Bourbonnais n'étaient pas, ou très peu, présents à Maurice au début de sa colonisation et qu'il est donc impossible que le mauricien soit un parler de deuxième génération.

Pour expliquer le processus de créolisation qui amène à des différents parlers créoles, c'est-à-dire pourquoi certains créoles sont plus proches de la langue européenne ou « lexificatrice » et d'autres sont plus éloignés, Baker a formulé une hypothèse dite d'« événements » dans laquelle il attribue un rôle décisif à trois événements démographiques dans l'évolution d'une société et donc d'une langue créole (Baker 1984, Baker et Corne 1987). Ces événements sont déclenchés :

> *1. lorsque le nombre d'esclaves a dépassé le nombre de membres de la « classe dirigeante » ;*
> *2. lorsque le nombre d'esclaves nés sur place a dépassé le nombre de membres de la classe dirigeante (nés à l'étranger et/ou nés localement) ;*
> *3. lorsqu'ont cessé les arrivées régulières d'esclaves immigrants*
> *(Baker et Corne, 1987, p. 74).*

Cette hypothèse, à la différence de celle de l'approximation du français de Chaudenson, propose que le nombre élevé de langues des esclaves ait pu être un facteur important dans le développement des langues créoles dans les territoires où les locuteurs d'une langue ou même d'un groupe de langues serviles formaient une majorité à l'époque où la langue créole était en voie de stabilisation. Autrement dit, plus les langues des esclaves étaient homogènes, plus leur apport à la langue créole émergente aurait été important (cf. aussi Singler, 1993). De plus, selon cette théorie, c'était les enfants des esclaves qui étaient les principaux agents de créolisation.

En donnant aux enfants ce rôle significatif, Baker se base sur l'hypothèse du « bioprogramme » langagier de Derek Bickerton (1981, 1984), théorie « universaliste » qui privilégie le rôle des enfants dans l'élaboration d'un créole au moyen d'une faculté humaine pour les langues qui leur permet, de façon naturelle, de « réparer » une interlangue ou un « pidgin ».

Baker postule, *grosso modo*, qu'avant l'événement 1 personne n'avait comme langue maternelle un créole. Bien qu'il suppose que les enfants des esclaves apprenaient à la fois les bases de leurs langues ancestrales et le pidgin utilisé comme langue de relation et, comme ce pidgin était linguistiquement très pauvre, qu'ils employaient les règles grammaticales du « bioprogramme » afin de réparer ou de faire de ce pidgin une langue créole, il pense que tant que la classe dirigeante restait majoritaire, les pressions sociales faisaient qu'en grandissant ces enfants ont été obligés d'abandonner ce créole pour acquérir la langue dominante.

Entre l'événement 1 et l'événement 2, le nombre croissant d'esclaves par rapport à celui de la classe dirigeante entraîne une exposition bien moindre des esclaves nés dans la colonie à la langue dominante. Par conséquent, à l'âge adulte, ils avaient moins de chances d'acquérir cette langue et ils parlaient plutôt une variété contenant plus de traits créoles dérivés du « bioprogramme ». Ainsi, un continuum entre le créole émergeant et la langue de la classe dirigeante s'est développé. Plus les années passaient, plus « le pôle créole du continuum se voyait [. . .] progressivement favorisé au détriment du pôle français » (Baker et Corne, 1987, p. 75).[6]

Une fois que le nombre d'esclaves créoles a dépassé celui des bossales, le parler auquel ces nouveaux-venus étaient de plus en plus exposés est le créole émergeant des esclaves nés dans la colonie. Le pidgin des bossales se basait donc sur le créole plutôt que sur la langue des maîtres. Si les importations importantes des bossales continuaient pendant les années après l'événement 2, une rupture dans le continuum se produirait et une langue créole homogène en serait le résultat. Ceci aurait été le cas à l'île Maurice. Par contre, si l'événement 3 avait lieu peu de temps après l'événement 2, et que par conséquent le nombre de locuteurs de pidgin était réduit, le développement d'une langue créole homogène serait renversé, voire empêché, et le continuum linguistique pourrait survivre, comme nous voyons à la Réunion.

Dans le schéma de Baker, ainsi que dans ceux de Chaudenson, les langues des maîtres, puis celles des esclaves créoles constituent des langues-cibles. Ainsi, la formation d'une langue créole implique que la population servile a échoué quelque part dans son acquisition de la langue de la classe dirigeante. Baker, depuis les années 1990 (cf. Baker 1990, 1992, 1993, 1994, 1995) a donc rejeté cette notion de langue-cible en faveur de son hypothèse « créativiste ». Il la décrit de la façon suivante :

Mettant en doute la validité même de la notion de « langue-cible » dans le développement du pidgin et du créole, je suggère que des personnes venues d'une grande variété de milieux ethnolinguistiques, obligées de vivre et de travailler ensemble – esclaves, propriétaires

---

[6] Ceci se fait l'écho au « français zéro » de Chaudenson.

d'esclaves, et autres individus n'appartenant ni à l'une ni à l'autre de ces catégories – pourraient bien avoir eu pour but réel, sinon inconscient, de créer un moyen de communication interethnique (MCI). Autrement dit, les pidgins et créoles représentent la réussite positive de sociétés polyglottes qui s'appuient sur la totalité de la gamme des ressources linguistiques à leur disposition, plutôt que la malheureuse conséquence d'un apprentissage linguistique bâclé ou d'un entretien langagier loupé (Baker, 1992, p. 1).[7]

À l'encontre de l'hypothèse d'événements, l'hypothèse créativiste ne privilégie pas le rôle des enfants dans le processus de créolisation. Ce sont plutôt tous les membres d'une société plurielle qui y contribuent en utilisant « la gamme complète des sources à leur disposition et en innovant » afin de « résoudre un problème de communication » (Baker, 1992, p. 13).[8]

La polémique entre les vues de Chaudenson, dites « superstratistes » et celles de Baker forme la base des débats théoriques sur la genèse du tayo. Chris Corne, le chercheur qui a effectué la plupart des recherches sur le tayo,[9] a été fortement influencé par les idées de Baker. C'est l'hypothèse créativiste qu'il évoque le plus souvent dans ses travaux sur cette langue. Selon lui, les Mélanésiens de Saint-Louis étaient motivés à créer leur langue créole afin de répondre aux « besoins communicatifs à l'intérieur du village, entre habitants de langue ancestrale différente » (Corne, 2000a, p. 66).

La langue vernaculaire du village de Saint-Louis en Nouvelle-Calédonie, le tayo, est le seul créole français du Pacifique. Les circonstances de sa genèse sont différentes, à première vue au moins, de celles des anciennes colonies esclavagistes. Tout d'abord, il n'y avait pas d'esclavage à Saint-Louis qui était, dès le début, une mission catholique. Grâce aux recherches de Chris Corne et de Sabine Ehrhart

---

[7] Pendant les années 1990, les hypothèses de Baker ont inspiré le travail sur les genèses des créoles divers. Voir, par exemple : Speedy (1994, 1995, 2002), Jennings (1995), Parkvall (2000).

[8] Voir aussi : Baker (1994, 1995).

[9] Voir : Corne (1989, 1990a, 1990b, 1991, 1993, 1994, 1995a, 1995b, 1997, 1998, 1999, 2000a, 2000b, Ehrhart-Kneher et Corne, 1996). Sabine Ehrhart a écrit le seul livre sur le tayo (cf. Ehrhart, 1993). Cependant, comme son ouvrage a un but descriptif, à la fois linguistique et sociolinguistique, elle n'y entre pas trop dans une analyse théorique de la genèse de ce parler.

(1992, 1993), nous sommes assez bien informés sur l'histoire de l'implantation des Kanak[10] à Saint-Louis. En 1860, les Maristes avaient établi la mission à Saint-Louis à 15 kilomètres de la capitale Nouméa et ils ont ensuite fait venir des Mélanésiens, convertis catholiques et leurs familles, pour fonder un village sur leurs terres. Ces Mélanésiens, venant de régions différentes, parlaient des langues diverses. D'abord, il y avait les Touho qui étaient locuteurs de cèmuhî et les Kanak de Yahoué, du Mont-Dore, de l'île Ouen et de Païta qui parlaient des langues du groupe de l'Extrême-Sud ; le drubéa et le numèè. Puis, à partir de 1880, à la suite de l'insurrection Kanak, il y avait des réfugiés de Bouloupari, locuteurs du xârâgurè et du xârâcùù, qui se sont installés dans le village.[11] En 1923, le développement du village en quatre quartiers reflétait les origines tribales et linguistiques des Kanak : St-Paul (cèmuhî), St-Thomas (drubéa), St-Jean (numèè) et St-Tarcicius (xârâgurè et xârâcùù).

La mission comprenait des écoles et des internats pour les filles et les garçons mélanésiens et métis, une église, une école de catéchistes tertiaires et un séminaire. Contrairement à l'objectif initial de leur formation religieuse (le retour comme missionnaire dans leur tribu d'origine), en grandissant les élèves des écoles de la mission avaient plus tendance à s'installer dans le village. Selon les témoignages recueillis par Ehrhart (1993), les filles de l'école de la mission, la plupart d'origine mixte Kanak-européenne, parlaient, très bien le français. Ces filles se mariaient souvent avec les hommes mélanésiens venus des tribus diverses, formant les couples de la première génération. D'après Corne (2000a), les enfants de ces couples avaient une mère « francophone », qui servait comme interprète quand il fallait communiquer avec l'administration, et un père qui parlait une langue mélanésienne ancestrale et une variété pidginisée du français.

Parallèlement à leurs activités religieuses, les Maristes ont fait de Saint-Louis un centre agricole important. On y cultivait le riz, la canne à sucre et les légumes et les Maristes y ont fait construire une

---

[10] Dans cet ouvrage, j'emploie l'adjectif invariable en nombre et genre « Kanak » et le nom invariable en nombre et genre « Kanak ».

[11] Selon l'hypothèse de John McWhorter (1999), un créole s'est formé à Saint-Louis parce qu'il y avait plus d'un substrat qui se parlaient dans le village.

scierie et une sucrerie.[12] Ces activités ont attiré des travailleurs d'origines diverses y compris des Néo-Hébridais, des bagnards, des Indiens en provenance de la Réunion et des Javanais. Le contact que les Kanak de Saint-Louis avait avec ces groupes de travailleurs ou avec les colons du voisinage n'intéressait point Corne qui voyait dans le tayo une langue d'inspiration Kanak. Pour lui, c'était les besoins de communication au sein du village qui ont motivé la création du tayo car les Kanak de Saint-Louis :

(i) ne partageaient pas au début une langue commune mais au contraire parlaient des langues mutuellement inintelligibles ;
(ii) ont tous été exposés au français, à des degrés différents selon leur situation personnelle ;
(iii) avaient quelquefois une mère francophone ;
(iv) avaient presque dès le départ besoin de communiquer entre eux (et accessoirement avec des francophones) (Corne, 2000a, p. 66).

En tirant son inspiration de l'hypothèse d'événements de Baker et en utilisant le tayo comme modèle,[13] Corne a formulé sa propre théorie pour expliquer la genèse des créoles et d'autres langues de contact :

[. . .] pour les langues dites « créoles » mais aussi pour d'autres cas (tels que le mitchif au Manitoba ou certains pidgins du Pacifique comme le bislama), on peut toujours dire qu'avant telle ou telle date, telle ou telle langue n'existait pas, alors qu'après telle autre date son existence ne fait pas de doute. Ainsi peut-on affirmer qu'avant 1860, date de l'implantation permanente de la mission de Saint-Louis, il n'y avait pas de nouvelle langue, alors que le tayo (pas encore connu, semble-t-il, sous cette appellation) était devenu la langue

---

[12] Voir Brou (1982) pour plus de détails sur le développement économique de la mission de Saint-Louis. Selon Alain Kihm, le fait que les Kanak de Saint-Louis s'engageaient dans des activités agricoles pour les Pères faisait que les conditions dans le village ressemblaient à celles d'une plantation. À son avis, donc, le tayo peut être classifié comme un créole de plantation (Kihm, 1995).
[13] Le tayo a l'avantage d'être très « jeune » ce qui donne au chercheur l'occasion de l'observer « telle qu'elle est parlée actuellement par les membres survivants de la première génération pour laquelle elle fut la seule langue maternelle » (Corne, 1995a, 169).

« *maternelle* » *(L1) des enfants nés à Saint-Louis à partir de 1910 environ. Il semble acquis que c'est la première génération née à Saint-Louis qui constitue la charnière, au sein de cette première cinquantaine d'années, entre les langues ancestrales et la stabilisation (relative) de la nouvelle langue. On comparera ces quelque cinquante ans (trois générations : G1 – les immigrants, langues ancestrales, pidginisants du français ; G2 – la première génération née sur place, langues ancestrales et nativisation du pidgin ; G3 – leurs enfants monolingues) à la lente évolution sur plusieurs siècles du latin* vulgaire *en gallo-romain puis en ancien français. Ce qui constitue une des différences majeures entre ces deux cas de figure, c'est la continuité d'une part et la rupture d'autre part, de la transmission langagière de génération en génération (latin vulgaire > gallo-romain > ancien français > français ; langues ancestrales + français > mauricien/tayo/louisianais). (Corne, 1995a, 168).*

Pour Corne, la créolisation se produisait au cours d'une période d'une cinquantaine d'années, le temps qui s'écoule généralement entre l'arrivée des premiers immigrants (les pidginisants) et la présence des enfants de la troisième génération pour qui la nouvelle langue communautaire est leur langue « maternelle ». Ce modèle, appelé « the fifty year/three generation language shift »[14] (cf. Corne 1994), permet à Corne de modifier l'hypothèse de Baker en suggérant que ce qui se passait entre l'événement 2 et l'événement 3 était l'élaboration d'un créole qui avait déjà pris forme lors de la troisième génération.

Ce processus de créolisation assez rapide par rapport à celui des langues dites « naturelles » a été facilité à Saint-Louis par le fait que les langues substratiques étaient toutes des langues austronésiennes. Quoique ces langues ne soient pas mutuellement intelligibles, elles partagent certains traits sur le plan grammatical. Ces congruences faisaient qu'au début les Kanak de tribus différentes qui utilisaient leur propre grammaire et le lexique du français pour

---

[14] Une mutation langagière qui se serait produite après cinquante ans ou trois générations. En Louisiane (cf. Speedy, 1994, 1995) et à Cayenne (cf. Jennings, 1993, 1995) ce même phénomène de mutation langagière dans l'espace de cinquante ans aurait également eu lieu.

communiquer avaient plus de chances de se comprendre. Malgré ce que nous dit la tradition orale (cf. Ehrhart, 1993), le tayo n'est pas, selon Corne, une simple relexification du drubéa car la grammaire du tayo, de type mélanésien certes, est moins complexe que n'importe quelle langue ancestrale (cf. Corne, 2000b). Pour Corne, le tayo doit la plupart de sa grammaire aux « cryptotypes » mélanésiens (cf. Manessy, 1989) qui ont aussi une convergence avec le français. En tayo, des traits Kanak dans le système grammatical tels que les marqueurs de temps et d'aspect, le système pronominal, la relativisation, la thématisation, le verbe impersonnel indépendant *na*, certaines interrogations, l'impératif, le causatif et la négation, ont été retenus. Cependant, les traits retenus ne reflètent de façon exacte aucun système grammatical dans une des langues ancestrales. Ce sont plutôt les traits que les langues Kanak ont en commun et qui s'accordent avec l'usage en français. L'apport du français ainsi que des innovations comme, par exemple, le pronom indice du sujet *le*, montrent que le tayo est bien plus qu'une langue mélanésienne relexifiée.

Toutefois, Corne et Ehrhart étaient tous les deux d'accord que le tayo est une langue créole endogène de première génération. Ehrhart précise qu'il « est né sur le Territoire et n'a pas été introduit à partir d'autres zones créolophones dans le monde » (Ehrhart, 1992, p. 148). Elle soutient que les conditions sociohistoriques à Saint-Louis ressemblaient à celles d'une société de plantation. L'isolement géographique et culturel, la présence de locuteurs de langues multiples, la forte hiérarchisation entre les groupes sociaux et l'apprentissage incomplet du français faisaient de Saint-Louis un lieu idéal pour la « naissance » d'une langue créole. « Sans le vouloir, » écrit Ehrhart, « les Pères ont ainsi créé une société de type 'créole' dans ce nouveau village 'artificiel' » (Ehrhart, 1992, p. 149). Comme Corne, elle exclut la possibilité des influences extérieures sur le développement du tayo.

Cette hypothèse a été mise en question par Chaudenson dans son compte-rendu du livre d'Ehrhart publié dans la revue *Études Créoles* en 1994. Chaudenson (1994, 2003) a avancé la théorie selon laquelle le tayo est peut-être un parler de deuxième génération ayant comme grande influence le créole réunionnais. Il a basé cette théorie sur le fait qu'il y avait des campements de Malabars (Indiens) près de

Saint-Louis,[15] qu'il y a certains traits linguistiques d'ordre phonologique, lexical et grammatical que partagent le tayo et le réunionnais et qui ne se trouvent certainement pas dans le français des prêtres et sur l'attestation d'un vieil homme, habitant aux alentours de Saint-Louis, dont les ancêtres étaient Réunionnais. Cet homme, cité par Ehrhart, dit que le tayo aurait été importé de la Réunion : « À St-Louis, je ne vois pas d'où ça pourrait venir si ce n'est pas de La Réunion ; ça vient des Réunionnais, ils sont venus à St-Louis pour faire du sucre » (Ehrhart, 1993, p. 46).[16]

Encore que Corne (1995a, 1995b, 1997, 1998, 1999, 2000a, 2000b) et Ehrhart (1992, 1993, 1994a, 1994b) reconnaissent la présence des Réunionnais et des Malabars dans les environs de Saint-Louis au dix-neuvième siècle, ils nient un apport réunionnais dans la genèse du tayo. Ehrhart soutient que les Réunionnais et les Malabars, venus à la suite de la crise de l'industrie sucrière chez eux, n'étaient pas assez nombreux dans la partie sud du pays pour pouvoir influencer le créole qui se développait à Saint-Louis. Comme elle n'a trouvé que très peu de références aux Réunionnais ou aux Malabars dans la correspondance des missionnaires, elle a supposé que les contacts entre ces groupes et les Kanak de Saint-Louis aient été minimes et que la théorie que le tayo s'était développé « par contagion » était donc peu probable.[17] Quant à Corne, il a écarté les arguments linguistiques avancés par Chaudenson en déclarant qu'ils « reposent pour la plupart

---

[15] En constatant l'importation des travailleurs réunionnais en Nouvelle-Calédonie pour développer l'agro-industrie sucrière, Chaudenson évoque sa théorie de générations de créoles qui se formaient grâce aux mouvements des personnes expérimentées d'une colonie à une nouvelle colonie. « On retrouve ici le même principe de colonisation que précédemment : faire venir d'une autre colonie (en l'occurrence la Réunion) des spécialistes d'une activité professionnelle, dans le cas de la Nouvelle-Calédonie, des ouvriers indiens spécialisés dans l'agro-industrie sucrière » (Chaudenson, 2003, p. 86).
[16] Toutefois, ce même Monsieur nie avoir fait le rapprochement entre le réunionnais et le tayo lors d'un deuxième entretien avec Ehrhart (Ehrhart, communication personnelle, le 4 août 2006).
[17] Ehrhart a concédé que « des lacunes dans l'information sur une époque peuvent être aussi parlantes que des textes écrits » (Ehrhart, 1994b, p. 28). D'après Mgr Vitte, les Malabars se comportaient de façon « peu catholique » et c'était peut-être à cause de ce mauvais comportement qu'ils n'ont pas été mentionnés dans les écrits des Maristes.

sur une méconnaissance de la grammaire du tayo » (Corne, 2000a, p. 72).[18] Tout en établissant l'histoire du peuplement mélanésien de Saint-Louis, en s'appuyant surtout sur le travail de l'historien Bernard Brou (cf. surtout Brou 1982, mais aussi 1973 et 1980b) et la tradition orale de la tribu de Saint-Louis (cf. Ehrhart, 1993), Corne et Ehrhart n'ont pas entrepris le travail sociohistorique approfondi de la région sud de la Nouvelle-Calédonie qui serait nécessaire pour vraiment défendre leur thèse d'une genèse purement locale de première génération.[19] Ehrhart, dans des articles inédits (1994a, 1994b), a analysé la correspondance des missionnaires de Saint-Louis et a consulté certains documents historiques de la période, mais n'a pas fait les recherches d'archives qu'il fallait afin de pouvoir décrire de façon détaillée l'immigration réunionnaise et son impact linguistique sur le village de Saint-Louis.

Pourquoi ont-ils rejeté si rapidement et sans réelle preuve d'ordre sociohistorique les idées de Chaudenson ?[20] Il est question, sans doute, d'une différence d'approche théorique. Étant donné la forte influence des hypothèses de Baker dans le travail de Corne, les hypothèses qui, certes, ont des similarités avec celles de Chaudenson mais qui se trouvent diamétralement opposées quant aux rôles attribués au « superstrat » et aux « substrats » dans le développement d'une langue créole, il n'est pas surprenant que Corne n'ait pas privilégié les suggestions de son « adversaire » - d'autant plus qu'il

---

[18] Néanmoins, dans ce même article publié de manière posthume, Corne a admis que comme les Réunionnais « ont importé des travailleurs indiens, dont la plupart semblent être venus de l'Inde en passant par la Réunion, [. . .] la présence parmi eux de créolophones (L2) ne peut pas être entièrement écartée » (Corne, 2000a, p. 72). Il a ajouté qu'il y avait, en effet, « une poignée de lexèmes en tayo qui sont partagés par le tayo et le réunionnais, à l'exclusion du français néo-calédonien : *akos ke/akoz k* 'parce que', *siskakan/ziskakan* 'jusqu'à ce que', *sufer/sufer* 'souffrir', *ser/ser* 'sœur' en face de *laser/laser* 'religieuse', et ce serait donc aller trop vite en besogne que d'exclure toute possibilité d'une influence réunionnaise lors de la formation du tayo. Mais il semble bien établi que la grammaire du tayo ne doit rien au réunionnais, et beaucoup au DUB [drubéa] et au CEM [cèmuhî] » (Corne 2000a, p. 73).
[19] Chaudenson, pour sa part, n'a pas non plus fourni assez de données sociohistoriques pour pouvoir défendre sa propre thèse.
[20] À la suite des discussions à ce sujet que j'ai pu avoir avec elle et d'une réévaluation de ses propres recherches, les idées d'Ehrhart commencent à évoluer à propos des Réunionnais et l'influence qu'ils auraient pu avoir sur la genèse du tayo.

s'agissait de la notion de générations de créoles, la théorie de Chaudenson que Baker et Corne avaient essayé de démontrer dans *Isle de France Creole : affinities and origins* (Baker et Corne, 1982). Corne, dans son rôle de directeur de recherche d'Ehrhart aurait, à son tour, eu une influence sur l'approche théorique favorisée par son étudiante.[21]

De plus, Jim Hollyman, linguiste réputé, spécialisé à la fois des langues océaniennes du Pacifique et du français parlé en Nouvelle-Calédonie, et qui a été lui-même le directeur de thèse de Corne, était persuadé que le réunionnais était sans grande importance dans l'évolution du français calédonien. « Nous ne connaissons pas de référence à l'emploi d'un français créole par les Réunionnais ou les Malabares [sic], et les traces linguistiques qui restent sont en effet minimes » (Hollyman, 1976, p. 31). En fait, dans son étude sur le lexique du français calédonien, il n'avait repéré que six unités lexicales en provenance de la Réunion (cf. Hollyman, 1971, p. 920). Ses affirmations ont sûrement joué un rôle dans la réfutation, de la part de Corne et d'Ehrhart, de l'hypothèse d'un apport réunionnais au tayo.

Le débat entre Chaudenson d'un côté et Corne et Ehrhart de l'autre n'a jamais été résolu d'une manière satisfaisante. Jusqu'à sa mort en 1999, Corne tenait toujours pour certain que le tayo était une langue vernaculaire endogène de première génération. Ehrhart, pour sa part, se concentrait plus sur les aspects sociolinguistiques, surtout dans le domaine de la scolarité, du tayo et d'autres langues calédoniennes. Dans son livre publié en 2003, Chaudenson n'a fait que répéter les mêmes arguments qu'il avait avancés en 1994 sans pour autant ajouter aux informations sociohistoriques. Sans ces données, sa thèse, tout comme celle de Corne et Ehrhart, était difficile à soutenir.

La situation aurait pu demeurer telle quelle. Cependant, en 2002, pendant que je complétais mes études doctorales à l'Université d'Auckland, la fortune m'a souri. On m'a demandé de traduire les paroles d'un « coolie » réunionnais de parents africains dans une

---

[21] En tant qu'étudiante de recherche de Corne, j'ai été moi-même fortement influencée par ses théories ainsi que par celles de Baker.

nouvelle du célèbre écrivain calédonien Georges Baudoux.[22] Selon mes analyses et à l'exception de quelques stéréotypes,[23] ce texte a été écrit en créole réunionnais du dix-neuvième siècle. Or, selon Hollyman, le créole réunionnais ne se parlait pas en Nouvelle-Calédonie. Me souvenant du débat à propos de l'influence réunionnaise sur le tayo et sachant que Corne et Ehrhart, sans doute influencés par les assertions d'Hollyman, avaient prétendu que le réunionnais n'aurait pu jouer aucun rôle dans sa genèse, cette découverte m'a donné l'idée d'entreprendre des recherches sociohistoriques sur les Réunionnais en Nouvelle-Calédonie afin de déterminer si ce groupe avait eu des contacts avec le village de Saint-Louis à l'époque où le tayo se formait et si la thèse d'un apport réunionnais au tayo serait donc soutenable. Si suffisamment de Réunionnais étaient présents dans la colonie, formant ce que Salikoko Mufwene (1996b) appelle la « population fondatrice », et si ces Réunionnais avaient des contacts réguliers avec les Kanak de Saint-Louis au dix-neuvième siècle, il n'est pas possible d'exclure l'hypothèse d'une influence réunionnaise sur le tayo.

Vu la nature très lacunaire des informations publiées sur l'histoire de l'immigration réunionnaise en Nouvelle-Calédonie au dix-neuvième siècle, il a été nécessaire de faire des recherches d'archives pour pouvoir décrire en détail cette colonisation. Ce livre a donc deux objectifs principaux : le premier étant d'écrire un épisode de l'histoire calédonienne qui jusqu'ici demeure peu connu, celui de l'arrivée et de l'implantation des Réunionnais et de leurs engagés sur la Grande Terre et le second étant de rouvrir et de trouver une solution au débat entre Chaudenson d'une part et Corne et Ehrhart d'autre part à l'égard d'un apport réunionnais au tayo.

---

[22] « Sauvages et Civilisés - Impressions de Nouvelle-Calédonie » in Baudoux (1979). Je tiens à remercier le Professeur Raylene Ramsay qui m'avait demandé de traduire ce texte pour son projet sur la littérature calédonienne en traduction. Georges Baudoux était l'un des premiers écrivains calédoniens. Il était arrivé dans la colonie en 1874 à l'âge de quatre ans et a travaillé comme journaliste à Nouméa avant de partir dans la brousse à dix-sept ans. Là il a exercé les métiers de pêcheur, stockman et mineur et a rencontré les personnages originaux (Kanak, Métis, popinées, travailleurs engagés etc.) qui, plus tard, allaient figurer dans ses nouvelles. Les écrits de Baudoux ont été reconnus par la Société d'Études Historiques de la Nouvelle-Calédonie pour leur valeur historique aussi bien que pour leur valeur littéraire.
[23] Pour le détail, voir Speedy (2003, 2005, 2006).

Dans le premier chapitre, je remonte aux origines du peuplement mélanésien et blanc en Nouvelle-Calédonie avant de passer, dans le chapitre 2, à l'arrivée des premiers pionniers réunionnais et de leurs travailleurs sur le sol calédonien. Puis, dans le chapitre 3, je présente le voyage d'exploration entrepris par Louis de Nas de Tourris, invité à faire un tour de l'île par le Gouverneur Guillain afin d'encourager l'immigration en provenance de la Réunion à la suite de la crise de l'industrie sucrière dans l'Océan Indien. Je décris également les débuts de la production de sucre en Calédonie et l'optimisme des immigrants réunionnais quant à l'avenir sucrier du pays. Je continue ce thème dans le chapitre 4, en décrivant l'essor rapide du sucre en Nouvelle-Calédonie, suivi presque aussi vite par son déclin dû aux catastrophes qui ont frappé les plantations. Dans le chapitre 5, je détaille l'immigration des Réunionnais qui arrivent en grand nombre vers la fin des années 1860 et pendant les années 1870. Je relève que ce groupe est hétérogène, se composant de gros Blancs, petits Blancs, Noirs, Métis, Malgaches et Indiens. Ces immigrants, libres et engagés, se regroupent essentiellement dans les circonscriptions du sud, pas loin de Saint-Louis. L'histoire des coolies indiens et autres, car ce groupe comprend aussi des gens de toutes les races, est dévoilée dans le chapitre 6. Dans le chapitre 7, je décris la situation linguistique à la Réunion au dix-neuvième siècle afin de déterminer la langue que les immigrants réunionnais et leurs engagés parlaient avant de présenter et d'analyser deux textes écrits en créole réunionnais et publiés en Nouvelle-Calédonie, des textes qui représentent, selon moi, des variétés de créole parlées par les Réunionnais en Calédonie à l'époque où le tayo était en cours de formation. J'examine les contacts entre les Réunionnais et leurs engagés et les Kanak de Saint-Louis dans le chapitre 8 et indique qu'il y avait beaucoup de possibilités pour une interaction régulière entre ces groupes. Finalement, dans la conclusion, je donne, dans un cadre théorique de créolisation, mon opinion sur la probabilité d'une influence réunionnaise dans le développement du tayo en me basant sur les informations sociohistoriques aussi bien que sur les données linguistiques exposées dans les premiers chapitres de cet ouvrage.

Chapitre 1

Les Blancs sont venus

Deux énormes pirogues sans balancier, avec des mâts de la hauteur des sapins, et des voiles tendues partout, s'étaient arrêtées là, devant Pouébo. Au lieu de descendre une lourde pierre au bout d'une liane, les pirogues s'étaient attachées au fond avec des crochets et des cordes qu'elles avaient laissé tomber à l'eau. Plouf...
Dans deux larges pirogues plus petites, et sans balancier, des hommes étaient venus à terre en ramassant l'eau avec de longues pattes... Oui, pas de doute. Ces hommes-là étaient blancs...
Quelques-uns de ces hommes blancs ont débarqué à terre, ils ont marché sur le sable. Leurs pieds lourds enfermés dans des écorces écrasaient les cailloux.
Et les hommes blancs qui avaient autour de leur corps toutes sortes de choses accrochées, qui devaient être des armes, ont avancé sur les canaques. Ils faisaient des gestes, ils parlaient, ils riaient...
En voyant ces hommes blancs enveloppés dans des morceaux de peaux, ou de nattes molles, jusqu'autour des jambes, pour avoir chaud, et qui avaient des paniers sur la tête avec des cheveux droits comme des barbes de banian, les canaques ont rigolé aussi, ils n'ont plus pensé à l'attaque...[24]

Ainsi Georges Baudoux, écrivain calédonien, décrit-il l'arrivée des premiers Français (il s'agit de l'expédition de 1788, de La Pérouse selon Bernard Brou)[25] en Nouvelle-Calédonie. Ce témoignage imaginaire raconté du point de vue d'un Kanak de Pouébo est plein d'humour, mais souligne aussi les immenses différences entre le monde européen et celui du Kanak et présage le bouleversement que connaîtra ce dernier une fois que la colonisation française se sera développée.

La Nouvelle-Calédonie, archipel dans le Pacifique Sud, se trouve à 1 500 kilomètres de l'Australie et à peu près à la même distance de la Nouvelle-Zélande. L'île principale de la Nouvelle-

---

[24] Baudoux (1952, pp. 19-20). Le titre de ce chapitre est emprunté à Baudoux (1972).
[25] Brou (1980a).

Calédonie, la Grande Terre ou le « Caillou », mesure plus de 400 kilomètres de long et environ 45 kilomètres de large. Elle est coupée en deux zones géographiques. La Chaîne centrale forme une sorte de colonne vertébrale étendue tout le long de l'île. La Côte Ouest se caractérise par des espaces ouverts et des savanes et la Côte Est par des paysages montagneux accompagnés par une plus grande pluviosité (cf. Ehrhart, 1993, p. 2). Les îles Loyauté (Lifou, Maré et Ouvéa) se trouvent à l'est de la Grande Terre. L'île des Pins et l'île Ouen sont au sud de l'île principale et les îles Belep se situent au nord-ouest. Depuis 1853 l'archipel a le statut d'un territoire français d'outre-mer mais l'histoire de son peuplement commence bien plus tôt.

Il y a environ 4 000 ou 5 000 ans, les ancêtres des Kanak ont quitté l'Asie du Sud-Est traversant « une partie de la Papouasie-Nouvelle Guinée, les Iles Salomon et le groupe d'îles qui compose le Vanuatu actuel avant de toucher la Nouvelle-Calédonie » (Ehrhart, 1993, p. 4). Quoique l'histoire des immigrations pré-européennes soit mal connue, on sait que c'était plutôt en petits groupes espacés dans le temps que des Austronésiens commencent à peupler les îles de l'archipel. Dans son article sur le métissage en Nouvelle-Calédonie, Frédéric Angleviel constate :

Vers l'an mille de notre ère, un complexe culturel spécifique à la Nouvelle-Calédonie s'est imposé, permettant à la société kanake d'émerger. Tout souvenir de l'arrivée des ancêtres austronésiens avait disparu depuis longtemps dans les brumes du passé. L'homme ayant besoin de racines, les Mélanésiens de Nouvelle-Calédonie, par défaut et par attachement pour cette terre qui était devenue [la] leur, produisirent des mythes indiquant qu'ils étaient issus de cette terre (Angleviel, 2004, p. 13).

Peu à peu, la société Kanak change biologiquement et culturellement en intégrant chaque nouvelle vague d'immigrants, ainsi que leurs innovations techniques et sociales, à la culture dominante.

Le dernier groupe à immigrer avant l'arrivée des Européens est celui des Polynésiens de Tonga ou de Samoa. La tradition orale nous informe de leur présence sur la Côte Est de la Grande Terre et aux îles Loyauté. Au dix-huitième siècle, l'île d'Ouvéa est transformée par une colonisation importante de Polynésiens de Wallis. Métissés biologiquement avec les Mélanésiens, les descendants de ces colonisateurs garderont leur langue polynésienne, le « faga uvea » ainsi que certaines particularités culturelles et économiques.

Peu de temps après, la Nouvelle-Calédonie est « découverte » par les Européens quand, le 4 septembre 1774, le Capitaine James Cook l'explorateur anglais, mouille aux alentours de Balade. Cook, le premier Blanc à y débarquer, nomme le pays « New Caledonia » (Nouvelle-Calédonie) en souvenir de l'Écosse. Cook et son équipage restent à peine plus d'une semaine. Cependant, de ce premier contact Kanak-européen, Cook gardera de bonnes impressions. Il décrit la terre comme un sol peu fertile, tout en constatant les plantations d'ignames, de taro, de bananes et de canne à sucre que les « naturels » arrosaient grâce à un système d'irrigation efficace. Il note la pauvreté des ressources, décrit la flore, la faune et les indigènes qu'il estime forts, bien faits, courtois, chaleureux et, à la différence d'autres peuples océaniens rencontrés lors de son voyage, nullement disposés au vol. De plus, il remarque la chasteté des femmes dont ses matelots n'obtiennent aucune faveur sexuelle (cf. Cook, 1777, p. 118).

D'après Roselène Dousset-Leenhardt, le succès de l'expédition de Cook était dû « en partie aux remarquables qualités de Cook, à sa modestie profonde, plus forte en lui que l'esprit de 'dominance' du blanc, à la maîtrise de lui-même et de ses compagnons qu'il a toujours su conserver » (Dousset-Leenhardt, 1978, p. 40).

Nul ne sait si les opinions favorables de Cook sur les indigènes sont partagées par La Pérouse, dont la présence sur la Grande Terre ne laisse aucune trace physique. Il semble pourtant possible que La Pérouse, avec la *Boussole* et l'*Astrolabe*, se rende en Nouvelle-Calédonie au cours de son dernier voyage de Botany Bay en 1788. Persuadé par les détails donnés par l'informateur Kanak de Georges Baudoux sur la visite de deux navires à Pouébo apportant le « cadeau » des puces à l'île, Bernard Brou déclare que : « Lapérouse est un des découvreurs de la Nouvelle-Calédonie, et qu'il doit s'inscrire entre Cook et d'Entrecasteaux » (Brou, 1980a, p. 56). Quoi qu'il en soit, son naufrage à l'île Vanikoro aux Nouvelle-Hébrides

« nous a privés des renseignements qu'il avait recueillis sur cette île » (Le Chartier, 1885, p. 6).

À la suite de la disparition de ce grand explorateur, et à la demande de Louis XVI, Bruni d'Entrecasteaux et Huon de Kermadec partent à sa recherche. Arrivés en Nouvelle-Calédonie en 1793, ils y restent presque un mois mais ne le trouvent pas.[26] Mouillant vers Balade, ils découvrent une scène d'horreur. Ils sont choqués par le pays « déchiré par la guerre, des cases brûlées, des cocotiers arrachés, des têtes attachées à des piques pour servir de trophées » (Merle, 1995, p. 31).

D'Entrecasteaux révèle un peuple anthropophage qui, à l'encontre des impressions de Cook, est féroce, hostile, laid, barbare, rusé et dont les femmes sont dépouillées de mœurs (cf. D'Entrecasteaux, 2001). La Billardière, le naturaliste de l'expédition, décrit l'indécence des femmes Kanak :

Nous fûmes témoins en arrivant sur le bord de la mer d'un fait qui annonce une grande corruption des mœurs chez ce peuple anthropophage. C'étoient deux filles dont la plus âgée avoit environ dix-huit ans, qui montroient à quelques-uns de nos matelots ce qu'elles sont dans l'usage de voiler avec la ceinture de franges dont j'ai déjà parlé et qui forme tout leur vêtement. Elles avoient fixé le prix de leur complaisance à la valeur d'un clou ou de quelqu'autre objet de cette importance, et elles exigoient que chacun des curieux les payât d'avance (cité in Dousset-Leenhardt, 1978, p. 42, note 2).

Les images de sauvagerie, de vol, de paresse et de cannibalisme peintes par d'Entrecasteaux et son équipage formeront le fond des stéréotypes sur le Kanak qui se répandront à l'époque coloniale (cf. Speedy, 2005 et sous presse).[27]

Peut-être à cause de la mauvaise réputation des « naturels » engendrée par d'Entrecasteaux, la Nouvelle-Calédonie reçoit peu de visites de navires européens dans les années après son passage. Le *Buffalo*, commandé par le Capitaine Kent demeure six semaines à Saint-Vincent en 1803 et Dumont d'Urville s'approche des îles Loyauté en 1827, mais n'y touchera pas (cf. Lyons, 1986, p. 8).

---

[26] Huon de Kermadec meurt de la tuberculose pendant cette expédition.
[27] Pour une discussion détaillée du stéréotype du Kanak, voir Dauphiné (1998).

Il y eut, cependant, des contacts entre les Kanak et les baleiniers, présents depuis 1825, et, avec le développement de la ville de Sydney comme centre de commerce important du Pacifique, les santaliers commencent, dès 1841 quand ils découvrent le bois de santal à l'île des Pins, à visiter régulièrement la Nouvelle-Calédonie.[28] En même temps d'autres « traders » anglo-australiens, des pêcheurs de « bêche de mer », ou trépang, fréquentent les îles calédoniennes. La conséquence importante de ces visites est l'appropriation d'une langue de contact à la base d'anglais, le « bichelamar », de la part des Kanak habitant la côte Est de la Grande Terre.[29]

Quelques Blancs commencent à s'établir en Nouvelle-Calédonie et Jean-Claude Roux décrit ce début de peuplement ainsi :

De ces premiers éléments cosmopolites devait naître en Nouvelle-Calédonie comme dans les îles de quelque importance du Pacifique, une sorte de proto-peuplement européen fait de tous les laissés-pour-compte de ces entreprises de prédation. Ces « beachcombers » s'organisèrent parfois en confréries [. . .]. Souvent unis à des filles des îles, maniant les langues locales, on trouvait parmi eux, à côté de la lie propre à ce genre de population, quelques fortes figures (Peter Dillon aux Nouvelles-Hébrides, Mouton en Papouasie, Paddon en Nouvelle-Calédonie) qui marquèrent durablement la vie des fallacieux Edens insulaires (Roux, 1983, p. 25).

---

[28] Pour plus de détails sur cette période d'un intérêt particulier dans l'histoire des premiers contacts voir Shineberg (1967).
[29] Le linguiste K. J. Hollyman nous explique la situation linguistique au temps des premiers contacts. Au début, les santaliers communiquaient avec les Kanak au moyen du polynésien. Les « teachers samoans » de la London Missionary Society, servaient comme interprètes à l'île des Pins et, plus rarement, des « beachcombers » accomplissaient ce même rôle.

Puis le besoin s'est fait sentir d'établir des entrepôts pour le stockage à la fois du bois de santal coupé et de la bêche-de-mer séchée : il fallait alors installer à terre des marins (anglophones), et embaucher des Autochtones non seulement pour aider avec le travail de l'entrepôt, mais aussi parfois pour remplacer les membres de l'équipage débarqués. C'est à partir de ce mélange de marins anglophones et d'Autochtones soit à bord, soit à terre qu'on a expliqué le développement de l'anglais des santaliers (Sandalwood English) ou bichelamar (Hollyman, 1976, p. 29).

Les années 1840 voient l'arrivée des missionnaires protestants et catholiques en Nouvelle-Calédonie. D'abord, la London Missionary Society évangélise les îles Loyauté puis, en 1843, le *Bucéphale* dépose à Balade une mission de la Société de Marie. À la tête de cette mission est Mgr Douarre accompagné de l'évêque d'Amata, les Pères Niard et Rougeyron et les maristes Jean Taragnat et Blaise Marmoiton (cf. Le Chartier, 1885, p. 11). Mais tout est loin d'être facile pour cette première mission catholique. En 1847 le frère Marmoiton est tué et l'église incendiée par les indigènes. Les autres missionnaires quittent le pays pour se réfugier à Sydney, puis dans d'autres îles du Pacifique avant de regagner la Nouvelle-Calédonie en 1851.

Bien que le pays ne soit pas encore le leur, les Français commencent à montrer que leur force est supérieure à celle des Kanak. En 1850, les Kanak massacrent et mangent douze membres de l'équipage du bâtiment l'*Alcmène*. La répression de cet acte de cannibalisme est rapide et meurtrière. Une trentaine de Kanak sont massacrés, quinze villages et douze pirogues sont détruits et de nombreuses plantations sont brûlées (cf. Shineberg, 1967, p. 122, Le Chartier, 1885, p. 13).

Face aux hostilités Kanak et à la concurrence des missionnaires anglophones et protestants, les Maristes se sentent menacés et demandent la protection française. De retour en France, Mgr Douarre plaide la cause de la Mission catholique et réclame l'annexion de la Nouvelle-Calédonie : « Cette terre [. . .] deviendra protestante si la France ne se dépêche pas d'en prendre possession » (cité *in* Merle, 1995, p. 37).

Conscient de la forte présence anglaise dans la région et soucieux de sa relégation au rang de cinquième puissance coloniale du monde, le gouvernement français se décide à mener une politique expansionniste dans le Pacifique. Sa situation géographique fait de la Nouvelle-Calédonie un point stratégique pour la Marine. Elle offre au gouvernement français qui est à la recherche de terres qui pouvaient servir de destinations pénitentiaires lointaines, toutes les conditions nécessaires pour l'établissement d'un bagne.

Le 24 septembre 1853, le contre-amiral Febvrier-Despointes prend possession de la Nouvelle-Calédonie au nom de la France. Pourtant, un an plus tard, la présence française est toujours limitée à la

Mission catholique et aux postes militaires de Balade et de Port-de-France, emplacement choisi comme chef-lieu et que l'on rebaptisera « Nouméa » en 1866. Le pays se développe progressivement : Du Bouzet, le premier gouverneur, arrive en 1855 ainsi que les premiers colons anglais (pour la plupart des Irlandais venus d'Australie), français et allemands.

Alain Saussol décrit « l'occupation restreinte », le système de l'implantation de colons auto-suffisants favorisé par l'Administration au début de la colonisation : « On privilégie l'installation, sous le poste militaire, de petits concessionnaires auxquels on impose des conditions de mise en valeur draconiennes » (Saussol, 1996, p. 185). Les résultats ne sont pas satisfaisants et l'Administration y renoncera en 1858.

À partir de 1855, l'Administration concède des terres aux alentours de Port-de-France à des colons et aux missionnaires. Les Maristes obtiennent cinq mille hectares dans la baie de Boulari où ils fondent les missions de La Conception et de Saint-Louis. Cependant, les manifestations hostiles des Kanak n'épargneront ni colons ni missions. En 1856, trois indigènes de La Conception et quatre colons sont tués par les Kanak et en 1857, M. Bérard, ancien sous-commissaire de la marine qui cultivait des terres dans la vallée de Boulari, ainsi que onze hommes associés à son entreprise, sont victimes d'une attaque Kanak (cf. Le Chartier, 1885, p. 15).

Des colons sont aussi assassinés sur la côte Est. En 1856, six Européens trouvent la mort à Houaïlou et les Kanak incendient l'église à Pouébo. Alors que ces révoltes sont rapidement réprimées, elles signalent les problèmes à venir causés par la spoliation foncière des terres Kanak. Ces tensions aboutiront en 1878 dans la grande insurrection Kanak. Sabine Ehrhart nous écrit :

Les révoltes canaques furent souvent la réaction des autochtones face à l'occupation du pays par l'homme blanc. Les notions de l'occupation des terres étaient si différentes dans les deux sociétés qu'il y a eu de nombreux malentendus entre les Mélanésiens et les Européens (Ehrhart, 1993, p. 6, note 16).

Afin de stimuler la croissance de la colonie, les autorités adoptent une politique de colonisation. En 1858, le gouvernement français s'engage « à attribuer des terres en contrepartie de conditions à remplir en application d'un texte appelé *Traité de 1858* » (Brou, 1994, p. 407). Il ouvre, en effet, le pays à des « grands colons » à qui l'Administration cède d'énormes concessions. Les colons doivent à leur tour introduire des immigrés blancs et noirs pour travailler les terres. C'est grâce à ce nouveau système de colonisation que la Nouvelle-Calédonie voit l'arrivée des premiers immigrants réunionnais.

Tandis que l'Anglais James Paddon bénéficie d'une concession de 4 000 hectares à Païta qu'il peuplera de 18 familles australiennes, irlandaises et allemandes, MM. Joubert et Adam obtiennent à Dumbéa 4 000 hectares et 570 hectares respectivement qu'ils peupleront de colons et d'engagés venant, pour la plupart, de l'île de la Réunion et de l'Océanie.

Avant d'exposer en plus de détail cette immigration réunionnaise, ce que je ferai dans les chapitres suivants, il faut mentionner l'événement qui marquera profondément l'histoire du peuplement blanc de la colonie : l'ouverture du bagne en 1864.

Entre 1864 et 1897, environ 21 000 prisonniers de France et des colonies françaises (l'Algérie en particulier) sont transportés en Nouvelle-Calédonie.[30] Certains libérés obtiennent des concessions rurales et ils formeront une partie importante de la société européenne en « brousse ».

D'autres colons libres s'installent dans la colonie à la suite d'une campagne publicitaire gouvernementale. La plupart d'entre eux sont issus des milieux défavorisés du nord de la France, de l'Alsace et d'autres pays européens. Le dernier mouvement de colonisation libre du dix-neuvième siècle est celui des « colons Feillet » qui arrivent en trois vagues, 1895-1896, 1898 et 1900 (cf. Merle, 1995, p. 321). Le gouverneur Paul Feillet qui fermera le bagne en 1897 avait comme but de construire une colonie de peuplement « saine et honnête ». Il encourage l'immigration de France et d'autres pays d'immigrants voulant s'établir sur des concessions rurales. Un total de 787 personnes viendront, beaucoup moins que l'aurait souhaité Feillet.

---

[30] Ce chiffre n'inclut pas les relégués. Plus de 4 000 déportés politiques arrivent aussi dans la colonie à partir de 1872. De ce nombre, seule une quarantaine y resteront (cf. Brou, 1994, p. 412, 415).

Après quelques années, la désillusion de ces colons est exprimée dans des articles de presse.

Le message, en substance, révèle la désillusion, l'amertume, le sentiment d'avoir été trompé par une propagande mensongère vantant les mérites d'un pays en forme de miroir aux alouettes. Le désenchantement des émigrants de la fin du siècle est à la hauteur des promesses qui leur ont été faites (Merle, 1995, p. 329).

Au début du vingtième siècle beaucoup de « colons Feillet » cherchent à quitter la Nouvelle-Calédonie. Ainsi peut-on décrire, de façon très sommaire, l'histoire de l'arrivée des Mélanésiens et des Blancs sur la Grande Terre. Mais l'histoire d'un groupe d'immigrants, un groupe qui se révélera important sur le plan économique, social, administratif et linguistique pour la Nouvelle-Calédonie au dix-neuvième siècle, demeure jusqu'à présent mal connue. Il s'agit des immigrants réunionnais et des engagés ou « coolies » qu'ils importeront comme main-d'œuvre spécialisée dans l'industrie sucrière.

Chapitre 2

Les grandes concessions : les débuts de l'industrie sucrière

> Messieurs, après avoir parcouru, pendant quatre mois, la Nouvelle-Calédonie, je suis en mesure de vous apporter quelques renseignements et de vous donner des avis sur ce que j'ai vu de mes propres yeux.
>
> La Nouvelle-Calédonie est décidément un magnifique pays, d'une salubrité incontestable. La richesse des gisements houillers du Mont-d'Or et, à côté, la présence du fer, sont aujourd'hui des faits acquis. Partout de l'eau en abondance, de belles rivières, des bois d'essences variées, richesses forestières constatées.
>
> Certitude de pouvoir créer dans une foule de localités des habitations sucrières qui remplaceront un jour, avec avantage, celles de Maurice par la beauté de leurs produits, sur le marché si voisin de l'Australie.
>
> Facilité extrême d'établir des troupeaux dans tout le pays.
>
> Qu'une pensée mère vous dirige toujours : développez les produits naturels du pays et, en première ligne, la canne à sucre, et je vous garantis la fortune.
>
> Port-de-France, le 25 septembre 1859
> Le Gouverneur, Signé : Th. Saisset [1]

Avant de pouvoir donner suite aux plans ambitieux du Gouverneur Saisset, la Nouvelle-Calédonie a grand besoin d'attirer des colons. En 1858, la colonie ne compte qu'une centaine de colons « repartis la plupart entre Ti-Ouaka, Canala, Port-de-France et l'île de Pins » et sur ce nombre « bien peu se livrent à la culture. »[2] Afin de stimuler la croissance de la population et d'encourager l'agriculture,

---

[1] *Bulletin Officiel* n° 137 – Circulaire du Gouverneur donnant des renseignements sur la Nouvelle-Calédonie.
[2] Selon le *Moniteur de la Flotte* du 24 août 1858, cité *in* Délignon (1898, p. 22).

l'Administration accorde à un certain nombre de colons de grandes concessions sous les conditions du traité Brown et Byrne.

MM. Brown et Byrne, propriétaires à Sydney, négocient avec le Ministre de la Marine et des Colonies un énorme projet de colonisation dans lequel ils s'engagent à introduire sur une concession de quarante mille hectares « mille immigrants libres adultes, dont un tiers au moins appartiendra à la race blanche, le reste se composant de Polynésiens, Malais, Chinois, Indiens etc., préalablement engagés pour cinq ans au moins et pour dix ans au plus.» Les immigrants de couleur seront traités « selon les conditions de son engagement, lesquelles seront faites en se conformant aux lois en vigueur à l'île de la Réunion, si l'immigrant est Asiatique, et suivant les règlements de l'autorité locale, s'il est indigène de l'Océanie.»[3] On constate déjà dans ce traité le transfert de techniques, cette fois dans les conditions de travail des engagements asiatiques, d'une colonie, en l'occurrence la Réunion, à une autre.

Ne trouvant pas les deux cent cinquante mille francs de caution exigés par le Ministre de la Marine et des Colonies pour leur énorme concession, Brown et Byrne abandonnent leur projet de colonisation. Mais d'autres entrepreneurs sont prêts à prendre la relève. En juillet 1858, Didier-Numa Joubert, négociant d'origine française habitant Hunters Hill à Sydney, adresse la lettre suivante à M. Huchet de Cintra, capitaine de vaisseau, commandant la *Thisbé*, à la division navale de la Nouvelle-Calédonie :

Sydney, 28 juillet 1858

Monsieur le Commandant,

Par un décret daté du 17 février 1858, Sa Majesté l'Empereur a accordé à MM. Brown et Byrne, de Sydney, une concession de quarante mille hectares de terre en Nouvelle-Calédonie, à la condition qu'ils rempliront [sic], dans un délai de cinq années, certains engagements stipulés dans un traité passé entre eux et M. le Ministre de la Marine et des Colonies, traité qui est annexé au décret impérial et dont j'ai l'honneur de vous envoyer ci-joint une copie.

---

[3] *Le Moniteur de la Nouvelle-Calédonie*, le 12 novembre 1868, n° 320.

Revenus en Australie depuis quelques mois, MM. Brown et Byrne, n'ayant pas les fonds nécessaires à payer le cautionnement de deux cent cinquante mille francs exigé par le Gouvernement, et à entreprendre l'opération de la colonisation projetée par eux, ont cherché à former à Sydney une compagnie de capitalistes pour l'exploitation de leur concession aux termes de leur traité avec le Gouvernement. Pour diverses raisons, ces Messieurs n'ont pas encore pu réussir à former leur compagnie, et il paraît aujourd'hui à peu près certain que leur entreprise sera abandonnée.

La lecture du décret et du traité qui l'accompagne m'ont donné la conviction que le Gouvernement de Sa Majesté Impériale était disposé à favoriser une colonisation sérieuse, qui, si elle est bien dirigée, devra sans aucun doute produire des résultats également avantageux pour notre établissement en Nouvelle-Calédonie et pour les personnes qui y consacreront leur industrie et leurs capitaux.

Pénétré de cette idée, j'ai l'honneur de vous prier, Monsieur le Commandant, de vouloir bien transmettre en mon nom à M. le Gouverneur de la Nouvelle-Calédonie et à Son Exc. le Ministre de la marine et des colonies une demande d'une concession de quatre mille hectares de terre à la Nouvelle-Calédonie que je m'engage à accepter aux mêmes conditions que celles imposées à Messieurs Brown et Byrne, dans la proportion de son étendue ; c'est-à-dire que la concession que je demande étant un dixième de celle de MM. Brown et Byrne, mon cautionnement s'élèvera à vingt-cinq mille francs et j'aurai à introduire cent colons dont un tiers de race européenne, conformément aux termes du traité.

Établi depuis vingt-deux ans en Australie, où j'ai vu fonder et prospérer sous mes yeux les colonies de Victoria, de l'Australie du Sud et de la Nouvelle-Zélande, j'ai acquis une expérience pratique des moyens de colonisation adoptés avec tant de succès par le Gouvernement anglais sur les différents points de la Nouvelle-Hollande et de la Nouvelle-Zélande, et j'ai le plus vif désir d'entreprendre en Nouvelle-Calédonie une expérience d'exploitation qui me paraît offrir de grandes chances de réussite.

Par sa position intertropicale, par sa proximité des colonies australiennes, par la salubrité de son climat et la fertilité de son sol, la Nouvelle-Calédonie présente aux immigrants des avantages bien supérieurs à aucun autre point de l'Océan Pacifique ; et depuis longtemps déjà de nombreux colons français et étrangers s'y seraient transportés de la Nouvelle-Galles du Sud, si des encouragements suffisants leur avaient été offerts sous la forme de concessions de terre et s'il y avait eu une complète sécurité pour leurs personnes et pour leurs propriétés.

J'ai donc tout lieu de croire que si ma demande est accueillie favorablement par le Gouvernement, mon exemple sera bientôt suivi par d'autres personnes, et que dans peu d'années la colonisation de la Nouvelle-Calédonie aura pris un développement considérable.

J'ose espérer, Monsieur le Commandant, qu'en transmettant ma requête au Gouvernement de Sa Majesté Impériale, par l'entremise de M. le Gouverneur de la Nouvelle-Calédonie, vous serez assez obligeant pour l'appuyer de votre bienveillante recommandation ; et je vous prie de vouloir bien assurer à M. le Ministre de la marine et des colonies qu'avant de formuler ma demande, je me suis mis en mesure de pouvoir immédiatement remplir les conditions exigées par le Gouvernement.

J'ai l'honneur d'être avec un profond respect, Monsieur le Commandant, votre très-humble et très-obéissant serviteur, Signé : D.- N. Joubert[4]

Cette même année, M. Charles Adam adresse sa demande de concession à M. Du Bouzet, Gouverneur de la Nouvelle-Calédonie :

Monsieur Du Bouzet, Gouverneur de la Nouvelle-Calédonie,

M. Le Commandant du Railleur m'a fait savoir par M. D.-N. Joubert, que M. le Ministre m'avait recommandé auprès de vous ; je viens, en conséquence, Monsieur le Gouverneur, vous demander si vous voudriez me concéder 1 000 hectares dans la Nouvelle-Calédonie, aux mêmes conditions, proportionnellement, qui ont été accordées à la compagnie Byrne pour les 40 000 hectares.

J'aurai besoin d'un terrain prenant au bord de la mer et ayant un courant d'eau douce et suffisamment protégé.

Si vous avez la bonté, Monsieur, de me faire savoir si vous pouvez agréer ma demande et m'indiquer le lieu que vous jugerez le

---

[4] *Le Moniteur de la Nouvelle-Calédonie*, le 12 novembre 1865, n° 320.

plus convenable, je me rendrai alors dans cette colonie avec un de mes fils ; je ferai venir quelques membres de ma famille et quelques colons de Bourbon et de Maurice viendront me joindre. Je remplirai, avant cinq années, les conditions exigées, afin d'avoir mon titre définitif et l'entière liberté de faire sur le terrain ce que je voudrai.

J'ai l'honneur d'être, Monsieur le Gouverneur, avec la considération la plus distinguée, et respect, votre très-obéissant serviteur, Signé : Ch. Adam[5]

Le 19 décembre 1858, le gouvernement français fait concession à Joubert « d'un terrain rural de 4,000 hectares environ [. . .] situé sur la baie dite Koutio-Kouéta et sur la rive gauche de la rivière de Doumbéa » et à Adam d'un terrain de 570 hectares « situé sur la rive gauche de la rivière de Doumbéa, lequel terrain est connu sous le nom de Nemba. »[6] Dès les années 1860, les Réunionnais spécialisés dans l'industrie sucrière viendront s'installer sur les concessions de Joubert et d'Adam.

Avant leur arrivée, D.-N. Joubert se met à préparer le terrain. Ses fils Ferdinand et Numa se joignent à leur père et ils commencent les travaux de défrichement, de construction et de plantation. Une commission chargée de constater la situation de la concession de Joubert en septembre 1859 trouve que les progrès sont tout à fait satisfaisants. Elle rapporte que M. Joubert est non seulement un spéculateur habile mais aussi un agriculteur intelligent.[7] Lucien Délignon résume les conclusions de cette commission :

À la fin de septembre 1859, M. Joubert a déjà consacré une somme de 300.000 francs en construction, plantations et valeurs de toute espèce : il a introduit à ses frais, pour son service, cinquante-cinq Européens, quarante indigènes de l'Océanie, et l'un de ses

---

[5] *Le Moniteur de la Nouvelle-Calédonie*, le 12 novembre 1865, n° 320.
[6] *Arrêté faisant concession à M. D.-N. Joubert d'un terrain rural de 4,000 hectares environs, et réglant les conditions à remplir* et *Arrêté faisant concession à M. Adam d'un terrain rural de 570 hectares environ et réglant les conditions à remplir* in *Le Moniteur de la Nouvelle-Calédonie*, le 12 novembre 1865, n° 320. James Paddon reçoit également une concession de 4 000 hectares à Païta.
[7] CAOM FM SG NCL/1. Article de presse : « Colonisation de la Nouvelle-Calédonie » in *Le Moniteur de la Nouvelle-Calédonie*, le 22 mai 1860.

navires est en route vers la Chine afin d'en ramener cent Chinois accoutumés à la culture de la canne à sucre (Delignon, 1898, p. 28).

Cependant, *Le Moniteur de la Nouvelle-Calédonie* écrit en 1865 que « hélas ! » les 100 Chinois en cours de voyage « sont restés en route » et demande :

[...] en 1860 et 1861, qu'étaient devenus les immigrants ? que sont devenues les plantations de cannes à sucre et de caféiers ? Il en restait bien peu, et aujourd'hui même que l'un des fils du concessionnaire travaille avec ardeur, l'on ne compte pas 10 hectares plantés en cannes et le nombre des caféiers ne dépasse pas 500.[8]

Parmi les premiers immigrants, MM. Bull, Durand, Florentin, Flinn, Heister et Newland font un procès à D.-N. Joubert « qui ne leur avait apparemment pas attribué les terres promises lors de la signature de leur contrat » (Cornet, 1997, p. 71).

En dépit de ces critiques, les Joubert sont considérés comme des colons agricoles importants. En 1859, le Gouverneur Saisset offre une prime de mille francs « à chacun des trois premiers propriétaires ayant produit 500 kilogrammes de sucre par superficie de 500 hectares avant le 1er juillet 1860 » (Delignon, 1898, p. 49). Il semble que Ferdinand Joubert, ayant étudié la culture de la canne à l'île Maurice et cultivant la canne à sucre à Koé,[9] soit le seul colon à s'y consacrer. Toutefois, ses premiers efforts dans la culture de cette denrée échouent quand ses plantations sont saccagées par des sauterelles (cf. Thompson, 2000, p. 33). Malgré tout, dans *Le Moniteur* du 2 février 1862, n° 123, le rapport de la Commission chargée de recueillir les produits calédoniens destinés à l'Exposition de Londres, fait la mention suivante :

---

[8] *Le Moniteur de la Nouvelle-Calédonie*, le 12 novembre 1865, n° 320. Pour les références situées dans le texte, j'utilise l'abréviation courante *Le Moniteur* pour *Le Moniteur de la Nouvelle-Calédonie*.
[9] « Koé » s'écrit également « Kohé » et « Coé » dans les textes. J'utilise « Koé », sauf dans les citations.

Neuvième section – Sucres
Néant. Aucune exploitation régulière n'a encore été établie ; un seul colon, M. Joubert, paraît s'occuper de la culture de la canne. Il a préparé dernièrement, comme essai, du sucre turbiné de très belle qualité. Nous regrettons vivement de n'avoir pu nous en procurer un échantillon.

Mais les organisateurs ont évidemment pu obtenir un échantillon avant l'envoi des produits calédoniens à Londres, car *Le Moniteur* du 11 janvier 1863, n° 172, signale que M. Joubert, propriétaire, a obtenu une mention pour son sucre à l'Exposition Universelle de Londres de 1862. Néanmoins, la production de masse ne commencera pas avant 1865 quand Ferdinand Joubert obtiendra une usine à sucre.

En 1863, Jules Garnier, ingénieur des mines en Nouvelle-Calédonie, décrit ainsi la concession de D.-N. Joubert :

... grande fut ma satisfaction en apercevant tout à coup une belle habitation sur le sommet d'une colline [...]. J'étais arrivé à Koutio-Kouéta ; ce qui veut dire « passage des pigeons » en langue indigène ; c'était la première station de M. Joubert, un des principaux colons de l'île. [...]

Monsieur Joubert était depuis longtemps négociant en Océanie lors de la prise de possession par la France de la Nouvelle-Calédonie ; il se rendit dans cette île et y obtint du Gouvernement une concession de terrain de quatre mille hectares comprise entre le Pont-des-Français, la rivière de Dumbéa et la chaîne de Koghi. Il divisa cette immense propriété en deux stations ; la première, Koutio-Kouéta, dans le voisinage du Pont-des-Français, entourée de bons pâturages, est destinée à l'élevage des bœufs et des chevaux. Au moment de mon passage, mille têtes d'animaux de la race bovine et cent chevaux paissaient sur run en liberté et très à l'aise sous la direction active et intelligente de Numa Joubert. [...]

La deuxième habitation de M. Joubert est celle de Koé (sauterelle)[10] ; destinée à l'agriculture, elle est située sur un petit plateau qui domine une vaste plaine d'une fertilité remarquable. Arrosée par de nombreux ruisseaux, bordée par la belle rivière de

---

[10] Le nom sera de mauvais augure pour les Joubert comme nous le verrons par la suite.

Dumbéa, cette plaine offre une situation très-favorable au but que l'on proposait lors de mon passage, l'établissement d'une sucrerie. [. . .] C'est M. Ferdinand [. . .] qui avait passé plusieurs années à l'île Maurice dans le seul but d'y étudier l'industrie sucrière qui dirigea toutes ces constructions. [. . .] La station de Koé était le type du genre comme installation et comme manière de vivre. La case principale se composait d'une vaste charpente à l'épreuve des coups de vent ; des planches clouées par-dessus les poteaux de la charpente formaient les murs, mais ne joignait pas si bien qu'à travers leurs interstices les brises du soir ne fissent toujours vaciller la lumière des lampes. Le toit, à l'épreuve des pluies, se prolongeait sur tout le pourtour de la case, formant une large varande, plus habitée que l'intérieur, ce qui, du reste, est toujours l'usage dans les pays chauds. [. . .] Un jardin potager et fruitier s'étale en pente douce devant l'une des grandes faces de la case, pendant que des hangars, des écuries, des magasins s'élèvent devant l'autre ; un peu plus loin, des cases coniques en paille, qui servent de demeure aux Kanaks employés sur la propriété (cité in Cornet, 1997, pp. 73-75).

Entre-temps, la concession de 570 hectares accordée à M. Adam à Nimba[11] reste inoccupée. Adam essaie de négocier avec le Gouverneur des changements dans les conditions du traité mais ceux-ci sont refusés. Finalement, le 3 novembre 1863, 47 jours avant l'expiration des cinq années accordées pour l'accomplissement des conditions du contrat, M. Adam débarque en Calédonie et y amène deux Européens, une Européenne, dix Indiens, deux Indiennes et trois enfants (un autre Indien étant mort en route). Tous, à l'exception du grand concessionnaire, ont pris passage à la Réunion sur la frégate la *Sybille*.[12]

Le 19 novembre, M. Adam donne une liste de son personnel à l'Administration comprenant : « 2 Européens engagés pour cinq ans ; 1 Européen engagé pour trois mois ; 2 Européennes engagées pour 12 mois ; et les Indiens [. . .], engagés pour cinq ans. »[13] Cependant, ce

---

[11] Il existe deux orthographes pour ce lieu, Nemba et Nimba. Nimba se révèle l'orthographe la plus commune et j'utilise celle-ci, sauf dans les citations.
[12] *Le Moniteur de la Nouvelle-Calédonie*, le 12 novembre 1865, n° 320.
[13] *Le Moniteur de la Nouvelle-Calédonie*, le 12 novembre 1865, n° 320.

personnel ne correspond pas à celui qui avait été convenu dans le traité. *Le Moniteur* nous explique :

[. . .] d'après le traité, tous les immigrants de race blanche et des deux sexes devaient être introduits par le concessionnaire et engagés pour cinq ans au moins et dix ans au plus. Or, sur les cinq Européens présentés, 2 provenaient de la Réunion et les frais de leur passage avaient été supportés par notre budget local.
En présence de ces combinaisons du concessionnaire, l'Administration pouvait user de son droit et faire rentrer le terrain au Domaine ; mais aussi bienveillante pour M. Adam que pour MM. Joubert et Paddon, elle lui accorda un titre définitif et l'exonéra de distraire les 20 hectares de terre qui devaient être donnés à trois immigrants de race blanche et du sexe masculin.[14]

En examinant les mouvements du port du 3 novembre 1863, nous constatons que les Réunionnais engagés par M. Adam qui arrivent sur la *Sibylle* étaient M. et Mme Darius et leurs trois enfants. Une domestique et quinze Indiens sont aussi mentionnés comme immigrants. Avec eux débarque M. Guillonneau, qui établira une concession à Kouvelé à Dumbéa et qui engagera bon nombre d'Indiens à son service,[15] le sieur Gustave et les frères Albert et Lucien Ozoux. Les Ozoux formeront d'abord la Société agricole de Yaté avec dix-huit autres immigrants de la *Sibylle*[16] puis, après l'échec

---

[14] *Le Moniteur de la Nouvelle-Calédonie*, le 12 novembre 1865, n° 320.
[15] Pierre Guillonneau arrive de la Réunion et embauche rapidement des Indiens sur sa propriété. Néanmoins, il n'est pas clair combien de temps il avait passé à la Réunion avant d'immigrer en Nouvelle-Calédonie. Clovis Savoie le nomme comme Réunionnais, tout comme Didier-Numa Joubert d'ailleurs, mais il se trompe dans les deux cas (Savoie, 1922, pp. 49-50). L'acte de décès de Guillonneau le 2 mars 1873 montre qu'il est né à Soullanh (Vendée), le 1er novembre 1828 (DPPC EC NCL/NOUMEA/9 (1873)). Quant à Joubert, il est né à Angoulême le 21 juin 1816 (cf. Cornet, 1997, p. 67). Toutefois, il semble que Guillonneau ait au moins habité quelque temps à la Réunion.
[16] N° 5. *Arrêté du Gouverneur portant concession, à titre gratuit, de 300 hectares de terres situés à Yaté, à la Société agricole de ce nom.* Port-de-France, le 8 janvier 1864. Guillain accorde 15 hectares à chacun des 20 colons de spécialités différentes – boulanger, couvreur, menuisier etc. - qui prennent part à son projet de « commune sociétaire ». Malgré les aides financières généreuses de la part de l'État, le phalanstère de Yaté échoue en moins de deux ans, « les 'socialistes librement associés' de Yaté ne

de cette entreprise, ils travailleront, selon le registre de l'État Civil de Nouméa de 1868, sur la propriété Joubert ; Albert à Koé et Lucien à Koutio-Kouéta.[17]

Toutefois, ce groupe n'est pas le premier contingent de Réunionnais à arriver en Nouvelle-Calédonie. Le colon François Albaret arrive en 1860 et s'installe à Napoléonville (Canala) où il élève des animaux et est « le premier diffuseur de plants de caféiers avec la mission catholique de La Conception » (Brou, 1994, p. 410).

En 1864 il s'associera avec Louis Pion pour former « une société en nom collectif, pour l'exploitation d'un établissement agricole et d'un établissement commercial, avec siège social à Napoléonville, dont la durée est fixée à 2 années commencées le 24 novembre 1864 et se prolongera après ce terme d'année en année sans autres formalités. »[18] Ces deux messieurs enverront « un échantillon de riz de montagne, de riz cultivé dans un terrain marécageux, [et] du même riz cultivé dans un terrain sec » à l'Exposition Universelle de Paris de 1867.[19]

Le 27 juillet 1862, le *Bengal* amène M. L.-A. Beaucourt et Me A. Beaucourt qui importent une vaste pépinière.[20] En mars 1863 M. Louis Beaucourt et sa femme seront les premiers exposants au nouveau marché de Port-de-France (Nouméa).[21] Les Beaucourt s'établissent dans le voisinage du chef-lieu où ils se mettent à cultiver des plants divers y compris le blé, l'avoine et le raisin. En 1866 M. Beaucourt enverra un échantillon de blé, d'orge et d'avoine à l'Exposition Universelle de Paris de 1867 par la frégate la *Sibylle*.[22]

M. Victor Bataille est déjà présent dans la colonie en 1863 car on trouve une annonce placée par lui dans *Le Moniteur* du 13 septembre de cette année : « M. Bataille prévient, qu'à partir du 15 de ce mois, il sera en mesure de recevoir les chevaux que l'on voudrait

---

firent pas montre, ni pour le travail de la terre, ni envers leurs collègues, de 'l'attraction passionnée' qui était prévue » (Brou, 1973, p. 135). Pour plus de détails sur le phalanstère de Yaté voir Saussol (1979).
[17] DPPC EC NCL/NOUMEA/5 (1867-1868), Acte de décès de Lucien OZOUX, le 23 mars 1868.
[18] *Le Moniteur de la Nouvelle-Calédonie*, le 27 novembre 1864, n° 270.
[19] *Le Moniteur de la Nouvelle-Calédonie*, le 5 août 1866, n° 358.
[20] *Le Moniteur de la Nouvelle-Calédonie*, le 3 août 1862, n° 149.
[21] *Le Moniteur de la Nouvelle-Calédonie*, le 22 mars 1863, n° 182.
[22] *Le Moniteur de la Nouvelle-Calédonie*, le 5 août 1866, n° 358.

mettre dans son paddock, situé derrière le Sémaphore. »[23] Mlle Bataille arrive quelques mois plus tard, le 9 février 1864, sur l'*Isis*. Elle est accompagnée de plusieurs compatriotes dont M. Arthur Duboisé, petit-fils de M. Adam qui amène les Indiens Linama, Litounadin, Ranguin et François destinés à travailler avec lui à Nimba, ainsi que les sieurs Micholin, Bouvier et Bertin (agriculteur), immigrants de la Réunion.[24] En 1870, Bertin louera pour cinq ans le lot n° 71 de 35,53 hectares situé au périmètre de la Dumbéa.[25] Le 5 février de la même année, débarque du *Fulton* M. Gustave Clain, qui visite l'île pour évaluer la qualité des terres qu'il juge bonne.

Il y a sûrement d'autres Réunionnais qui arrivent en Nouvelle-Calédonie avant 1864. Malheureusement, les listes de passagers à bord des navires qui les transportent dans la colonie sont souvent incomplètes et je n'ai donc pas de renseignements concernant leur installation dans l'île. Par contre, je sais que dès le début des années 1860, la Réunion subit une crise sucrière causée à la fois par une maladie qui dévaste les cannes à sucre et par une baisse des prix pour cette denrée entraînée par l'essor de l'industrie pendant les années 1850. Par conséquent, les planteurs ainsi que leur personnel font face à de grosses difficultés financières. En 1863, un ouragan très destructeur[26] ajoute à leurs pertes et certains cherchent à s'installer ailleurs.

Nommé gouverneur de la Nouvelle-Calédonie en 1862, Charles Guillain connaissait bien la Réunion où il se rendait souvent quand il était dans la Marine. Sachant que bon nombre de Réunionnais se trouvaient au bord de la faillite, Guillain essaie d'attirer en

---

[23] *Le Moniteur de la Nouvelle-Calédonie*, le 13 septembre 1863, n° 207.

[24] *Le Moniteur de la Nouvelle-Calédonie*, le 14 février 1864, n° 229.

[25] *Le Moniteur de la Nouvelle-Calédonie*, le 15 mai 1870, n° 555.

[26] Une lettre en date du 7 février 1863 publiée dans *Le Moniteur* du 14 juin 1863, n° 194 donne des détails sur les effets de ce violent ouragan sur les sucriers :

> [. . .] *La destruction presque complète des jetées et d'un grand nombre de bateaux et de chaloupes retardera de près d'un mois l'expédition des navires qui avaient commencé leur chargement de sucre pour la France. Un tel retard sera plus préjudiciable aujourd'hui qu'il n'aurait été à d'autres époques ; ce sera une cause de pertes nouvelles pour les producteurs qui perdent déjà beaucoup par suite de la baisse extraordinaire survenue en France sur les prix de cette denrée. [. . .] Toute la colonie était dans la désolation.*

Calédonie ceux qui étaient prêts à tenter leur chance dans une nouvelle colonie. Pour que la Nouvelle-Calédonie sorte d'un état qui, malgré les efforts des colons travailleurs tels que les Joubert, pouvait être qualifié de languissant, Guillain savait qu'il fallait prendre des mesures pour stimuler la croissance de sa population et de son économie. Profitant de ses contacts à la Réunion, Guillain invite des planteurs réunionnais à venir enquêter sur les possibilités d'un avenir sucrier dans cette colonie du Pacifique. La réussite de cette visite provoquera une vague d'immigration en provenance de la Réunion.

Chapitre 3

L'appel à l'immigration réunionnaise

À l'époque où la Réunion subit « une crise des plus cruelles » dans son industrie sucrière, le Gouverneur Guillain s'adresse à son ami, le baron Darricau, Gouverneur de la Réunion, lui proposant un projet d'immigration vers la Nouvelle-Calédonie. Il lui donne des renseignements sur des Réunionnais déjà installés dans la nouvelle colonie y compris « M. Duboisé [qui] est installé sur les bords de la rivière Dumbéa et travaille avec ardeur » ou qui ont visité la Nouvelle-Calédonie comme « M. Clain [qui] est venu visiter les environs de Port-de-France et a transmis à ses compatriotes l'impression favorable que lui a produite la vue de nos terres fertiles ». Le baron Darricau transmet ces renseignements à ses compatriotes lors d'une session du Conseil Général le 1er août 1863.[1]

Dans un article sur ce projet d'immigration, *Le Moniteur* décrit la réaction des Réunionnais à cette proposition :

À la réception des renseignements donnés par le Chef de notre colonie, l'émotion des créoles a été grande, et plusieurs d'entr'eux ont chargé M. Louis de Tourris, membre du Conseil général, d'explorer la Calédonie, lui proposant, si les éléments de réussite lui paraissaient exister, de le mettre à la tête d'une association agricole et sucrière, à l'entour de laquelle se grouperait l'essaim d'immigrants arrivant de la Réunion.[2]

Marie Nicolas Louis de Nas de Tourris, Chevalier de la Légion d'honneur et maire de la commune de Sainte-Suzanne arrive en Nouvelle-Calédonie à bord de la *Néréide* le 19 septembre 1864. Les « créoles de la Réunion » Frappier de Mont-Benoît, Chabrier, Burel, Cadet, Faustin, Fulet, Imbault, Brajeul, les trois frères Nau et Robin l'accompagnent dans sa mission d'exploration ainsi que les « Indiens

---

[1] *Le Moniteur de la Nouvelle-Calédonie*, le 6 novembre 1864, n° 267.
[2] *Le Moniteur de la Nouvelle-Calédonie*, le 6 novembre 1864, n° 267.

ou Africains » Zilien, Abdala, Riaoualero, Adimbo, Anombé, Tirouanga, Ira et Checkourissing, venant, eux aussi, de la Réunion.[3]

Nas de Tourris fait un tour de l'île et à son retour au chef-lieu il adresse au Gouverneur de la Réunion une lettre par laquelle il fait l'éloge de la nouvelle colonie :

Port-de-France, le 31 octobre 1864

Monsieur le Gouverneur,

Au retour d'une exploration des côtes de la Nouvelle-Calédonie, que vous avez daigné me faciliter en me donnant passage à bord du vapeur le Fulton, j'ai l'honneur de vous rendre compte des impressions de mon voyage.

Parti de Port-de-France le 16 octobre, au matin, le premier mouillage a eu lieu sur la rade d'Yo, et j'ai remonté, jusqu'à 3 kilomètres environ de son embouchure, la rivière qui arrose la profonde vallée de ce nom. Abandonnant alors l'embarcation que le commandant Loyer avait mise à ma disposition, je visitai cinq plaines assez vastes qui se trouvent dans la basse vallée ; et comme elles sont séparées les unes des autres par des canaux bordés de palétuviers, que remplit la mer à marée haute, le temps ne me permit pas de pousser mon excursion plus haute. Cette vallée m'a paru néanmoins fort belle et de nature à permettre d'entreprendre sur son sol la culture de la canne, si le niveau de ses terres est à l'abri des inondations de la mer dans les hautes marées [. . .].

Dans cette première exploration comme dans toutes les autres, j'étais accompagné de mes trois compatriotes Nau, Burel et Robin.

À Nakéty, nous avons pris terre à l'endroit où les montagnes s'écartent l'une de l'autre, en décrivant un vaste demi-cercle pour développer, à la vue du voyageur surpris, une plaine aussi large que profonde. Elle est plantée dans beaucoup de ses parties en taros et en ignames, et m'a paru cultivée, avec beaucoup d'intelligence, par une population plus nombreuse que celle qui occupe la vallée d'Yo.

---

[3] *Le Moniteur de la Nouvelle-Calédonie*, le 25 septembre 1864, n° 261.

[. . .] *vers l'un des villages de Nakéty, nous avons rencontré nos compatriotes Brajeul[4] et Fulet au milieu des préparatifs de leur établissement. Fulet m'a fait voir le terrain qu'il destinait à recevoir une plantation de riz aux premières pluies. Il avait déjà choisi une clairière dans la forêt pour y semer du café ; et, afin de se rendre bien compte de la nature du sol où il s'établissait, il s'était empressé de planter une cinquantaine de pieds de cannes à la méthode de la Réunion et de Maurice. Cet essai lui avait semblé satisfaisant. Ce jeune homme ne saurait être trop encouragé [. . .].*

Poursuivant notre route vers Napoléonville, nous sommes arrivés à un endroit où les contreforts de vallées de Nakéty et de Kanala près de se rencontrer, s'éloignent l'un de l'autre en courbes capricieuses, laissant entr'eux un profond vallon que la route traverse sur une arête jetée de l'un à l'autre bord, comme un pont naturel pour les unir. [. . .] En arrivant dans la plaine par le sentier sinueux qui y conduit, on est frappé partout de la puissance de végétation qui règne autour de soi. C'est là que tout invite à établir le premier centre industriel en Calédonie. Le poste militaire situé aux pieds du blockhaus, le magasin de M. Pion, l'habitation de M. Mace, plus loin, la ferme de M. Albaret où j'ai constaté des essais de culture les plus variés et les plus fructueux, tout cet ensemble donne au paysage un air de vie européenne qui s'épanouirait aisément sous l'influence d'une colonie agricole et manufacturière.

[. . .] La rive gauche de la Ti-Ouaka est la plus belle ; mais l'autre a l'avantage de communiquer par terre avec l'emplacement du

---

[4] *Le Moniteur* du 28 mai 1865, n° 296 fait le compte rendu des progrès de M. Brajeul dans la colonne « Nouvelles locales » :

> NAKETY. – M. N. **Brajeul**, *immigrant de la Réunion, arrivé en septembre 1864, s'étant fixé peu après à Nakéty, a essayé le terrain qu'il a choisi en semant à la fin de décembre quelques grains de riz créole de la Réunion. Malgré les sécheresses de janvier et de février et bien que la terre fut nouvellement et imparfaitement défrichée, ce colon a pu récolter, dès les premiers jours de mai, c'est-à-dire au bout de quatre mois et demi d'ensemencement, de belles gerbes de riz bien nourries, dont les spécimens sont déposés au Musée local. Le grain en est petit, mais diaphane, et d'un très beau blanc. On a compté jusqu'à 370 grains de riz sur une seule gerbe.*
> *Ce sont les premières gerbes qui aient été vues à Port-de-France et elles donnent bon espoir pour l'avenir.*

poste militaire, où une ville pourrait naître plus tard. Il y aurait place, dans cette belle vallée, pour deux établissements de sucrerie. [...] Partout, je dois le dire, nous n'avons eu qu'à nous louer des kanacks. Ils se sont montrés, dans les tribus dont nous traversions le territoire, toujours pleins de bonté et d'obligeance.

De tout ce qui précède, il ressort pour moi un enseignement, Monsieur le Gouverneur, à savoir que la Nouvelle-Calédonie offre, sur beaucoup de points de son territoire, des éléments de succès pour des colons sérieux qui viendraient y planter résolument leur tente, en associant leurs capitaux, leurs bras, leur intelligence et leur expérience. Au commencement de leur installation, ils devront s'attendre à rencontrer des privations. Par moment même le souvenir de la patrie absente pourrait venir ébranler leur résolution et leur constance ; mais, avec de l'énergie et à l'aide des encouragements de l'administration locale, ils auront bientôt franchi ces pas difficiles pour entrer avec la colonie naissante dans une ère de prospérité.

Contribuer à lui faire accomplir cette destinée, que lui assurent ses richesses naturelles et sa merveilleuse situation géographique, est un but qui est digne de votre intelligence élevée, Monsieur le Gouverneur. Pour ma part, je ne forme qu'un vœu ; celui de pouvoir figurer, pour un modeste appoint, dans la réalisation de cette grande œuvre. Je suis, etc. Signé : Louis de Tourris[5]

Quant aux Calédoniens, la possibilité de la venue d'immigrants expérimentés en provenance de la Réunion est une heureuse nouvelle. Cette immigration « nous amènerait ces intelligences libérales, ces hommes éclairés qui ont fait marcher leur pays à la tête de nos possessions d'outre-mer » écrit *Le Moniteur* en 1864.[6]

Avant même qu'une émigration vers la Nouvelle-Calédonie puisse être organisée par Nas de Tourris et le baron Darricau, les pionniers réunionnais continuent à s'installer dans la colonie. De l'expédition de Nas de Tourris, MM. Brajeul, Fulet, Imbault et les frères Nau ainsi que les huit Indiens ou Africains qui sont venus avec eux restent en Nouvelle-Calédonie. Le 21 octobre 1864 voit l'arrivée

---

[5] *Le Moniteur de la Nouvelle-Calédonie*, le 6 novembre 1864, n° 267.
[6] *Le Moniteur de la Nouvelle-Calédonie*, le 6 novembre 1864, n° 267.

sur le *Chevert* de M. Dercourt, « créole de la Réunion », qui s'établira aux alentours de Port-de-France, et douze engagés indiens. Le chargement de ce bateau comprend « une usine à sucre adressée à M. Duboisé, propriétaire sur les bords de la Dumbéa. »[7] La femme de l'un des frères Nau vient avec ses deux enfants se joindre à son mari le 27 février 1864 et Coutama, dit Thomas, « cafre », débarque le même jour du *Black-Dog*.[8] M. Lepeut vient sur la *Gazelle* le 12 juillet 1865 et MM. Clain et Jean-Baptiste débarquent de la *Gazelle* le 9 décembre 1865. Le même jour arrive sur le *Marceau* le « moulin à broyer les cannes » pour M. Clain.[9] Le 27 décembre 1865 à bord de la *Néréide* arrivent M. Evenor de Greslan avec 37 Malabars et des pièces de machine sucrière pour lui et son cousin Duboisé avec qui il s'associe. Le sucrier M. Gillot de l'Étang serait aussi venu dans la colonie avant la fin de 1865.[10]

Pendant ce temps, les propriétaires de Dumbéa se mettent, de manière sérieuse, à la culture de la canne à sucre. Le 8 novembre 1864, le Gouverneur Guillain offre une prime « de 500 hectares à chacun des deux importateurs qui, les premiers, auront doté la colonie d'une usine prête à fonctionner et susceptible de produire par an de 700 à 800 tonnes de sucre » (Délignon, 1898, p. 49)[11] et en avril 1865 le Gouvernement colonial envoie la *Gazelle* chercher un chargement de cannes à Ouraye (côte Ouest) pour les colons de Dumbéa. Le jardinier-botaniste Pencher est chargé de choisir les meilleures variétés de cannes alors que M. Duboisé s'occupe de les acheter. Pour négocier avec les Kanak, ils ont comme intermédiaires le chef Watton de Titéma, son fils qui sert d'interprète et l'enfant Adiman de l'école des jeunes indigènes.[12]

Le Moniteur du 28 mai 1865, n° 296 donne le compte rendu suivant de cette expédition :

---

[7] *Le Moniteur de la Nouvelle-Calédonie*, le 23 octobre 1864, n° 265.
[8] *Le Moniteur de la Nouvelle-Calédonie*, le 5 mars 1865, n° 284.
[9] *Le Moniteur de la Nouvelle-Calédonie*, le 10 décembre 1865, n° 324.
[10] *Le Moniteur de la Nouvelle-Calédonie*, le 31 décembre 1865, n° 324.
[11] Je cite Délignon car je n'ai pas pu consulter ce document dans le texte. Le terme « tonnes » demeure néanmoins problématique, car dans le *Procès-verbal de la Commission chargée, par décision de M. le Gouverneur, en date du 5 mai 1868, de constater si l'usine de Coé est capable de produire, par année de 700 à 800 tonneaux de sucre*, on parle de « tonneaux » plutôt que de tonnes.
[12] *Le Moniteur de la Nouvelle-Calédonie*, le 7 mai 1865, n° 293.

Dumbéa. – Cannes à sucre. – La goëlette la Gazelle, partie le 28 avril pour Ouaraye, afin d'y acheter des cannes à sucre pour les propriétaires de la Dumbéa, a mouillé le 14 mai, près de l'îlot Nié, devant l'embouchure de la Dumbéa, avec le tiers de son chargement, n'ayant pu en obtenir davantage malgré tous les efforts tentés pour se procurer un plus grand nombre de plants de la précieuse graminée ; et cela ne doit pas étonner, car l'ouragan du 5 mars dernier a ravagé beaucoup de cultures.
Les plants de cannes ont été distribués par portions égales entre MM. Duboisé, Numa Joubert, Ferdinand Joubert, Hoff et Guillonneau, qui ont dû débourser entr'eux tous une somme maximum de cent francs. Ils pourront planter près de deux hectares.
L'administration ne perd pas de vue les travaux agricoles entrepris par les colons de la Dumbéa, et elle ne renonce pas à leur faciliter les moyens d'avoir de nouveaux plants. Déjà le chef Watton de Titéma, appelé le 22 à Port-de-France, a promis de livrer une partie des cannes plantées à Nianouni et à Tonguin. Elle espère pouvoir alors en procurer à tous ceux qui en demanderont.

M. Pencher, le jardinier-botaniste, ajoute une description des activités et des cultures qui se produisent à la Dumbéa dans un rapport du 4 août 1865 adressé à M. le Secrétaire colonial. Pencher détaille la vaste propriété de Ferdinand Joubert à Koé où se trouve un moulin pour écraser la canne ainsi que le terrain fertile de Duboisé où ce dernier développe « avec l'expérience qu'il a acquise à la Réunion, les cultures coloniales. » Ces cultures incluent des cannes à sucre et trois variétés de riz plantées dans une rizière d'un hectare. La belle qualité de ses plants est louée par le jardinier-botaniste qui conseille aux cultivateurs ayant des eaux irrigatrices de « demander des renseignements à M. Duboisé, chez qui ils trouveront l'accueil traditionnel des planteurs de nos anciennes colonies. » Il continue ses compliments en disant que malgré le fait que Duboisé possède un moulin puissant, « en planteur expérimenté, il a la sagesse d'attendre que ses produits soient assez abondants avant de jeter des capitaux dans la fondation d'une usine. »[13]

---

[13] *Le Moniteur de la Nouvelle-Calédonie*, le 15 août 1865, n° 305.

Moins expérimenté mais très enthousiaste, Ferdinand Joubert monte la première usine à sucre qu'il inaugure le 4 septembre 1865. Il invite le Gouverneur Guillain, Mme Guillain, M. l'Ordonnateur, le Chef du bureau des Affaires Européennes et plusieurs autres fonctionnaires qui se rendent à la baie de la Dumbéa à bord du *Fulton* avant de remonter la Dumbéa en baleinière jusqu'au premier débarcadère de Koé.

Dans un article publié dans *Le Moniteur*, Ferdinand Joubert raconte la journée ainsi :

Déjà se trouvait réunie sur l'habitation une nombreuse société venue à cheval de Port-de-France, et dans laquelle on voyait MM. le Secrétaire colonial et le Directeur de la Ferme-Modèle d'Yahoué ; M et Mme A. Martin, MM. Duboisé et Guillonneau les voisins de M. Joubert qui, eux aussi, cultivent la canne à sucre, et la plupart des propriétaires de Païta et des bords de la Dumbéa. À son arrivée, M. Guillain a été reçu par MM. F. et N. Joubert, et salué des cris répétés de : Vive le Gouverneur ! Ces vivats spontanés et chaleureux, dans une fête qui n'avait rien d'officiel, sont une nouvelle preuve des sentiments sympathiques qui unissent le Chef de la colonie et ses habitants, [. . .].

M. le Gouverneur s'est alors dirigé vers le moulin. Aussitôt qu'on fut entré dans la sucrerie, M. Joubert invita le Chef de la colonie à livrer aux cylindres les premières cannes qui devaient être broyées en Nouvelle-Calédonie. L'opération est ensuite continuée avec entrain. M. Guillonneau s'était empressé, pour la circonstance, de mettre à la disposition de M. Joubert les Indiens qu'il a amenés avec lui de la Réunion et pour lesquels ce travail n'était pas nouveau.

Il n'est pas besoin de dire que les spectateurs ont suivi, avec toute l'attention que méritait une épreuve si importante, les diverses phases de la fabrication du sucre. Malgré tout son désir, M. le Gouverneur n'a pu rester jusqu'à la fin : mais au moment de son départ, le vesou travaillé par la cuisson avait déjà donné un sirop qui permettait d'espérer un sucre de belle qualité, et il était permis de croire que l'essai avait réussi.

Nous pourrions donner dès aujourd'hui quelques renseignements sur l'usine de M. Joubert, mais nous pensons qu'il vaut mieux renvoyer cette description à un prochain article qui,

paraissant après la roulaison, pourra alors être complet et faire connaître non-seulement le système du moulin, mais encore la puissance du moteur hydraulique, la contenance des chaudières, la superficie des plantations, et surtout le rendement de la canne ou plutôt la fertilité du sol, car, comme on l'a si bien dit, ce n'est pas dans la sucrerie, c'est dans la terre que se fait le sucre.
[. . .] Pour que la Calédonie prospère, il suffit que la population s'habitue et se forme à l'esprit d'entreprise. Tout effort tenté dans ce sens, demeurât-il même improductif, est encore un progrès, un véritable pas en avant. D'une idée infructueuse, surgit une idée féconde ; l'histoire des découvertes scientifiques n'en fournit-elle pas plus d'une preuve ?
Mais disons bien vite que nous avons le droit d'espérer que M. Joubert n'a pas seulement indiqué la route, mais qu'il recueillera lui-même les profits bien mérités de son initiative.[14]

Nous constatons qu'au moment de l'inauguration de son usine, Joubert n'a pas de travailleurs indiens à Koé. Sans doute impressionné par l'aptitude des Indiens réunionnais que Guillonneau lui avait prêtés, il cherche à se procurer sa propre main-d'œuvre spécialisée dans l'industrie sucrière. Le 5 mars 1866, il débarque du *Marceau* avec une domestique indigène et son premier groupe d'engagés indiens : « Schaioud, indien, Schaioud, indienne ; Samy, indien, Samy, indienne et un enfant ; Dandré, indien, Dandré, indienne et un enfant. »[15]

Pour pouvoir obtenir un grand résultat en peu de temps, les Joubert décident de s'associer à Gustave Clain, sucrier réunionnais récemment arrivé dans la colonie. Le 19 mars 1866, un contrat d'association est signé. Clain apporte à la société son savoir-faire dans l'industrie sucrière et un moulin à sucre qui est, selon de Greslan, « d'un système meilleur qui fonctionnera pour la manipulation de 1867. »[16] La sucrerie Joubert-Clain importera des ouvriers de la Réunion et produira du sucre et du rhum jusqu'en 1874.

Dès son arrivée, Clain ne perd pas de temps à s'intégrer dans la vie administrative de son nouveau pays. Le 7 mai 1866, « M. Clain,

---
[14] *Le Moniteur de la Nouvelle-Calédonie*, le 10 septembre 1865, n° 311.
[15] *Le Moniteur de la Nouvelle-Calédonie*, le 11 mars 1866, n° 337.
[16] *Le Moniteur de la Nouvelle-Calédonie*, le 2 décembre 1866, n° 375.

propriétaire à Kohé » est nommé membre du Conseil d'administration « pour siéger dans les affaires d'intérêt local. »[17] Quant à la vie sociale de la colonie, les frères Joubert ainsi que M. Duboisé font partie du Comité des courses, créé le 12 août 1865 dans la vallée d'Yahoué. M. Boutan, ingénieur agricole, en est le président et Numa Joubert le vice-président. Ce même jour, des souscriptions pour les premières courses de chevaux en Nouvelle-Calédonie sont acceptées et sur la liste nous trouvons les noms des Réunionnais suivants : Duboisé, Guichard, Gouët, Mme Gouët et Foucher. Les Réunionnais continueront à s'intéresser aux courses de chevaux et bon nombre des membres du Jockey Club calédonien seront originaires de la colonie de l'Océan Indien. En 1873, par exemple, les membres comprennent MM. Armand, Bataille, Duboisé, de Greslan, Gouët, Routier de Grandval, L. Marchand, Imbault et Dubain.[18] Et en 1875 MM. Desjardins, R. Leriche, L. Leriche et de Tourris s'ajoutent à la liste des membres.

Tandis qu'à Dumbéa Joubert et Clain, Duboisé, de Greslan et Guillonneau font de leur mieux d'obtenir la prime offerte par le Gouverneur Guillain, d'autres Réunionnais s'établissent dans la colonie. Le 15 juin 1866, MM. Lepeut, Gezat et Galland, quatre Indiens, deux Indiennes et deux enfants partent sur la *Calédonienne* pour Houagape. M. Lepeut embarque aussi une maison, des outils aratoires, des provisions de bouche et des objets de matériel.[19] Le 14 juillet 1866, François Dargaud et sa femme, immigrants de la Réunion, débarquent de la *Sibylle*.[20] Et M. François Louvet, Réunionnais et employé sucrier de Joubert à Koé, arrive sur la *Bonite* le 15 août 1866 avec les Malabars Souprayen et Samy.[21]

En mai 1866, le Gouverneur décide de prescrire le dénombrement de la population. Au premier juillet la population blanche compte 1060 personnes dont 843 habitent de Nouméa au

---

[17] *Le Moniteur de la Nouvelle-Calédonie*, le 13 mai 1866, n° 346.
[18] *Le Moniteur de la Nouvelle-Calédonie*, le 24 septembre 1873, n° 731.
[19] *Le Moniteur de la Nouvelle-Calédonie*, le 17 juin 1866, n° 351.
[20] *Le Moniteur de la Nouvelle-Calédonie*, le 15 juillet 1866, n° 355.
[21] *Le Moniteur de la Nouvelle-Calédonie*, le 19 août 1866, n° 360.

Mont-d'Or et à Saint-Vincent.[22] Le Secrétariat colonial de la Nouvelle-Calédonie décrit ainsi cette population libre :

Depuis 1863, le nombre des immigrants de race européenne a été, en moyenne, par année, d'une centaine d'individus ; ils viennent, soit directement de France, quelques-uns à bord des navires de la ligne régulière de l'Océanie, le plus grand nombre sur les frégates qui visitent périodiquement nos parages, soit de la Réunion où ils s'embarquent sur ces bâtiments lors de leurs relâches, soit enfin d'Australie.[23]

La population océanienne, africaine et asiatique se compose de 239 Océaniens, 89 Asiatiques, et 7 Africains.[24] Ces deux derniers groupes sont constitués d'engagés réunionnais d'origine indienne et africaine amenés dans la colonie par les planteurs réunionnais. Certains accompagnent leurs engagistes dans le nord, mais la plupart s'installent à Dumbéa sur les propriétés sucrières ou aux alentours de Nouméa.

Néanmoins, les importations de bras spécialisés dans la culture de la canne à sucre se fait sur une petite échelle. Elles croîtront au fur et à mesure du développement de l'industrie vers la fin des années 60. En décembre 1866, Evenor de Greslan, qui sera nommé conseiller titulaire du Conseil d'Administration en 1869[25] et sera un temps Conseiller général et Conseiller municipal,[26] écrit une lettre, publiée dans *Le Moniteur,* dans laquelle il décrit de façon détaillée les progrès dans la production du sucre à la Dumbéa.[27] Pour lui, les résultats depuis l'inauguration du moulin à Koé sont « loin d'être décourageants » et montrent que « le sol calédonien a tenu sa promesse. » Malgré le fait que le moulin à Koé est primitif et mal installé et qu'il y a un manque d'ouvriers expérimentés, les résultats sont bons grâce à la « qualité absolue des cannes et de l'aptitude de

---

[22] Ce chiffre n'inclut pas la garnison (cf. Gascher, 1974, p. 75). Le Mont-d'Or est aujourd'hui épelé le Mont Dore.
[23] *Le Moniteur de la Nouvelle-Calédonie*, le 30 septembre 1866, n° 366.
[24] *Le Moniteur de la Nouvelle-Calédonie*, le 30 septembre 1866, n° 366.
[25] *Le Moniteur de la Nouvelle-Calédonie*, le 26 décembre 1869, n° 535.
[26] Cf. O'Reilly (1953, cité in Chevalier, 1997, p. 19).
[27] *Le Moniteur de la Nouvelle-Calédonie*, le 2 décembre 1866, n° 375.

notre sol à cette culture. » Il ajoute que si, « malgré cette infériorité, la Nouvelle-Calédonie arrive aux mêmes résultats que la Réunion, on peut en tirer la conséquence que celle-là prendra un avantage marqué, alors qu'elle aura à son service des moyens aussi puissants que l'autre. » Il se permet de faire des comparaisons positives entre la Nouvelle-Calédonie et la Réunion « avec quelque autorité », expliquant que comme il est « né dans cette colonie, et ancien propriétaire sucrier, tous les faits qui se rapportent à l'industrie sucrière [lui] sont familiers. »

Quant à la production de la seconde campagne, de Greslan constate que Joubert et Clain ont produit dix tonnes de sucre de deux hectares de terre plantés en cannes et que Duboisé, Guillonneau et lui-même en ont produit trois. Grâce à l'arrivée d'un moulin plus performant chez MM. Joubert et Clain, la troisième campagne « s'annonce sous les plus heureux auspices. » Et il remercie le Gouverneur pour avoir donné à la *Gazelle*, pour la deuxième fois, la mission d'aller chercher de nouveaux plants de cannes à Gatope. « Cette goëlette, dit-il, vient d'arriver avec un choix d'excellentes espèces qui permettra d'améliorer de plus en plus nos plantations. »

Enfin, de Greslan pose la question : « que nous manque-t-il donc pour réussir promptement ? » Sa réponse : « Le capital, peut-être ! » Pourtant, il demeure positif :

Nous pouvons, toutefois, [. . .] affirmer que nous sommes particulièrement favorisés pour entreprendre avec succès et profit la fabrication du sucre. Avec un sol peu coûteux et fécond, un marché immense dans notre voisinage, nous réussirons quand même.

L'optimisme de M. de Greslan ne fera qu'augmenter quand, dans les années qui viennent, des centaines, voire des milliers de ses compatriotes (colons, créoles et coolies) débarqueront dans la colonie. Je traiterai l'arrivée de ces immigrants au chapitre 5 mais au préalable je ferai un résumé de l'avenir de l'industrie sucrière en Calédonie qui se développera rapidement avant de s'effondrer presque aussi vite après une série de catastrophes.

Chapitre 4

L'essor et le déclin du sucre en Nouvelle-Calédonie

À la suite de l'immigration réunionnaise et des encouragements de la part de l'Administration locale, l'industrie sucrière s'étend rapidement. En 1868, aux établissements de Koé, Nimba et Kouvelé on cultive plus de 120 hectares de canne à sucre et les « colons et les autochtones [développent] rapidement leurs cultures pour alimenter l'usine de la Dumbéa » (Joubert, 1997, p. 57).

La deuxième usine à sucre, construite à la mission de Saint-Louis au Mont-d'Or, commence, elle aussi, à fonctionner en 1868. Les premiers résultats sont des plus satisfaisants. « Deux échantillons de sucre sont déposés au Musée local et mis aussi à la vue de tous ceux qui s'intéressent au développement de la colonie. »[1]

Cette même année, Gustave Clain, l'associé de Joubert, meurt. Au bord de sa tombe, M. Duboisé, ami et compatriote de Clain, prononce les paroles suivantes :

Avant de fermer la tombe qui doit recueillir les restes mortels d'un compatriote, d'un ami, la pensée, malgré soi, se porte en arrière pour en reconnaître les qualités et en faire plus vivement regretter la perte.

Aux qualités du cœur qui faisaient l'excellent parent, le bon ami, M. Clain joignait la justesse de vues, la fermeté qui font le bon administrateur. La sagesse de M. le Gouverneur l'avait choisi pour représenter, au sein du Conseil, les intérêts de ses concitoyens.

Âgé de 52 ans, il abordait franchement une vaste entreprise et ne craignait pas d'affronter les misères et les privations du pionnier ; s'étant mis à la tête des plus courageux, il combattait vaillamment sous le drapeau de la colonisation et allait recueillir la juste récompense de tant de peines, lorsque la Mort implacable vint en arrêter le cours.

Aux qualités de l'homme public, M. Clain en réunissait d'autres privées, plus douces, mais plus grandes encore. Sa vie

---

[1] *Le Moniteur de la Nouvelle-Calédonie*, le 1er novembre 1868, n° 475.

d'abnégation, il l'avait offerte à toute une intéressante famille ; son travail de chaque jour, il le lui donnait avec bonheur, sachant la reconnaissance qu'il devait en attendre.

Cette famille chérie pour laquelle il vivait tous ses instants, il espérait la revoir prochainement, mais la Providence en avait décidé autrement.

Et vous, infortunés enfants, qui comptiez avec impatience les jours qui vous séparaient d'un père adoré, combien amère sera votre douleur à la réception de cette affreuse nouvelle ! Vos peines seront partagées, et, si une consolation peut être offerte à une si grande douleur, ce sera l'affection de tous les concitoyens de votre excellent père, ce sera l'affection et l'estime de chacun. Adieu Clain, compagnon de nos peines et de nos labeurs, adieu, ou plutôt au revoir ![2]

Sa mort provoquera une bataille juridique entre les Joubert et « la famille chérie » de Gustave Clain. Son fils Pierre-Charles arrive en Nouvelle-Calédonie en avril et, vu que son père avait été l'importateur de la première usine à sucre, fait immédiatement une demande auprès du Gouverneur pour obtenir la prime d'une concession gratuite de 500 hectares. La lettre qu'il écrit au Gouverneur est publiée dans *Le Moniteur* du 21 juin 1868, n° 456 :

Coé, 24 avril 1868
Monsieur le Gouverneur,

Arrivé en Nouvelle-Calédonie avec la triste mission de régler la succession de feu mon père dont les dispositions n'ont pu être prises à temps à l'égard de la demande qu'il était en mesure d'adresser à l'Administration locale pour la concession gratuite des cinq cents hectares de terre promise aux deux premières usines sucrières établies en Calédonie et susceptibles de manipuler de 7 à 800 tonnes[3] *de sucre par an, je viens solliciter de la bienveillance de votre gouvernement l'exécution de la promesse faite à l'effet d'encourager les colons de l'île de la Réunion à venir planter leur tente dans cette nouvelle colonie de la France.*

---

[2] *Le Moniteur de la Nouvelle-Calédonie*, le 15 mars 1868, n° 442.
[3] Il est probable que Clain se trompe de terminologie, car le Gouverneur parle de « tonneaux » de sucre dans l'arrêté de 1868.

Confiant dans l'avenir de la Nouvelle-Calédonie qu'il était venu visiter précédemment, mon père n'a pas hésité, malgré les doutes exprimés par chacun sur la possibilité de réussir dans un autre pays aussi neuf où la moindre entreprise devait rencontrer des échecs, mon père n'a pas hésité, dis-je, à abandonner tout, famille et amis, pour se reléguer dans les bois et y déployer, avec ses connaissances et de faibles capitaux, l'activité et l'énergie qui lui restaient, dans l'espoir de refaire à ses enfants une position que les écueils commerciaux avaient brisée.

Le but de son entreprise, quoique tout privé, n'a pas été sans une certaine ambition politique : fort de son expérience, il voulait aussi prouver que la Nouvelle-Calédonie pouvait offrir, sans grands frais, un avenir certain à quiconque viendrait sérieusement y travailler la canne à sucre. Au moment où il réussissait, après avoir surmonté de bien grandes difficultés, la mort est venue le ravir à ses espérances. Sans prétendre, néanmoins, à un double titre aux faveurs du Chef de l'administration coloniale, je me renferme dans les prescriptions promulguées à l'occasion de cette concession gratuite promise aux deux premiers colons de la Réunion qui viendraient s'établir ici et vous prie de vouloir bien nommer une commission à l'effet de statuer que le moulin porté de la Réunion par mon père et érigé sur l'établissement de Coé réunit les conditions exigées pour obtenir la prime en question.

Je tiens à la disposition des experts qu'il vous plaira de nommer, les plans et tous renseignements nécessaires à leur examen.

Sollicitant la faveur de votre attention pour la demande que j'ai l'honneur de vous adresser, je vous prie de me croire, Monsieur le Gouverneur, Votre très-humble et obéissant serviteur, Signé : Ch. Clain

Après la réponse favorable de la commission que le Gouverneur charge de constater si l'usine de Koé est capable de produire 700 à 800 tonneaux de sucre par an,[4] le Gouverneur Guillain lui accorde ces

---

[4] *Procès-verbal de la Commission chargée, par décision de M. le Gouverneur, en date du 5 mai 1868, de constater si l'usine de Coé est capable de produire, par année de 700 à 800 tonneaux de sucre. Le Moniteur de la Nouvelle-Calédonie*, le 21 juin 1868, n° 456.

terres dans l'arrêté du 15 juin 1868.[5] Ensuite, en mars 1869, Clain amène le sieur Didier-Numa Joubert devant le Tribunal de Première Instance où il demande au Tribunal de condamner Joubert à :

1. rembourser aux héritiers Clain la somme de six mille sept cent vingt et un francs soixante-douze centimes, versés par leur père dans la caisse commune ; 2. indemniser pour les deux années passées par M. Clain à créer tout ce qui existe à Coé et qui reste à M. Joubert seul, à raison de dix mille francs par an ; 3. quant à la prime d'encouragement accordée par l'Administration à la succession Clain, attendu qu'elle est la conséquence de la société ayant existé entre lesdits associés et que les associés ont apporté, l'un un moulin, l'autre des batteries, en ordonner le partage ; 4. condamner aussi le sieur Joubert à tous frais et dépens et ce sera justice.[6]

Joubert, quant à lui, prétend que la succession Clain est mal fondée en sa demande et déclare qu'elle n'a « aucun droit à la prime de cinq cents hectares accordé par l'Administration » et que lui seul devrait être le propriétaire des cinq cents hectares concédés. Il demande au Tribunal de condamner Clain à lui payer dix mille francs de dommages-intérêts en tous frais et dépens. Le Tribunal trouve que Joubert a raison que les demandes des héritiers Clain sont mal fondées et les condamne à payer tous les dépens. Il déclare que « c'est à tort que la concession des 500 hectares a été accordée à la succession Clain qui n'a jamais été propriétaire de rien à Coé. » Cependant, le Tribunal dit que Joubert doit rendre aux héritiers Clain le moulin apporté à l'usine par leur père ou leur payer la somme de 2 500 francs.

Clain fait appel en mai 1869. Cette fois-ci le Tribunal se déclare « incompétent sur la question de savoir si c'est à bon droit que le Gouvernement a accordé une prime de 500 hectares à Clain, et renvoie les parties à se pourvoir ainsi qu'elles aviseront. »[7] Finalement, le Gouverneur, dans l'*arrêté interprétatif de celui du 15 juin 1868 accordant une prime de cinq cents hectares à la succession*

---

[5] *Arrêté du Gouverneur accordant une concession gratuite de cinq cents hectares, à titre prime, à la succession de G. Clain, importateur de la première usine sucrière. Le Moniteur de la Nouvelle-Calédonie*, le 21 juin 1868, n° 456.
[6] *Le Moniteur de la Nouvelle-Calédonie*, le 20 mai 1869, n° 505.
[7] *Le Moniteur de la Nouvelle-Calédonie*, le 20 mai 1869, n° 505.

de G. Clain, importateur de l'usine de Coé dit que :

L'arrêté du 15 juin 1868 doit s'interpréter en ce sens que l'Administration, en accordant à la succession Clain de cinq cents hectares promise, à titre de prime, par la décision du 8 novembre 1864, a entendu attribuer cette prime, par moitié, à MM. Joubert et Clain, importateurs et fondateurs de l'usine de Coé.[8]

Pour ce qui est de l'emplacement de la concession, Numa Joubert, agissant au nom de son père, et Clain conviennent à l'amiable de diviser le lot n° 24 du périmètre de la Tamoa.[9]

Alors que Joubert et Clain s'attaquent au Tribunal de Nouméa, la culture de la canne à sucre se répand dans les circonscriptions du sud. Autour des grands établissements comme ceux de Koé, de Kouvelé, de Nemba ou encore de Saint-Louis, les petits habitants se mettent à la culture des cannes à l'instar des riches propriétaires.[10] Le Gouverneur Guillain, d'un ton élogieux, décrit la situation des cultures dans une lettre au Ministre de la Marine et des Colonies datée du 26 août 1869 :

Les travaux de culture se développent tous les jours. La canne à sucre promet partout les résultats les plus satisfaisants.
La récolte de l'année 1868-1869 a réalisé les espérances des

---

[8] *Le Moniteur de la Nouvelle-Calédonie*, le 6 juin 1869, n° 506.
[9] Arrêté du Gouverneur déterminant l'emplacement de la concession de cinq cents hectares, à titre de prime, à la succession G. Clain. *Le Moniteur de la Nouvelle-Calédonie*, le 1er août 1869, n° 514.
[10] En 1872, Arthur Duboisé fait paraître un *Avis aux cultivateurs* dans lequel il dit qu'il « a l'honneur de faire savoir qu'il peut disposer de terrains, de bonne qualité, pour la culture de la canne à sucre. Les cannes seraient manipulées par l'usine de Nimba (périmètre de la Dumbéa), suivant des conditions à stipuler à l'amiable. » *Le Moniteur de la Nouvelle-Calédonie*, le 5 juin 1872, n° 663. L'année suivante, Numa Joubert fait paraître un *Avis aux Immigrants et cultivateurs* offrant « à des conditions avantageuses des fermes de 6 à 21 hectares situées autour de l'usine à sucre de Koé, à deux heures de Nouméa par la grande route, terres de première qualité, irrigations faciles partout, chemins d'exploitation, labour des terres, etc., à des conditions favorables. La proximité de Nouméa de ces fermes, permet le débouché d'une foule de petits produits, dont il est presque impossible de tirer partie à des distances plus éloignées, à cause des difficultés et des frais de transport. » *Le Moniteur de la Nouvelle-Calédonie*, le 22 octobre 1873, n° 735.

planteurs ; 130 tonneaux de sucre environ ont été fabriqués par les usines de la colonie et dirigés en grande partie sur Sydney où cette denrée trouve un prix fort rémunérateur. Outre les deux établissements déjà fondés à Coé et à St. Louis, la colonie va bientôt posséder une usine centrale qui sera montée par [. . .] une société par actions. La somme nécessaire à l'achat et aux frais d'installation de la machine est déjà réalisée. Le département a été informé de ce projet par lettre du Gouverneur du 1er juillet dernier $n^{tée}$ 592, demandant que le matériel de l'usine en question soit transporté en Nouvelle-Calédonie par le premier bâtiment de l'État à destination de notre colonie devant faire escale à la Réunion.[11]

Cette usine sucrière par actions est celle de la Tamoa, qui ne sera établie qu'en 1873, mais que les Messieurs Duboisé, Guillonneau et Buette décrivent de façon détaillée dans un article de presse publié dans Le Moniteur en mars 1869.[12] Ils sont tous persuadés qu'étant donné l'insuccès des plantations de canne à sucre en Australie, la production sucrière sera le moyen le plus sûr pour les colons calédoniens de se faire fortune en fournissant cette denrée au grand marché anglais voisin. Cependant, cette tâche serait difficile à accomplir seuls. Ils expliquent :

Considérant notre peu de ressources et l'impossibilité matérielle où nous sommes les uns et les autres de pouvoir centraliser en nos mains tout ce qui est relatif à la culture et à l'établissement d'une usine capable de triturer les produits, nous croyons devoir faire appel aux colons de la Nouvelle-Calédonie pour nous aider à la création d'une Usine sucrière par actions. Cette usine répondrait à tous les besoins, en assurant aux planteurs et au fabricant des bénéfices à la fois rémunérateurs et complètement distincts.[13]

Le grand ennemi des planteurs, la sauterelle, envahit la Nouvelle-Calédonie en 1868 mais c'est en 1869 et 1870 que les sauterelles causeront d'énormes dégâts dans les champs de cannes. Tout le monde souffre de ce fléau et des « corvées de condamnés sont

---

[11] CAOM FM SG NCL/172.
[12] *Le Moniteur de la Nouvelle-Calédonie*, le 28 mars 1869, n° 496.
[13] *Le Moniteur de la Nouvelle-Calédonie*, le 28 mars 1869, n° 496.

employées à leur destruction» (Savoie, 1922, p. 92).[14] Depuis plusieurs années, les planteurs interdisent la chasse aux oiseaux sur leurs terres et pendant les années 1870 les oiseaux insectivores seront introduits. Le 3 mai 1871, par exemple, *Le Moniteur* proclame l'arrivée d'un certain nombre d'oiseaux :

M. Sohn a reçu par le dernier courrier trois couples de merles des molluques et deux de mag-pies ou pies coloniales. Ces oiseaux, arrivés en parfait état, ont été emportés par M. de Greslan et lâchés à la Dombéa. De nouveaux envois seront faits de Melbourne, suivant des arrangements pris avec un marchand d'oiseaux de cette ville, et nous pouvons espérer voir bientôt l'intérieur se peupler, pour nous, d'alliés contre les sauterelles, dont le refroidissement de la température et les pluies abondantes de l'hiver semblent impuissantes à arrêter les ravages cette année.[15]

Malgré les sauterelles et les pluies destructrices qui sont tombées dans l'année, *Le Moniteur* du 4 septembre 1870, n° 571, reste positif. L'activité des colons ne se ralentit pas :

MM. Duboisé et de Greslan achèvent en ce moment la construction de leur usine. Le bâtiment, solidement construit en belles pierres de taille, n'a plus qu'à recevoir sa toiture. Les chaudières, les cylindres, les turbines, etc., sont déjà en place et n'attendent plus que la canne. On ne saurait trop louer ces deux jeunes et courageux colons de l'intelligence et de l'activité qu'ils déploient pour l'achèvement de leur œuvre. Espérons que cette année les sauterelles ne viendront point les priver du fruit de leur travail, et que dans quelques jours nous verrons fonctionner cette usine qui sera une source de fortune pour tous les petits colons d'alentour.

En tant qu'importateur de la deuxième usine à sucre dans la colonie, Evenor de Greslan se voit accorder une concession gratuite de

---

[14] Le 24 décembre 1870, le Gouverneur promulgue l'Arrêté chargeant MM. de Greslan et Balansa de parcourir la colonie et de s'entendre avec les habitants pour la destruction des sauterelles. Selon cet arrêté les brigades de gendarmerie et les surveillants militaires chargés des camps de condamnés se mettront à la disposition de ces Messieurs. *Le Moniteur de la Nouvelle-Calédonie*, le 12 novembre 1873, n° 738.
[15] *Le Moniteur de la Nouvelle-Calédonie*, le 3 mai 1871, n° 606.

500 hectares le 26 janvier 1871.[16] De Greslan et Duboisé ouvrent leur usine à sucre à Nimba en 1871. Le 18 octobre, l'usine est en plein fonctionnement et *Le Moniteur* signale que les propriétaires veulent bien « manipuler d'abord les cannes des colons de leur voisinage, et ils espèrent, malgré les terribles ravages que les sauterelles leur ont causés, pouvoir tirer de 30 à 35 tonneaux de sucre. »[17] Un mois plus tard les nouvelles sont bonnes. Les martins (oiseaux insectivores) introduits à Nimba se multiplient et les jeunes cannes « poussent à plaisir ».[18]

En novembre les premiers essais de l'usine sucrière construite par les Pères Maristes à Païta ont lieu à la grande satisfaction de tous ceux qui sont présents.[19] D'autres sucreries voient le jour à Ouaménie et à Bourail, cette dernière tirant sa main-d'œuvre parmi les rangs des condamnés. Savoie (1922, p. 93) constate que la première roulaison a lieu dans l'année 1873/1874 :

L'usine fabrique 157 000 kilos de sucre. Mais l'année suivante, l'Administration Pénitentiaire devait fournir les cannes nécessaires à une fabrication de 1000 à 1500 tonnes de sucre ; or l'usine ne put, faute de matière première en produire que 16 tonnes, puis en 1875 48 tonnes. La cause principale de cet insuccès était due à l'inexpérience des agents de colonisation en matière de culture sucrière, au défaut de méthode de travail du Service pénitentiaire, et aussi à l'invasion des sauterelles qui dévastèrent une partie des plantations.

En 1882, après la gérance inefficace du Créole Julien Bernier, le Réunionnais Saturnin Maillot est nommé « Directeur Spécial » de l'usine à sucre de Bacouya à Bourail. Il réussit à en tirer un bénéfice après trois ans. Le Père O'Reilly décrit ses activités à l'usine ainsi : *Formé à l'école d'Évenord [sic] de Greslan, il connaît bien son métier. Il commence par développer les plantations de canne à fournir*

---

[16] *Arrêté accordant une concession gratuite de 500 hectares de terre à M. de Greslan importateur de la 2ᵉ usine sucrière. Le Moniteur de la Nouvelle-Calédonie*, le 29 janvier 1871, n° 592.
[17] *Le Moniteur de la Nouvelle-Calédonie*, le 18 octobre 1871, n° 630.
[18] *Le Moniteur de la Nouvelle-Calédonie*, le 15 novembre 1871, n° 634.
[19] *Le Moniteur de la Nouvelle-Calédonie*, le 29 novembre 1871, n° 636.

à l'usine et à en améliorer les rendements. *Pour ce faire, il élimine les éléments douteux qui pillaient l'usine et en détournaient les produits, puis réorganise les circuits de production, modernise le matériel et la campagne de 1883-1884 donne 75 tonnes de sucre et 130.000 litres de rhum excellent (cité in Chevalier, 1997, p. 21)*

      Tout au long des années, les sauterelles posent problème partout dans la colonie, mais particulièrement dans les plantations de canne à sucre du sud. Numa Joubert conçoit un système pour les combattre qu'il fait paraître dans *Le Moniteur* en 1873. Après avoir souffert lors des premières invasions, il découvre que le bruit et la fumée servent à chasser les sauterelles de ses cannes. Il décide donc de « faire immédiatement, dans toute l'étendue de [ses] cultures, des chemins parallèles et transversaux, espacés autant que possible de 100 mètres pour ceux de la plus grande longueur. » Dans ces chemins il met « des tas de tout ce qui pouvait servir à faire de la fumée. » Dès que l'alerte des sauterelles est donnée, on met le feu et ses employés sont chargés de créer autant de fumée que possible et en même temps de faire un bruit terrible. Le résultat est que les sauterelles disparaissent.[20]

      L'autre grand problème soulevé par Joubert dans cette même lettre au rédacteur est celui du manque de main-d'œuvre sucrière. Selon lui, les meilleurs travailleurs sont bien les Malabars et les Chinois mais il n'y en a pas assez dans la colonie :

*   [. . .] pour la question des bras, l'importance est encore plus grande. Il résulte de mon expérience, que le système que j'emploie est excessivement onéreux, et si d'autres peuvent trouver un moyen moins coûteux pour travailler avec des canaques, je serais bien aise de le connaître. Pour moi, je ne vois que les Indiens et les Chinois comme travailleurs pouvant donner des résultats satisfaisants. J'ai essayé de toutes les catégories, blancs et noirs, et voilà à quoi je conclus.[21]*

---

[20] *Le Moniteur de la Nouvelle-Calédonie*, le 15 janvier 1873, n° 695.
[21] *Le Moniteur de la Nouvelle-Calédonie*, le 15 janvier 1873, n° 695.

Cependant, les Joubert continuent à recevoir des prix pour leur sucre, par exemple, celui obtenu à l'Exposition coloniale à Sydney du 22 avril au 3 mai 1873.[22] En mars 1873 Pierre Guillonneau, propriétaire en société avec Didier-Numa Joubert de la grande concession et plantation sucrière à Kouvelé, meurt. En agissant en qualité d'exécuteur testamentaire de Guillonneau, « Numa Joubert, sucrier, demeurant à Koé » met en vente des têtes de bétail, des chevaux, les droits dans plusieurs troupeaux de bétail pris en cheptel, des voitures, des harnais et divers autres articles provenant de la succession Guillonneau.[23] En janvier 1874 Joubert annonce que la propriété Guillonneau sera mise « en vente en parcelles et par petits lots de terrains ». Ainsi, à partir de mai, les terres à Kouvelé sont découpées et l'un des centres sucriers calédoniens cesse d'exister.[24]

La mort de Ferdinand Joubert en mars 1874 signalera le déclin de la production de sucre sur les propriétés Joubert à Dumbéa. Ferdinand, « ardent, énergique, persévérant dans les entreprises privées, sage dans les conseils, homme pratique avant tout [qui a] malgré son jeune âge, conquis les respects et la confiance de tous » succombe « à l'une de ces maladies que la science humaine [. . .] n'arrive à vaincre qu'à grande peine et en rares occasions. » Lors de ses obsèques, M. Ferriez, commissaire-adjoint, parle du rôle important de Ferdinand Joubert, pionnier, dans la colonie :

À vingt ans, quand le jeune homme ne cherche que le plaisir et les réunions joyeuses, il acceptait résolument une vie de privations et d'isolement ; il s'attaquait presque seul à un sol qui n'avait jamais été défriché, et sur lequel de nouvelles difficultés naissaient à chaque pas.

À force de peines et de soins, il était sorti victorieux de cette lutte qui semblait en disproportion avec son âge et les ressources matérielles dont il disposait. À lui l'honneur d'avoir fondé en Nouvelle-Calédonie la première usine à sucre.

Après ces dures et longues années de travail, alors qu'il

---

[22] *Le Moniteur de la Nouvelle-Calédonie*, le 25 juin 1873, n° 718.
[23] *Le Moniteur de la Nouvelle-Calédonie*, le 14 mai 1873, n° 712 et *Le Moniteur de la Nouvelle-Calédonie*, le 4 juin 1873, n° 715.
[24] *Le Moniteur de la Nouvelle-Calédonie*, le 30 janvier 1874, n° 749.

semblait juste de jouir d'un repos si fièrement acquis et qui devenait plus doux auprès de la digne compagnie qu'il avait choisie,[25] ces rêves de bonheur, ses satisfactions légitimes de la réussite, tout cela s'est évanoui en quelques jours, en quelques heures, et il ne reste que cette fosse béante, gouffre inexorable qui ne rend jamais rien. Si, il restera l'exemple d'un vaillant pionnier, le souvenir d'un homme de bien et le deuil de tous ceux qui l'ont connu.

Puissent ces regrets unanimes apporter quelque soulagement à sa jeune veuve, consoler le chef vénéré de cette famille [. . .] que le malheur soumet depuis quelque temps à de si cruelles épreuves, comme si l'or pur avait besoin d'être éprouvé deux fois. Puissent-ils surtout aller jusqu'en Australie et adoucir, est-ce possible, la douleur de ce vieux père et de son excellente mère qui apprendront la mort de leur fils en même temps que la nouvelle de la maladie qui l'enlève à leur amour.

Adieu Ferdinand, mon ami, adieu ![26]

Numa Joubert continue à cultiver le sucre à Koé mais son père vendra Nimba (132 hectares) et la concession Adam (497 hectares) appartenant à sa sœur Rose Duboisé en 1875 (cf. Cornet, 1997, p. 79, Thompson, 2000, p. 77) et en 1877 il mettra en vente sur saisie mobilière les 993 hectares de terres à Koé. Sa propriété est décrite dans l'annonce suivante qu'il fait apparaître dans *Le Moniteur* du 30 mai 1877. Le détail descriptif ainsi que le vocabulaire que nous trouvons dans l'annonce sont très intéressants :

Désignation :
Une propriété rurale, sise à Koé (Dumbéa), d'une contenance de 993 hectares environ et limitée comme suit : Au Nord et à l'Ouest, par la rivière la Dumbéa ; à l'Est, par la limite de la concession Joubert, et au Sud, par la propriété Nemba et terrains allotis par M. Joubert.

Sur ladite Propriété se trouvent :
Une Maison d'habitation destinée au propriétaire ; ladite maison construite moitié en planches, moitié en remplissage, composée de

---

[25] Ferdinand Joubert et Marie Élise Ludovia de Nas de Tourris, née à île de la Réunion et fille de Louis de Nas de Tourris se marient en 1872.
[26] *Le Moniteur de la Nouvelle-Calédonie*, le 18 mars 1874, n° 756.

deux chambres et quatre cabinets sous varandah ; elle est couverte en tôle galvanisée, sans gouttières, varandah des quatre côtés ;

  1. Une Maison d'habitation pour colon ; au Sud de la maison principale, composée de quatre chambres, ladite case en remplissage et couverte en tôle galvanisée ;

  2. Une Cuisine en bois, couverte en tôle, composée de deux pièces et contenant deux fourneaux, un en fonte et un en briques, une grande table avec deux tiroirs, deux [illisible] petites, et un lot batterie de cuisine, marmites, poêles, une pendule, un banc, trois marmites à lessive, un grand moulin à café ;

  3. Une Usine à sucre, construite moitié en maçonnerie, moitié en torchis, couverte en tôle galvanisée et contenant : une machine routière avec table, scierie circulaire, huit essieux, huit roues et huit ressorts, une turbine et courroies, sept scies circulaires et outillage divers, quatre charrues, six herses à main, trois chaînes pour voitures à bœufs, deux égrenoirs à maïs, une bascule romaine ; à l'usine trois turbines, un générateur, cinq tables à sucre, une batterie à six chaudières, trois wetzells, deux presses sirop, une pompe Japy, deux autres pompes, quatre citernes à sirop, plus deux caisses à eau. Ladite usine mue par une roue hydraulique mettant en mouvement une roue à engrenage de 3 mètres 60 de diamètre et rouleau pour écraser la canne ; plusieurs roues engrenage de rechange ;

  4. Une Case en palings, couverte en tôle, huit tables de fermentation, cinquante-cinq tonneaux en fermentation, un tour complet mu par la roue hydraulique, un fût rhum de 133 litres manquant 15 centimètres, un idem de 208 litres manque 6 centimètres, un appareil complet de distillerie, deux forges avec enclume, un coupe-racines, un établi etc.

Baux
Sur ladite propriété, se trouvent les habitations de MM.

  1-BON, propriétaire d'une briqueterie en activité avec construction de maître et dépendants, bail sous-seing privé en date du 4 mars 1874, enregistré, contenant 17 hectares 56 ares 8 centiares, porté au plan de Koé sous le n° 20 ;

  2-Achille OZOUX, propriétaire d'une case et dépendances, bail sous-seing privé, en date du 21 mars 1876, enregistré, d'une contenance de 88 hectares 99 ares 41 centiares, ladite propriété cultivée en plein rapport, plan de Koé n° 24 ;

3-Saturnin MAILLOT, propriétaire d'une case et dépendances, bail sous-seing privé en date du 12 décembre 1873, enregistré, d'une contenance de 23 hectares 56 ares en rapport ;
4-MATHIEU, propriétaire d'une case et dépendances, bail verbal, contenant 1 lot numéro 29 de Koé, 22 hectares 66 ares 3 centiares ; 2e lot numéro 27, contenant 10 hectares 82 ares 30 centiares en rapport ;
5-VINGUÉDASSAMY, propriétaire d'une case et dépendances, bail verbal, contenant 1 lot numéro 30, 27 hectares 54 ares 40 centiares ; 2 lot numéro 31, 27 hectares 5 ares 61 centiares en rapport.

Tous les terrains qui viennent d'être désignés ont été également saisis quoique donnés à bail partiaire par M. Numa Joubert aux personnes dénommées ci-dessus ainsi qu'elles l'ont déclaré.
Ladite déclaration n'ayant été acceptée que sous les réserves les plus expresses de tous les droits appartenant tant au saisissant ès-nom et à la partie saisie qu'aux dits colons partiaires.

Il est également intéressant de constater que des cinq hommes possédant des habitations sur la propriété Joubert, deux sont d'origine réunionnaise (MM. Ozoux et Maillot), un est un ancien engagé de M. Guillonneau d'origine indienne dont nous ne connaissons pas le lieu de naissance (M. Vinguédassamy) et un autre a une Réunionnaise comme épouse (M. Mathieu). Quant au cinquième, M. Bon, nous ne disposons pas de renseignements concernant ses origines.
Dans un article de presse, on souligne les énormes dépenses qu'une concession sucrière telle que Koé demande et ajoute que ces dépenses ne garantissent pas sa réussite :

Opérant sur des terres vierges, ces agriculteurs calédoniens pratiquaient la plantation et la gratte comme à Bourbon, sans se préoccuper encore de l'assolement à long retour qui devient obligatoire quand un terrain a eu à nourrir des cannes pendant 4 années. Mais livrés à leurs propres forces, et lesquelles ? Obligés de défricher, d'essoucher avec les bras salariés et chèrement entretenus, l'hectare de terre leur revenait à 600 francs, après un labour et l'opération de la herse. Que l'on mette en ligne de compte l'acquisition et le montage d'une usine, les constructions obligées, les frais de la grande conduite d'eau à la roue hydraulique du moulin, ceux pour la confection des canaux d'irrigation, des chemins, des ponts, et l'on aura l'explication des sommes considérables dépensées par M. Joubert, à Koé et dépendances, et dans lesquelles, ni l'intelligence ni les courageux efforts de ses fils, n'ont pu le faire rentrer.[27]

Numa Joubert emménage avec sa famille à Nouméa et John Higginson, riche spéculateur, achète les propriétés Joubert en 1878. Peu de temps après, il se rend compte que ces anciennes terres sucrières ne lui rapportent rien. Dans l'espoir d'éviter de payer l'impôt foncier, Higginson a l'idée de louer les terres à Dumbéa (comprenant Koé, Koutio-Kouéta, Nimba et la Plaine Adam) à l'Administration Pénitentiaire pour y placer les libérés qui sont la source de beaucoup de problèmes dans la colonie (cf. Thompson, 2000, p. 96).[28]

Au fil des années 1870, certains planteurs du sud persévèrent dans leur rêve de faire fortune dans le sucre. Certains partent pour Nouméa et d'autres commencent à se diversifier. À côté de leurs plantations sucrières, ils cultivent le café, le maïs et le tabac et ils se lancent dans l'élevage du bétail. Parmi les propriétaires de bestiaux qui en 1877 sont appelés à procéder à l'élection des éleveurs qui doivent former la Commission permanente prescrivant des mesures pour garantir le bétail contre l'invasion des maladies contagieuses, nous trouvons les Réunionnais suivants : MM. Adam de Villiers, Bertin, Desjardins, Denis, Desruisseaux, de Kervéguen et les dames Duboisé et Joubert (veuve). Numa Joubert figure également sur cette liste.[29]

Le sucre est utilisé dans la fabrication d'un autre produit qui connaîtra un succès dans la colonie : le rhum. Bien que longtemps fabriqué à Koé,[30] le rhum deviendra un produit renommé de Saint-Louis quand

---

[27] *Le Moniteur de la Nouvelle-Calédonie*, le 24 décembre 1879, n° 1057.
[28] L'Administration Pénitentiaire publie l'*Avis* suivant dans *Le Moniteur* du 1er juillet 1885, n° 1345 : « Il est expressément interdit de chasser sur les propriétés de Koé, Nemba et Koutio-Kouéta. Les chiens errants dans la brousse seront abattus. »
[29] *Le Moniteur de la Nouvelle-Calédonie*, le 7 février 1877, n° 907.
[30] Dans un article paru dans *Le Moniteur* du 3 mars 1867, n° 388 intitulé « La Nouvelle-Calédonie à l'Exposition intercoloniale de Melbourne. Extrait de

les Pères maristes édifieront une rhumerie en 1875. Selon Brou, le rhum de Saint-Louis rivalise avec les meilleurs alcools d'importation (1982, p. 71). Les Maristes recevront une médaille d'argent pour leur rhum à l'exposition de Nouméa en mai 1877. À cette même exposition, M. de Greslan qui s'est mis à cultiver toutes sortes de fruits et de plants, obtient une médaille d'argent pour, parmi d'autres, 29 variétés de fruits, une médaille de bronze pour des cocons de vers à soie et sa femme reçoit une mention honorable pour son beurre.[31]

Mais les événements catastrophiques de la deuxième moitié de la décennie, comprenant les sécheresses, une série d'invasions de sauterelles de 1875 à 1878, l'insurrection Kanak de 1878 et les cyclones de 1876 et de 1880, feront que l'industrie sucrière est vouée à l'échec. Charles Mathieu, le capitaine de vaisseau, Commandant le *Rhin* écrit au Ministre de la Marine le 12 février 1880, décrivant les malheurs des colons :

[...] *un cyclone a ravagé le 24 janvier dernier la Nouvelle-Calédonie et ses dépendances. Les désastres sont considérables, les ruines se sont accumulées, les colons si fortement éprouvés par la faillite de la Banque et par la rébellion de 1878, ont été frappés cruellement par l'ouragan.*[32]

Quant aux pertes dues à l'insurrection Kanak, nous trouvons bon nombre de Réunionnais parmi les colons qui adressent des mémoires publiés dans *Le Moniteur,* y compris : MM. Bertin, Doudoute, Ch. Adam de Villiers, F. Adam de Villiers, Ovide, de Tourris, Boyer, et Lalande Desjardins.[33]

L'*Australasian* du 29 décembre 1866 », le journaliste parle du rhum fabriqué par M. Joubert :

> On m'a montré du sucre brut cristallisé (Raw grained sugar) que M. Joubert a envoyé et auquel on a joint quelques variétés de cannes à sucre. Si leur grosseur et leur longueur sont une preuve de la quantité de matière saccharine qu'elles contiennent, ce serait une excellente spéculation de se livrer à leur culture. Le même gentleman a ainsi expédié une bouteille de rhum ; j'ai refusé d'en goûter, mais on m'a assuré que la qualité en était excellente.

[31] *Le Moniteur de la Nouvelle-Calédonie*, le 8 avril 1874, n° 759.
[32] CAOM FM SG NCL/11.
[33] *Le Moniteur de la Nouvelle-Calédonie*, le 12 mars 1879, n° 1016, *Le Moniteur de la Nouvelle-Calédonie*, le 16 avril 1879, n° 1021, *Le Moniteur de la Nouvelle-Calédonie*,

Dans un article intitulé « L'Industrie sucrière à l'île de la Réunion, de 1815 à 1862 et au-delà » qui paraît en série dans *Le Moniteur* en 1879 et 1880, on décrit tous les aléas qui ont entraîné la chute de l'industrie sucrière :

Ici, les ouragans sont moins redoutables que ceux de Bourbon qui sont plus fréquents et d'une violence extrême ; ils occasionnent toujours des dommages considérables, d'une lente réparation. Néanmoins, ces météores si redoutés des sucriers de la Réunion ont des effets moins désastreux que les sécheresses de trois et cinq années, qui viennent périodiquement visiter la Nouvelle-Calédonie et n'y rendre la culture de la canne possible que sur les propriétés assurées d'une irrigation abondante, comme à Koé. L'apparition des sauterelles coïncide toujours avec la sécheresse, de sorte que ces deux fléaux se réunissent pour accabler les colons. D'autre part, lorsque les pluies arrivent, après une si longue attente, elles tombent avec une telle persistance qu'il en résulte des inondations dont les effets nuisent beaucoup aux terres cultivées, si elles ne sont pas protégées par de larges canaux pratiques à la base des collines pour recueillir les eaux qui en découlent comme d'un toit. L'établissement de M. de Kervéguen a passé par ces deux épreuves avant de disparaître sous les coups de l'insurrection.[34]

L'une après l'autre les sucreries ferment. Même l'usine à sucre à Bourail qui continuera à fonctionner et à donner de bons rendements jusqu'à la fin du siècle, ne survivra pas après la mort de son directeur, Saturnin Maillot, en 1901 (O'Reilly, 1953, cité *in* Chevalier, 1997, p. 22). Quelques-uns des colons quittent la Nouvelle-Calédonie mais la plupart se tournent vers d'autres activités agricoles, commerciales ou administratives dans la colonie.

Dans les chapitres qui suivent, j'examinerai de plus près l'immigration réunionnaise, y compris l'importation des travailleurs engagés de cette île, qui, attirés par les perspectives d'avenir dans la production de sucre, viennent s'établir en Calédonie, suivant les traces des pionniers et des gros concessionnaires.

---

le 4 juin 1879, n° 1028, *Le Moniteur de la Nouvelle-Calédonie*, le 2 juillet 1879, n° 1032 et *Le Moniteur de la Nouvelle-Calédonie*, le 23 juillet 1879, n° 1035.
[34] *Le Moniteur de la Nouvelle-Calédonie*, le 24 décembre 1879, n° 1057.

Chapitre 5

La deuxième vague d'immigrants réunionnais

> *On peut dire que les premiers Calédoniens furent, pour une part appréciable, des créoles de la Réunion, qui auraient quitté leur pays en décadence pour tenter en Océanie la reconstitution d'une patrie française.*
> *En arrivant en Nouvelle-Calédonie, ces nouveaux venus ont apporté avec eux les idées et les coutumes de leur lieu d'origine, et ils ont entendu cultiver la terre de la colonie comme ils avaient l'habitude de le faire à la Réunion.*[1]

Si quantité de pionniers calédoniens étaient originaires de la Réunion,[2] bon nombre des immigrants qui arrivent vers la fin des années 60 et pendant les années 70 viennent eux aussi de cette île. Quoique les débarquements de certains nouveaux-venus soient publiés dans les « Mouvements du Port » dans *Le Moniteur*, ce n'est pas le cas pour tous les passagers. Alors qu'on y trouve souvent les colons « importants », la publication de l'arrivée des petits colons ou des travailleurs est plus rare.[3] Néanmoins, les renseignements trouvés dans ces listes de passagers ainsi que dans les registres d'État Civil de Nouméa, Dumbéa, du Mont-d'Or et de Païta me permettent de faire dans ce chapitre un résumé de la deuxième vague des arrivées en provenance de la Réunion.[4]

---

[1] Savoie (1922, p. p. 50).

[2] Il y avait, bien entendu, des immigrants d'autres origines dont la France y compris l'Alsace après 1871, le Portugal, le Luxembourg, l'Allemagne, la Grande Bretagne et les colonies britanniques etc.

[3] Leur présence dans la colonie est pourtant constatée dans les registres d'État Civil ou dans d'autres documents tels que les rapports de l'Administration de la Justice publiés dans *Le Moniteur*.

[4] Longtemps après avoir fait mes recherches d'archives et après avoir écrit ce chapitre, j'ai découvert une petite brochure *Les Bourbonnais de Nouvelle-Calédonie* écrite en 1997 par Luc Chevalier pour L'Amicale des Réunionnais et des amis de la Réunion. Ce document contient des informations intéressantes y compris un certain nombre de listes des passagers réunionnais à bord des navires qui sont arrivés en Nouvelle-Calédonie au dix-neuvième siècle ainsi qu'une reproduction des biographies, écrites par le Père O'Reilly en 1953, des Réunionnais qui avaient en

Le 21 juillet 1867, MM. Adam de Villiers et Maillet, Mme Wagner et les familles Teissier et Aillaud arrivent sur l'*Iphigénie*[5]. Adam de Villiers installe sa famille à Dumbéa où elle fait souche. Charles, son fils « propriétaire », se marie avec Louise Abel et le couple ainsi que leurs deux filles nées en 1888 et 1891 y demeurent.[6] Il est patron de bateaux, y compris le bateau côtier l'*Agenoria* et le bateau à vapeur la *Dépêche*.[7]
Le 23 septembre 1867 débarquent de la *Sibylle* « M. Champestève, procureur impérial et Chef du Service judiciaire, Mme Champestève, M. Charbonnet, juge, président du tribunal supérieur, Mme et Mlle Charbonnet, [...] Ayapoulé, indien, domestique de M. Charbonnet ; Bénin-Bissounédial, indien, domestique de M. Champestève. »[8] Ce n'est pas clair si ces administrateurs étaient d'origine réunionnaise mais il semble qu'ils aient embarqué sur la *Sibylle* à la Réunion. En tout cas, la famille Champestève au moins ne fera pas souche en Nouvelle-Calédonie, car trois ans après M. Champestève est muté à Pondichéry où il est nommé Président de la cour impériale. À sa place, M. Janvier, juge chargé de l'instruction au tribunal de 1ère instance de Saint-Dénis (Réunion) prend le poste de Procureur impérial, Chef du Service judiciaire à Nouméa, montrant bien le mouvement entre les colonies des administrateurs français.[9]

Le 11 avril de l'année suivante M. Charles Clain, fils et héritier de Gustave Clain arrive sur la *Gazelle*. Le 24 mai 1868, l'*Aveyron* amène les familles réunionnaises Talon et Kabar : M.

---

quelque sorte marqué la vie sociale calédonienne. Toutefois, les listes de Chevalier ne sont pas complètes et j'ai pu constater chez Chevalier et O'Reilly des erreurs. Tous les deux indiquent, par exemple, que les Joubert étaient d'origine réunionnaise. Néanmoins, l'intégration de leurs données dans ce chapitre me permet de décrire de façon plus complète l'immigration réunionnaise en Nouvelle-Calédonie. Malheureusement, dans la plupart des cas des passagers cités par Chevalier, il ne donne pas de renseignements quant à leur lieu de résidence une fois installées en Nouvelle-Calédonie.

[5] *Le Moniteur de la Nouvelle-Calédonie*, le 28 juillet 1867, no. 409. Luc Chevalier (1997, p. 13) indique que M. Maillet, Mme Wagner et les familles Teissier et Aillaud sont des Réunionnais.
[6] DPPC EC NCL/DUMBEA/2 1887-1898.
[7] *Le Moniteur de la Nouvelle-Calédonie*, le 5 juin 1878, no. 976 et *Le Moniteur de la Nouvelle-Calédonie*, le 14 janvier 1880, no. 1060.
[8] *Le Moniteur de la Nouvelle-Calédonie*, le 29 septembre 1867, no. 418.
[9] *Le Moniteur de la Nouvelle-Calédonie*, le 13 février 1870, no. 542.

Talon, surveillant de 2ᵉ classe, Mme Talon, Mlle Talon (Sophie), Talon (Eugène), Talon (Alphonse) et Salinou, leur domestique ; M. Kabar (Jolimont), sans profession, Mme Kabar, née Néget[10] (Héloïse), M. Kabar (Pierre-Auguste), Mlles Kabar (Marie), (Marie-Rosa) ; M. Kabar (Pierre-Nicolas), Mlle Kabar (Marie-Marcelline), Kabar (Rosemont) ; M. Kabar (Charles) et Mlle Kabar (Marie-Françoise) ainsi qu'une quinzaine d'autres immigrants dont l'origine n'est pas connue.[11] Les Kabar s'établissent à Nouméa où Jolimont Kabar exerce les métiers de scieur de long et journalier.[12] En 1894, il est témoin au mariage de sa petite-fille Marie Louise Démené et nous remarquons son changement de statut : il est devenu « propriétaire » à Pounérihouen.[13] Kabar meurt à l'âge de quatre-vingt-seize ans. Treize de ses dix-huit enfants font souche en Calédonie (O'Reilly, 1953, cité *in* Chevalier, 1997, p. 20).

Le 1ᵉʳ octobre 1868, de nombreux immigrants arrivent sur le *Tarn*. Leur pays d'origine n'est pas indiqué mais nous savons que parmi eux il y avait au moins deux Réunionnais ; MM. Tournier et Marchand.[14] Puis, à la fin du mois de novembre, M. Dubain, lieutenant de juge et sa femme débarquent de la *Sibylle*.[15]

Pour trouver une solution au problème du manque de bras en Nouvelle-Calédonie, *Le Moniteur* propose d'attirer plus d'immigrés de la Réunion de la façon suivante :

[. . .] les colons de la Nouvelle-Calédonie pourraient se concerter et, d'après les besoins déclarés par chacun d'eux, arrêter une liste des catégories d'ouvriers qui auraient la certitude de trouver de l'emploi dès leur débarquement, en déterminant, pour chaque profession, le nombre des individus à envoyer. Cette liste serait adressée à un représentant demeurant à la Réunion, avec lequel l'association se mettrait en rapport, et qui se chargerait de recruter avec soin le personnel demandé, dont les frais de ration durant le passage seraient supportés par les employeurs.

---

[10] Le nom de jeune fille de Madame Kabar est épelé « Nézet » dans les registres d'état civil.
[11] *Le Moniteur de la Nouvelle-Calédonie*, le 31 mai 1868, no. 453.
[12] DPPC EC NCL/NOUMEA/5 1867-1868.
[13] DPPC EC NCL/NOUMEA/30 1894.
[14] *Le Moniteur de la Nouvelle-Calédonie*, le 4 octobre 1868, no. 471.
[15] *Le Moniteur de la Nouvelle-Calédonie*, le 29 novembre 1868, no. 479.

De son côté, les Administrations de la Réunion et de la Nouvelle-Calédonie, qui ont déjà ouvert des communications à ce sujet, faciliteraient les passages et prendraient toutes mesures propres à diriger vers notre colonie un courant d'immigration, qui, il faut l'espérer, s'étendrait bientôt à un personnel autre que le trop-plein d'une population nécessiteuse.[16]

Selon Delignon, un « certain nombre [des plus maltraités des habitants de cette île, dont la décadence commençait] répondent à cet appel et, durant plusieurs années, les frégates-transports touchèrent à Bourbon pour y prendre des ouvriers décidés de faire fortune dans un pays neuf » (Delignon, 1898, p. 49). Il ajoute qu'en général « ces ouvriers ont réussi, quand leur conduite a été régulière, grâce à leurs habitudes de sobriété et d'économie » (Delignon, 1898, p. 49).

Le 25 juillet 1869, M. et Mme Magnien de Magnienville, leurs trois enfants et une domestique, ainsi que les cuisiniers MM. Robin et Kischnin entrent dans la colonie à bord du *Guichen*.[17] Joseph René Gustave Magnien de Magnienville, agent comptable de la caisse de la transportation et sa femme Amélie Eloïse Euphanie Garçon, perdent de façon tragique deux enfants nés à la Réunion. Le 10 août 1869, Marie-Adrienne, leur fille de 6 mois meurt et le 16 septembre 1869, Émile René Marcel, leur fils âgé de deux ans meurt.[18] En 1876 un autre fils, Joseph Camille, celui-ci né à Nouméa en 1875, meurt.[19]

Le 25 septembre 1869, la *Somme* amène « 32 créoles provenant de la Réunion », la famille Héron dont l'origine n'est pas mentionnée et un Indien dans le service de M. Héron.[20]

Dans un rapport donnant des renseignements fournis par la Nouvelle-Calédonie pour « l'exposé de la situation de l'Empire en 1870 », nous apprenons que :

La Nouvelle-Calédonie semble plus que jamais devoir tirer des colonies anglaises voisines ou de la Réunion, ses immigrants de race européenne. [. . .] Dans le courant de l'année 1869-1870, deux

---

[16] *Le Moniteur de la Nouvelle-Calédonie*, le 8 novembre 1868, no. 476.
[17] *Le Moniteur de la Nouvelle-Calédonie*, le 1er août 1869, no. 514.
[18] DPPC EC NCL/NOUMEA/6 (1869-1870).
[19] DPPC EC NCL/NOUMEA/12 (1876).
[20] *Le Moniteur de la Nouvelle-Calédonie*, le 3 octobre 1869, no. 523.

navires, le *Merle Blanc* et l'*Émile de Girondin* sont arrivés de l'île de la Réunion, chargés d'usines à sucre et porteurs d'un nombre relativement considérable de créoles venant dans le but de s'établir en Nouvelle-Calédonie. Tout fait espérer que d'autres convois les suivront bientôt *(CAOM FM SG NCL/28)*.

Selon Luc Chevalier, un groupe de 275 personnes arrive sur le *Merle Blanc*. Ce groupe d'immigrants, organisé par Evenor de Greslan, compte une quarantaine de Créoles,[21] 163 ouvriers agricoles indiens et des femmes et des enfants (Chevalier, 1997, p. 9).[22] Les passagers nommés par Chevalier sont les suivants : M. et Mme Desruisseaux et 3 enfants, M. et Mme Brunet et 2 enfants, MM. Lamarque, Grenier, de Greslan, Léon Leriche, Louis Ovide, Saturnin Maillot, Léonie Fritzgerald, Louis Montolard, Augustin Cadet, Edmond Le Richard, Jolibois, Louis Equerre, M. Pomader, Julien Victor, Auguste Stera, Émilien Amédée, M. Isnard, M. Samson, Joseph Gravini, Raymond Pierrette et Léonie Colette (Chevalier, 1997, p. 9).

L'un des plus connus des immigrants à arriver sur le *Merle Blanc* est Saturnin Maillot, cultivateur, qui s'installe à Dumbéa. En 1873 il se marie avec la Réunionnaise Marie Louise Joséphine Eugénie Delval[23] et la même année il obtient une habitation d'une contenance de 23 hectares 56 ares à Koé où il exerce le métier de sucrier.[24] En 1875, il devient officier de l'État Civil pour la circonscription de Dumbéa. Sept ans après, il accepte le poste de « Directeur Spéciale » de l'usine à sucre de Bacouya à Bourail où il obtient de bons résultats. Il est élu premier adjoint à la Commission Municipale de Bourail en 1896. En 1901, il meurt laissant quatre enfants : Saturnine, née en 1874, Marie Henri Salvator, né en 1877, Lucie Clelie Marie, née en 1881,[25] et Isabelle qui est née en 1885. Le Père O'Reilly reproduit le discours de M. Metzger, président de la

---

[21] Ce chiffre est celui publié dans Nouvelle-Calédonie et Dépendances Année 1869 mois de juillet, août et septembre, *Bulletin agricole, commercial et industriel* fait à Nouméa le 16 novembre 1869. CAOM FM SG NCL/28.

[22] Dans une lettre datée du 2 juillet 1869, le Gouverneur de la Réunion mentionne 156 immigrants indiens qui ont été embarqués par M. de Greslan. CAOM FM SG NCL/173.

[23] DPPC EC NCL/NOUMEA/9 1873.

[24] *Le Moniteur de la Nouvelle-Calédonie*, le 30 mai 1877, no. 923.

[25] DPPC EC NCL/DUMBEA/1 1875-1886.

Commission Municipale de Bourail, qui, sur la tombe de Maillot, a rendu hommage « à l'homme intègre, loyal, bon affectueux, d'un caractère doux et conciliant, au fonctionnaire d'élite, amoureux de son devoir et travailleur infatigable » qu'avait été Saturnin Maillot (cité *in* Chevalier, 1997, p. 22).

Le Moniteur publie la liste des passagers de *l'Émile de Girondin* qui, en mars 1870, ramène enfin Louis de Nas de Tourris à la Grande Terre. Nas de Tourris est à la tête d'un groupe de Réunionnais chargés d'établir une sucrerie à Ouaménie au nom de M. Le Coat de Kervéguen qui finance l'expédition. Le groupe se compose de M. et Mme de Tourris, leurs deux enfants, M. Lepervenche, M. Routier, M. et Mme Desjardins et leur enfant, M. Piveteau, Mlle Frias, Mme Chevalier, 15 ouvriers, 11 femmes, 17 enfants et 136 hommes malabars. Une usine à sucre est aussi à son bord. Le 12 de ce mois, le *Cyclope* arrive avec MM. Lepervenche, Robert et Lafargue.[26]

L'une des filles de Louis de Tourris, Marie Sophie Elisabeth Clarisse, est la femme de François Philogène Lalande Desjardins, une autre, Marie Elise Ludovia, se mariera avec Pierre Mathieu Ferdinand Joubert en 1872.[27] Les Desjardins feront souche dans la colonie et tandis que Louis de Nas de Tourris quittera la Nouvelle-Calédonie vers 1880, ses trois filles y resteront. Marie Elise Ludovia, veuve Joubert, se remariera en 1877 avec Aimé Charles Camouilly, vérificateur de l'enregistrement et des Domaines en non-activité, notaire à Nouméa, né à Saint-Pierre, Martinique[28] et sa sœur Marie-Josèphe Sophie Clémentine Louise se mariera avec Marie-Joseph Prosper de Nas de Tourris, écrivain des directions de l'Intérieur en 1894.[29] Elle est morte peu de temps après, car en 1896 Marie-Joseph Prosper se marie avec Marie-Hélène Buttié à Saint-Dénis, Réunion et le couple annonce la naissance de leur premier enfant, Marie Gustave Guy à Nouméa en 1897.[30]

Quant aux autres immigrants de 1870, M. Ernest Routier de Grandval, colon, restera en Nouvelle-Calédonie où il crée une « grande exploitation sur la côte Ouest à Poya » (O'Reilly, 1953, cité

---

[26] *Le Moniteur de la Nouvelle-Calédonie*, le 6-13 mars 1870, no. 545-546.
[27] DPPC EC NCL/NOUMEA/8 (1872).
[28] DPPC EC NCL/NOUMEA/13 (1877).
[29] DPPC EC NCL/NOUMEA/30 (1894).
[30] DPPC EC NCL/NOUMEA/33 (1897).

in Chevalier, 1997, p. 23) et est candidat aux élections de 1884 pour le poste de premier délégué au Conseil Supérieur des Colonies (cf. Savoie, 1922, p. 226 et voir chapitre 7). Il ne sera pas élu et partira en France où, en 1887 il se marie avec Dolorès Piorque et se suicide trois mois après le mariage (cf. O'Reilly, 1953, cité *in* Chevalier, 1997, p. 23). Élise Frias mourra célibataire à Nouméa en 1891.[31]

L'un des enfants venus avec les immigrants de Nas de Tourris est Joseph Rapadzi qui fera ses études à Nouméa avant de travailler comme fonctionnaire de l'administration pénitentiaire puis comme comptable et chef comptable à la Société Le Nickel. C'était un homme « de confiance et habile manieur d'hommes » selon le Père O'Reilly qui « est muté dans un service actif et fera une belle carrière, terminée comme chef du trafic, au moment où les grands voiliers venaient chercher en Nouvelle-Calédonie leur cargaison de minerai de nickel » (O'Reilly, 1953, cité *in* Chevalier, 1997, p. 22).

Je n'ai pas de renseignements concernant les destins des autres immigrants. Quoique les noms de Lafargue, Piveteau et Robert apparaissent dans les registres d'État Civil, ce sont ceux de femmes réunionnaises diverses. Françoise Lafargue est la femme de Pierre Darius et Clarencine Piveteau est la mère de Marion Héros, décédé à Montravel en 1866.[32] Marie Aurore Robert, modiste, se marie avec Jean-Baptiste Puissante en 1871 et Aïdée Robert est la femme de Lucien Garçon, lieutenant des douanes.

Le nouveau Gouverneur, Gaultier de la Richerie, fait appel à l'immigration réunionnaise dans sa proclamation publiée dans *Le Moniteur* du 28 août 1870, n° 570 :

Je dois m'adresser particulièrement à l'avant-garde des enfants de la Réunion établis en Nouvelle-Calédonie. [. . .] Appelez vos compagnons, dites-leur qu'ils trouveront ici ce qui leur manque là-bas, c'est-à-dire des terres pour s'y livrer, en sécurité et en liberté, à leurs entreprises agricoles, industrielles ou commerciales. La Nouvelle-Calédonie leur appartient avant tous les autres : les frontières leur sont ouvertes.

---

[31] DPPC EC NCL/NOUMEA/27 (1891).
[32] DPPC EC NCL/NOUMEA/4 (1866).

Il semble que les Réunionnais tiennent compte de son appel car ils continuent à débarquer dans la colonie. Le transport le *Rance* amène le 24 mars 1871 MM. Bernier, de Chavalon, M. et Mme Brevant et un enfant, MM. Simon, Bourgine, Amourdon, Doussaniau, M. et Mme Nolet, M. et Mme Reynaud et 3 enfants, MM. Gillet, Volsant, Tendrias, Maillou, M. et Mme Gondin et 9 enfants, MM. Bellanger, Martin, Compins, M. et Mme Brulle et leurs 3 filles, M. Jeamissot et 3 enfants et Mlle Lebon (Chevalier, 1997, p. 13).

En janvier 1872 le *Moniteur* publie la liste de passagers à débarquer de la *Néréide* le 28 décembre 1871. Cette liste comprend les Réunionnais suivants : Mme Charlotte Leriche et ses 5 enfants, MM. Dijou (André), Payet (Denis), Vincent (Louis-Alphonse), sa femme, 3 enfants et 1 domestique, Cazeau (Henry-Frédéric), Cazeau (Joseph Constant) et Balmann (Maurice). Une cinquantaine d'autres immigrants sont arrivés également sur la *Néréide* dont certains auraient pu être en provenance de la Réunion. Cependant, étant donné que leurs noms ne figurent pas dans les registres d'État Civil de Nouméa, Dumbéa, du Mont-d'Or ou de Païta, je n'ai pas pu confirmer leurs origines.[33] Quelques mois plus tard, le 16 avril 1872, M. et Mme Guichard arrivent de la Réunion à bord du *Jura*.[34] Selon Chevalier, d'autres passagers dont MM. Perchard, Guerin, Tassau, M et Mme Vézart (ou Vézard) et un enfant, M. Malignon, M et Mme Huet et 2 enfants, M. Vigneron et Mme Muret et 2 enfants sont aussi d'origine réunionnaise (1997, p. 13).

Charlotte Leriche s'installe à Nouméa avec ses enfants, mais on trouve qu'une de ses filles, Marie Aline, est domiciliée à Dumbéa lors de son mariage en 1885.[35] Charles André Dijou, sans profession, se marie avec la Réunionnaise Marie Louise Jonquet en 1887 et le couple réside à Nouméa.[36] Un autre Dijou de la Réunion s'installe en Nouvelle-Calédonie : René Eugène Dijou et sa femme réunionnaise

---

[33] Chevalier (1997, p. 13) inclut les personnes suivantes sur sa liste des Réunionnais qui ont débarqué de la *Néréide* : Albert et Charles Vitorin, Louis Combien, Bertrand Mourland, Octave Rolland, Mme et 5 enfants, François Miquel, Aimé Lecomte, Louis Ferrand, Toussaint Festin, sa femme et 6 enfants, Charles Cayla, Pierre Devaud, Cadet, Toachy, Adrien Joson, Alphonse Seisset, sa femme et enfant, Léopold Chatel, Mme Anaïs Maurin, Senonge, Grandidier, Vivien, Diovada, sa femme et 4 enfants.
[34] *Le Moniteur de la Nouvelle-Calédonie*, le 17 avril 1872, n° 656.
[35] DPPC EC NCL/DUMBEA/1 (1875-1886).
[36] DPPC EC NCL/NOUMEA/23 (1887).

Marie Émilie Bouyé (ou Boyer) habitent d'abord Mont-d'Or où leur fils Pierre Brice est né le 19 mai 1891 et meurt le lendemain.[37] En 1898, la famille se trouve à Saint-Vincent où leur fils, Joseph Eugène Émile, est né en mars 1898.[38] Denis Payet n'est pas mentionné dans les registres d'État Civil, mais nous trouvons cinq Réunionnaises de ce même nom. Marie Berthilde Payet est la femme de Louis Boyé (ou Bouyé ou Bouyer). En 1874 la famille habite Tonghoué et en 1885 elle demeure à Nouméa. En 1896, le couple assiste au mariage de leur fille, Marie Berthilde Bouyer, tous les trois étant domiciliés à Nouméa.[39] Marie Ange Mathilde Payet, fille naturelle de Marie Henriette Payet, domiciliée à Nouméa, se marie avec Edouard Le Bihan en 1874 et le couple réside à la propriété Le Bihan, située à Saint-Louis.[40] Deux ans après, Marie Ange Mathilde meurt à Nouméa.[41] Augustine Payet et son mari Maurice Joseph André Cahen, sous-directeur de l'administration pénitentiaire, habitent Nouméa. Ils sont témoins aux mariages de leurs filles Marie Honorine Cahen et Marie Noémie Cahen, toutes deux nées à la Réunion et qui épousent respectivement MM. Robbe et Loustau le 5 juin 1886.[42] Éline Payet est l'épouse de Jean Louis de Balmann, propriétaire. Lors du mariage de leur fille Marie Léonicia de Balmann en 1891, le couple est domicilié à Ponerihouen.[43]

Louis-Alphonse Vincent, ferblantier à Nouméa est déclaré en état de faillite par jugement en date du 14 mars 1874 rendu par le Tribunal de commerce de Nouméa.[44] Mais la famille reste dans la colonie. Sa fille, Marie Aimée Herminie Vincent, est la femme de Joseph Albert Ozoux, agent commercial, et la famille demeure à la Vallée du Tir en 1898 quand leur fils Louis Victor est né.[45] Son fils, Amand Léon Alphonse, se marie avec Blanche Lydie Joséphine

---

[37] DPPC EC NCL/MONTDOR/2 (1887-1898).
[38] DPPC EC NCL/NOUMEA/34 (1898).
[39] DPPC EC NCL/NOUMEA/10 (1874), DPPC EC NCL/NOUMEA/22 (1886) et DPPC EC NCL/DUMBEA/2 (1887-1898).
[40] DPPC EC NCL/NOUMEA/10 (1874).
[41] DPPC EC NCL/NOUMEA/12 (1876).
[42] DPPC EC NCL/NOUMEA/22 (1886).
[43] DPPC EC NCL/Nouméa/27 (1891).
[44] *Le Moniteur de la Nouvelle-Calédonie*, le 18 mars 1874, n° 756.
[45] DPPC EC NCL/Nouméa/34 (1898).

Gouët, fille d'un Réunionnais, en 1888 à Dumbéa.[46] Le Père O'Reilly raconte la carrière de Léon Vincent ainsi :

> *Travaille d'abord à la Maison Jouve, alors rue de l'Alma, puis met sur pied avec M. André Ballande, la Société de Chalandage dont il est nommé directeur. Société s'occupant des transports maritimes locaux et du débarquement des marchandises, chargements et déchargements. Toute l'ambition de Léon Vincent s'était concentrée sur son pays d'adoption qu'il aimait profondément, dont il connaissait les ressources et qu'il voulait prospère et en progrès constant. Le désir de servir la Calédonie le fait, en 1898, entrer au Conseil Général dont il deviendra le Président en 1916 [. . .]. Là, il se dévoue vingt quatre ans durant aux affaires calédoniennes avec un zèle qui ne se démentit jamais, et dans l'unique souci de l'intérêt général, aussi apprécié de ses collègues dont il dirigeait les débats avec une maestria faite de clairvoyance, de pondération et de bonhomie, qu'estimé à la population calédonienne qui reconnaît sa serviabilité et la générosité foncière d'un cœur compatissant à toutes les souffrances (1953, cité in Chevalier, 1997, p. 24).*

La publication des listes de passagers à bord des navires entrant à Nouméa se fait de plus en plus rare à partir de 1872. Cependant, les Réunionnais continuent à débarquer en Nouvelle-Calédonie pendant les années 70. Le 16 juillet 1874, le *Château Lafitte* arrive de Bourbon en 53 jours avec les immigrants suivants : M. Renaud, sa femme et sa fille, l'Indien Banassamy, M. J. Roland, M. P. Cassineny, M. F. de Balman, M. J. de Balman, M. E. Dijou, M. L. Broume, M. J. Desmaret, M. Ch. Ovide, M. Dubuisson, Mme et 2 enfants, Mme Vve Ozoux, MM. T. et A. Ozoux, Mlles J. et A. Ozoux (Chevalier, 1997, p. 13). *Le Moniteur* ne publie pas la liste des passagers faisant partie du convoi organisé par Casimir Boyer qui arrive sur l'*Anne-Marie* le 2 septembre 1874. Chevalier indique que les familles Fessard, Prudhomme et Fulbert débarquent de l'*Anne-Marie* (1997, p. 10). Racine Sautron, sa femme Mérancienne Douyère et leurs quatre enfants sont aussi passagers à bord de l'*Anne-Marie*. Le couple aura quatre autres enfants en Nouvelle-Calédonie. Le *Pactole*

---

[46] DPPC EC NCL/DUMBEA/2 (1887-1898).

amène en 1875 143 passagers de diverses provenances y compris François Léopold Douyère, sa femme Marie Augustine Wirth et leurs trois enfants et Philippe Valentin Douyère, sa femme Marie-Alphonsine Clain et leurs trois enfants. François et Marie Augustine auront neuf autres enfants et Philippe et Marie-Alphonsine en auront sept autres une fois installés dans la nouvelle colonie.[47]

Quant aux autres passagers, la presse ne donne aucun renseignement et à partir de cette date, il est presque impossible de trouver la publication des noms des immigrants qui débarquent dans la rade de Nouméa. Cependant, en feuilletant des sources imprimées nous pouvons en trouver leurs traces. Jerry Delathière, par exemple, fait mention de la famille Mitride qui arrive en Calédonie pendant les années 1870. Charles Mitride, né à la Réunion en 1871, immigre avec ses parents qui s'établissent dans la vallée de Sarraméa. Il aide ses parents à travailler la terre et à s'occuper de ses nombreux frères et sœurs. Il travaille dans l'administration des Postes et devient receveur à La Foa (Delathière, 2004b, p. 91). Sa fille, Yvonne, fait ses études à La Conception (Mont-Dore) et devient institutrice à l'école de Fonwhary puis à celle de La Foa. Elle se marie avec Charles Lacourt et, après avoir fait une carrière exemplaire, elle donne son nom à l'école primaire de La Foa (Delathière, 2004b, p. 75).

Les registres d'État Civil pour les circonscriptions de Nouméa (1863-1899), Dumbéa (1875-1898), du Mont-d'Or (1879-1898) et de Païta (1870-1886) qui ont pu être consultés aux Archives d'Outre-Mer à Aix-en-Provence démontrent la présence de plus de 450 Réunionnais habitant dans la partie sud de la colonie à moins de 20 kilomètres de Saint-Louis. Ce chiffre comprend aussi bien les riches propriétaires terriens que les « Créoles », blancs, noirs et métis et les Indiens ou « Malabars » nés à la Réunion ou en Inde. Étant donné que les registres d'État Civil pour Païta, Dumbéa et le Mont-d'Or n'ont commencé qu'en 1870, 1875 et 1879 respectivement et que de nombreux registres pour Nouméa n'ont pas pu être consultés à cause de leur mauvais état (y compris les années 1860-1862, 1875, 1878-1885, 1888-1890, 1892, 1893, 1895, 1896) le vrai chiffre est certainement beaucoup plus élevé. Qui plus est, les registres d'État

---

[47] Cf. Le site web de la famille Douyère :
http://origines.server101.com/Photos%20Nc.html

Civil n'incluent que les personnes qui sont nées, qui se marient et qui sont mortes, ainsi que leurs parents et/ou témoins, dans la circonscription à l'époque. Il y avait donc sûrement beaucoup d'autres personnes qui n'ont pas eu l'occasion de figurer dans les registres d'État Civil.

Me basant seulement sur les personnes mentionnées dans les registres d'État Civil dans les quatre circonscriptions du Sud, j'ai recensé 132 noms de famille réunionnais différents. Cette liste inclut tous ceux qui sont nés à la Réunion qu'ils soient Blancs, Noirs, Métis ou Indiens. Elle ne comprend pas les Indiens ou Africains qui sont nés ailleurs ou pour qui je n'ai pas d'informations concernant leur lieu de naissance. Je parlerai de ce groupe dans le chapitre 6. Comme nous avons vu dans le cas des Douyère et des Kabar, par exemple, les Réunionnais avaient tendance à arriver en famille et souvent ces familles étaient nombreuses, comprenant parents, frères et sœurs et enfants. Une fois installés en Nouvelle-Calédonie, les Réunionnais avaient encore plus d'enfants. Tenant compte de ce fait, ces 132 noms de famille représentent, en réalité, beaucoup plus de personnes qui se trouvaient dans le sud de la Nouvelle-Calédonie pendant la deuxième moitié du dix-neuvième siècle. Quand nous considérons que le 1er juillet 1869, la population libre comptait 1331 âmes dont 1214 habitaient de Nouméa au Mont-d'Or et à Saint-Vincent[48], en 1877 il y avait un total de 2752 personnes libres habitant dans toute la colonie et en 1887 la population libre se composait de 5585 personnes (cf. Gascher, 1974, pp. 77-79), nous nous rendons compte de l'importance de l'apport réunionnais à cette population libre, surtout au début de la colonisation.

Dans le Tableau 1, je dresse une liste des patronymes réunionnais trouvés dans les registres d'État Civil, des circonscriptions dans lesquelles les familles vivaient au dix-neuvième siècle et j'indique si ces mêmes patronymes ont été retrouvés dans les pages blanches de l'annuaire téléphonique de Nouvelle-Calédonie lors d'une recherche que j'ai effectuée en 2005.

Nous pouvons ajouter à ces 132 noms de famille recueillis dans les États Civils du Sud, 27 autres noms de famille réunionnais

---

[48] CAOM FM SG NCL/172. Ce chiffre ne comprend pas les « officiers sans troupe, employés militaires, gendarmes et surveillants militaires, ainsi que leur famille » au nombre de 281.

que j'ai trouvés dans *Le Moniteur de la Nouvelle-Calédonie* (1862-1899). J'ai également trouvé, dans certains cas, la circonscription dans laquelle la famille demeurait au dix-neuvième siècle. Pour d'autres familles, leur lieu de résidence n'a pas été indiqué dans le journal. J'ai également ajouté à cette liste les 87 noms des Réunionnais mentionnés par O'Reilly (1953), Chevalier (1997) et Delathière (2004b). Comme pour les patronymes recensés dans les registres d'État Civil, j'ai fait une recherche dans les pages blanches de l'annuaire téléphonique de Nouvelle-Calédonie en 2005 (pour les noms publiés dans *Le Moniteur*) et en 2006 (pour les noms publiés dans les autres sources imprimées) pour voir si ces mêmes familles demeurent toujours sur la Grande Terre. Je présente mes résultats dans le Tableau 2.

Tableau 1 : Noms de famille des personnes nées à la Réunion recensés dans les registres d'État Civil de Nouméa, Dumbéa, du Mont-d'Or et de Païta (1863-1899) et dans l'annuaire téléphonique de Nouvelle-Calédonie en 2005

Nom de famille	Circonscription au 19e siècle	Présent en 2005
Adam de Villiers	Dumbéa	√
Adèle	Dumbéa (Koé), Nouméa	√
Adrien	Nouméa	
Advisse-Desruisseaux	Nouméa	
Alizart	Nouméa	
Antoine	Dumbéa (Nimba, Koé)	√
Balmain	Dumbéa (Koé)	
Bataille	Nouméa	√
Berconet	Nouméa	
Bernier	Dumbéa, Nouméa	√
Bertin	Nouméa	√
Boucher	Nouméa	√
Bouyé / Bouyer	Dumbéa, Nouméa	√
Boyer	Le Mont-d'Or, Nouméa	√
Bruguier	Nouméa	
Buttié	Nouméa	
Cabrié	Le Mont-d'Or (La Coulée)	
Cahen	Nouméa	
Calmel	Païta	√
Carré	Nouméa	√
Catan	Dumbéa (Koé)	

Cazeaux	Nouméa	√
Cédrat	Nouméa	
Célières	Nouméa	
Charlot	Païta	√
Chauvette	Nouméa	
Clain	Dumbéa (Nimba, Koé)	
Clémenceau	Nouméa	√
Cologon	Ouaménie	
Cybou	Nouméa	
Dalleau	Nouméa	
Darius	Nouméa	
De Balmann	Nouméa, Ponerihouen	
De Gaillande	Nouméa	√
De Greslan	Dumbéa (Nimba), Nouméa	√
De Keranval-Aimé	Dumbéa, Nouméa	
De Nas de Tourris	Ouaménie, Nouméa	
De Villeneuve	Dumbéa (Yahoué)	
De Langlard	Païta	
Delval	Dumbéa	√
Denage	Nouméa	
Denis	Le Mont-d'Or (Saint-Louis)	√
Dercourt	Nouméa	
Deschamps	Nouméa	√
Desjardins	Nouméa	√
Desruisseaux	Nouméa	
Dijou	Le Mont-d'Or, Saint Vincent, Nouméa	√
Diomat	Ouaménie	
Douyère	Païta	√
Dubain	Nouméa	√
Duboisé	Dumbéa (Nimba)	
Durand	Nouméa	√
Elphège	Nouméa, Ouéga	
Falais	Nouméa	
Faucher	Dumbéa	√
Fayet	Ouéga	√
Firman	Dumbéa (Koé)	
Florimond	Nouméa	
Frias	Nouméa	
Garçon	Nouméa	√
Gisnet	Nouméa	
Goudin	Nouméa (Vallée du Tir)	
Gouët	Dumbéa, Nouméa	

Gouthier	Nouméa	√
Grenier	Dumbéa (Koé), Nouméa	√
Grondin	Nouméa	√
Guépy	Dumbéa	√
Guichard	Nouméa	√
Guilloteau	Nouméa	
Hacquard	Le Mont-d'Or	
Héros	Nouméa (Vallée Montravel)	√
Heuvrond	Nouméa	
Hopts / Ops	Dumbéa (Nimba, Koé)	√
Imbault	Nouméa	√
Isnard	Nouméa	
Jagda	Nouméa	
Jean-Baptiste dit Doudoute	Nouméa	√
Jonquet	Nouméa	
Jore	Dumbéa	√
Kabar	Nouméa, Ponerihouen	√
Kichenin	Dumbéa (Koé), Nouméa (Vallée des Colons)	√
Lafargue	Nouméa	√
Lamaison	Ouaménie	
Lathumie	Nouméa, Dumbéa	
Latouche	Nouméa	√
Lauratet	Nouméa	
Le Roy	Nouméa	√
Lebihan / Le Bihan	Le Mont-d'Or (Saint-Louis), Nouméa	
Leriche / Le Riche	Nouméa, Dumbéa	
Magnien de Magnienville	Nouméa	
Maillot	Dumbéa	√
Maradan	Nouméa	
Marchand	Nouméa	√
Marcus	Nouméa	√
Mayana / Mayanna	Dumbéa	
Médéries	Dumbéa (Koé)	
Michel	Nouméa	√
Montard	Nouméa	
Murch	Nouméa	
Nègre	Nouméa	√
Nézet	Nouméa, Ponerihouen	
Offlaville	Dumbéa	√
Orthasie	Dumbéa (Tonghoué), Nouméa	
Ovide	Ouaménie	

Ozénor	Nouméa	
Ozoux	Dumbéa (Koé, Koutio-Kouéta), Nouméa	√
Patché	Dumbéa (Koé), Nouméa	√
Paul	Dumbéa	√
Payandy	Nouméa	√
Payet	Dumbéa, Nouméa	√
Péguillet	Nouméa	
Piveteau	Nouméa (Vallée Montravel)	√
Pomadère	Nouméa	
Poutes	Païta	
Rayandi	Nouméa	
Raynaud	Nouméa	√
Renaud	Le Mont-d'Or	√
Robert	Nouméa	√
Routier (de Grandval)	Nouméa	√
St Lys	Nouméa	
Sylvestre	Nouméa	√
Talon	Nouméa	√
Tardivel	Nouméa	√
Thibault de Chanvalon	Nouméa	
Vaubois	Nouméa	
Vellon	Nouméa	
Venant	Nouméa	
Vergoz	Nouméa	√
Vincent	Dumbéa, Nouméa	√
Virte	Païta	
Vlody	Nouméa	√
Zacharie	Nouméa	
132		**62**

Tableau 2 : Noms de famille des personnes nées à la Réunion recensés dans le Moniteur de la Nouvelle-Calédonie (1862-1899) et dans d'autres sources imprimées et dans l'annuaire téléphonique de Nouvelle-Calédonie en 2005 ou en 2006[49]

Nom de famille	Circonscription au 19e siècle (si connue)	Présent en 2005 / 2006
Adam*	Dumbéa	√
Aillaud+		√
Albaret*	Canala	
Amedée+		
Amourdon+		
Armand*	Le Mont-d'Or	√
Beaucourt*	Nouméa	
Beck+		√
Bellanger+		√
Botari+		
Bouillier^		
Bourgine+		√
Bouvier*		√
Brajeul*	Nakéty	
Brevant+		
Broume+		
Brulle+		
Brunet+		√
Cadet+		√
Casineny+		
Cayla+		
Célestin*	Canala	
Chatel+		√
Chevalier*	Ouaménie	√
Colette+		

---

[49] * indique les noms publiés dans Le Moniteur, + indique les noms mentionnés par Chevalier (1997), ^ indique les noms mentionnés par O'Reilly (1953) et # indique les noms mentionnés par Delathière (2004b). Bien que j'inclue tous les noms publiés par Chevalier (sauf ceux que je sais n'appartiennent pas à des Réunionnais), il est possible qu'il y ait encore des erreurs. Sauf dans les cas des convois d'immigrants organisés par des Réunionnais tels que de Greslan, de Tourris ou Boyer, la plupart des navires venaient de France et faisaient escale à l'île de la Réunion et à Sydney en Australie. Les passagers auraient pu donc être embarqués en France, à la Réunion ou même en Australie. Chevalier ne signale pas comment il a su que les immigrants qu'il cite sont d'origine réunionnaise. Dans l'ensemble, je pense que la plupart des gens qu'il cite sont des Réunionnais mais il faut quand même être un peu prudent.

Combien+		
Compins+		
Dargaud*		√
De Kervéguen*	Ouaménie	
Desmaret+		
Devaud+		√
Diovada+		
Doussaniau+		
Dubuisson+		√
Ély*	Ouaménie	
Equerre+		
Ferrand+		√
Festin+		
Foucher*		√
Fritzgerald+		
Fulbert+		
Fulet*	Nakéty	
Galland*	Houagape	√
Gezat*	Houagape	
Gillet+		√
Gillot de l'Étang*	Poindimié (Tiwaka)	
Gondin+		
Grandidier+		√
Gravini+		
Guerin+		√
Gustave*		
Huet+		√
Jeamissot+		
Jolibois+		√
Joson+		
Laborie+		√
Lachaise*	Ouaménie	
Lamarque+		√
Larose*	Ouaménie	√
Lebon+		√
Lecomte+		√
Legac+		
Lepervenche*	Ouaménie	
Lepeut*	Houagape	√
Le Richard+		
Louvet*	Dumbéa (Koé)	√
Maillet+		√
Maillou+		
Malignon+		√
Marsou+		

Martin+		√
Maurin+		√
Micholin*		
Miquel+		√
Mitride#	Sarraméa	√
Montolard+		
Montroze*	Uaraï	
Mourland+		
Muret+		
Nau*	Canala	√
Nolet+		
Patrick+		
Perchard+		√
Pierrette+		
Pietri+		
Pillegrain+		
Pouget+		√
Ragot+		√
Rapadzi+^	Nouméa, Thio	
Revercé^		√
Rochard+		
Roland+		√
Rolland+		√
Sabry+		√
Samson+		√
Sautron*		√
Seisset+		
Senonge+		
Simon+		√
Stera+		
Tassau+		
Teissier+		√
Tendrias+		
Toachy+		
Tournier*		√
Turpin^		√
Verite+		
Vézard / Vézart+		
Victor+		
Vigneron+		√
Vitorin+		
Vivien+		√
Volsant+		√
Wagner+		√
114		**53**

Pris ensemble, les données nous indiquent que des 246 noms de famille réunionnais différents que j'ai recueillis dans les États Civils du Sud, dans *Le Moniteur de la Nouvelle-Calédonie* au dix-neuvième siècle et dans d'autres sources imprimées, 115, soit 46,7 %, sont toujours présents en Nouvelle-Calédonie en 2005 et 2006. Ce chiffre montre que les chercheurs précédents, tels que Hollyman, Corne et Ehrhart, se sont trompés dans leur estimation de la population réunionnaise seulement à partir des noms des grands propriétaires terriens mentionnés par Savoie (1922) et Brou (1973). La notion qu'il n'y avait pas plus d'une cinquantaine d'immigrants réunionnais en Nouvelle-Calédonie et que bon nombre de ces immigrants ont quitté la colonie après l'échec de l'industrie sucrière à partir de 1880 est tout simplement fausse. Certes, un nombre de Réunionnais ne se fixent pas dans la colonie, notamment quelques grands propriétaires qui partent en France ou en Australie pendant les années 1880 ou même avant. D'autres comme M. Le Coat de Kervéguen sont des propriétaires absents qui visitent leurs terrains de temps en temps, mais qui ne s'installent pas en Nouvelle-Calédonie. Dans d'autres cas, comme celui de Louis de Nas de Tourris, certains quittent le territoire tout en laissant d'autres membres de leur famille dans la colonie. Finalement, d'autres Réunionnais restent plus longtemps avant de partir au cours du vingtième siècle. Une autre raison pour expliquer la disparition de certains patronymes réunionnais en Calédonie est le fait qu'il y avait des familles ne comprenant que des filles qui se sont mariées avec des hommes d'origine non-réunionnaise, par exemple, les filles de Nas de Tourris. Il y avait aussi des célibataires qui sont mort(e)s sans enfant. Quoi qu'il en soit, la présence réunionnaise en Nouvelle-Calédonie, surtout dans la partie sud du pays, était beaucoup plus importante que ne l'affirmaient jusqu'ici les chercheurs.

Mais qui étaient ces gens ? Que faisaient-ils ? Une analyse des données nous permet d'obtenir plus de détails sur cette population réunionnaise.

Sur toutes les personnes recensées dans les registres d'État Civil dont je connais le lieu de résidence, les Réunionnais et leurs engagés, j'en compte 250 (58,8 %) habitant à Nouméa ou dans les alentours (Vallée des Colons, Vallée du Tir, Vallée de l'Infanterie), 123 (29 %) demeurant à Dumbéa (Koé, Koutio-Kouéta, Nimba,

Yahoué, Kouvelé, Tonghoué, Oua-ourou), 21 (5 %) résidant au Mont-d'Or (Saint-Louis, Boulari, La Coulée), 8 (1,8 %) habitant à Païta et 23 (5,4 %) demeurant ailleurs (Saint-Vincent, Ouaménie, La Foa, Ponerihouen, Ouéga). Pour certaines personnes leur lieu de résidence n'est pas mentionné. Si nous ne regardons que les noms de famille des Réunionnais présentés dans le Tableau 1, nous remarquons que 101 se trouvent à Nouméa, 37 à Dumbéa, 7 au Mont-d'Or, 6 à Païta et 12 dans d'autres circonscriptions.[50]

Je constate que le chiffre pour Nouméa est nettement plus élevé que les chiffres pour les autres circonscriptions. Ceci s'explique bien sûr par le fait que Nouméa est le chef-lieu et par conséquent réunit une plus grande population. Néanmoins, il ne faut pas oublier que nous avons plus d'informations sur la population de Nouméa car les registres d'État Civil ont commencé en ville beaucoup plus tôt que dans les autres centres. Toutefois, dans les registres pour Nouméa pendant les 1860s, il est souvent indiqué si la personne concernée habitait dans une autre circonscription telle que Dumbéa.

Regardons de plus près les populations d'origine réunionnaise des circonscriptions du Sud. À Nouméa, nous comptons 74 hommes, 58 femmes et 45 enfants.[51] Il y a 27 hommes, 9 femmes et 24 enfants à Dumbéa et 4 hommes, 5 femmes et 1 enfant au Mont-d'Or. À Païta et à Ouaménie, nous trouvons 7 hommes, 4 femmes et 2 enfants. Il y a plus d'hommes (59,5 %) que de femmes (40,5 %), mais pour une nouvelle colonie ceci est tout à fait normal. En fait, le nombre de Réunionnaises est plutôt élevé comparé aux chiffres pour les femmes en général. Au premier juillet 1869, par exemple, de Nouméa au Mont-d'Or (y compris Dumbéa) et Saint Vincent il y avait un total de 801 hommes et 413 femmes représentant seulement 34% de la population du Sud.[52]

Quant aux couples, je constate que les Réunionnais avaient tendance à se marier entre eux. Des 79 couples que j'ai trouvés dans

---

[50] Ce chiffre dépasse les 132 noms sur la liste, car il y avait des gens portant le même nom de famille qui habitaient dans des circonscriptions différentes et il y avait aussi des familles qui changeaient de lieu de résidence, surtout celles qui dans les années 60 et 70 habitaient à la campagne, mais qui ont emménagé à Nouméa dans les années 80 ou 90.
[51] Ces enfants ont au moins un parent réunionnais.
[52] Tableau de la Population au 1er juillet 1869, CAOM FM SG NCL/172.

les registres d'État Civil, 49, soit 63 %, se composent d'un Réunionnais et une Réunionnaise tandis que 27 ménages (34,2 %) comprennent un(e) Réunionnais(e) et quelqu'un en provenance d'un autre pays (la France ou une de ses colonies - l'Algérie, la Martinique, l'île Maurice ou la Nouvelle-Calédonie, l'Allemagne, l'Australie etc.).[53] La plupart de ces unions étaient légales. Une exception notable est celle du ménage Mathieu. Laurent Tancrède Siffroy Mathieu, cultivateur, puis propriétaire à Dumbéa et Marie Monet Mayana (ou Mayanna), née à Sainte Marie, île de la Réunion de père inconnu et de Minati auront deux enfants avant qu'ils se marient en 1884. Dans l'acte de naissance de leur fille Adèle Clotilde, née en 1882, Mathieu déclare « qu'hier à huit heures du matin Marie Monet Mayana, cohabitant avec lui, âgée de 23 ans, était accouchée d'un enfant du sexe féminin dont il se reconnaît être le père et auquel il a donné les noms d'Adèle Clotilde Mathieu. »[54]

Seulement trois couples, soit 3,8 %, sont composés d'un(e) Réunionnais(e) et un(e) Indien(ne) né(e) en Inde.[55] Ce chiffre est pourtant un peu trompeur, car un certain nombre d'Indiennes donnent

---

[53] Chevalier constate que les nombreux enfants d'origine réunionnaise « se marièrent quelquefois entre 'familles créoles', le plus souvent à l'extérieur. Beaucoup de célibataires 'européens' ne purent résister aux charmes des bourbonnaises que l'on remarque encore, même à la cinquième génération » (1997, pp. 10-11).
[54] DPPC EC NCL/DUMBEA/1 (1875-1886).
[55] Les mariages entre les Français et les Étrangers immigrants, y compris les Indiens, sont facilités le 7 mars 1867 quand *l'Arrêté du Gouverneur promulguant divers décrets et lois relatifs au mariage des Français et des Étrangers immigrants qui résident en Nouvelle-Calédonie et en ses dépendances* est promulgué :

> *Art. 1er Sont promulgués dans la colonie pour y être exécutés selon leur forme et teneur :*
> 1. *Le décret du 24 mars 1852, ayant pour objet de faciliter le mariage des Français qui résident aux Iles de la Société et dans les autres établissements français de l'Océanie ;*
> 2. *Le décret impérial du 7 novembre 1866, rendant applicable à la Nouvelle-Calédonie le décret du 14 juin 1861, relatif au mariage des étrangers immigrants à la Guyane française ;*
> 3. *Les lois des 18-27 novembre et 10 décembre 1850, ayant pour objet de faciliter le mariage des indigents, la légitimation de leurs enfants naturels et le retrait de ces enfants déposés dans les hospices. (Le Moniteur de la Nouvelle-Calédonie, le 10 mars 1867, n° 389).*

naissance à des enfants naturels de père « inconnu ». Il est probable que ces pères inconnus sont des travailleurs indiens ou réunionnais ou les engagistes de ces Indiennes. De toute façon, des 3 couples mentionnés dans les États Civils, l'un est un mariage légal alors que les deux autres couples vivent en concubinage.[56] Noël Henri Orthasie, Réunionnais et cultivateur, domicilié à Tonghoué, Dumbéa, déclare la naissance de son fils Noël Émile Orthasie dans la maison Bouyé en décembre 1892. Son épouse à l'époque est l'Indienne Rosalie Célestine Ramin. Deux ans plus tard, Orthasie, blanchisseur à Nouméa et maintenant célibataire, déclare la naissance d'une fille, Virgine-Elisabeth, de lui et de Rosalie Elisabeth Ramain, blanchisseuse indienne, célibataire, domiciliée à Nouméa. Les parents d'Alexandre Maridas, né en janvier 1881 à Dumbéa, sont Joseph Maridas, Indien domestique et Françoise Antoine, Réunionnaise, sans profession. Un autre Réunionnais se marie avec une Indienne en 1886, mais l'Indienne est en fait née en Nouvelle-Calédonie. « Payandy, Tévarayen, planteur, domicilié à Nouméa, né dans le courant de l'année 1864 à Saint Pierre, Ile de la Réunion, fils majeur de Tévarayen Comaparetty, journalier, domicilié à Nouméa et de feue Minatchy, sans profession, son épouse, procédant du consentement de son père ici présent » épouse « Tayalamé, sans profession, domiciliée à La Foa née à Bouloupari dans le courant du mois de septembre 1870, fille mineure de Vayaboury Parasoupoulé, propriétaire et de Angama, sans profession, son épouse, domiciliés à La Foa ; procédant du consentement de son père et sa mère ici présents. »[57]

Grâce à son nom et prénom, on peut facilement deviner l'origine indienne de Payandy et de certains autres Réunionnais qui ont des parents ou grands-parents « malabars ». Néanmoins, les patronymes ne sont pas toujours de bons indicateurs des origines ethniques des Réunionnais. Chaudenson (1974, p. xv) explique que

---

[56] Selon Chaudenson (1974, p. 103), le concubinage à la Réunion est assez commun et le sentiment de culpabilité est relativement faible. Il semble que cela soit aussi le cas au dix-neuvième siècle car bon nombre d'immigrants réunionnais sont des « enfants naturels ». Je peux citer, par exemple, les cinq enfants de Charlotte LeRiche, Elisabeth Guilloteau, fille naturelle de Charlotte Guilloteau, Marie Louise Joséphine Eugénie Delval, fille mineure naturelle de Joseph et de Delaire Murch, épouse actuelle de François Dargaud, Eugène Pomadère, Élise Frias et Marie Ange Mathilde Payet, fille majeure naturelle de Marie Henriette Payet.
[57] DPPC EC NCL/NOUMEA/22 (1886).

des « individus de type manifestement africain ou malgache portent des noms 'indiens', alors qu'inversement bien des réunionnais [sic] aux caractères physiques indiens ne portent pas un patronyme caractéristique de cette ethnie. » Ceci est dû au fait que la population réunionnaise est biologiquement très métissée, « un phénomène très ancien, profond et étendu » selon Rose-May Nicole (1996, p. 19). Il est donc « très difficile de dire avec précision à quel groupe ethnique appartient un individu donné » (Chaudenson, 1974, p. xiv). En fait, « il n'y a pas vraiment à La Réunion, [. . .], de groupe blanc, rigoureusement endogame. De même, on ne saurait parler de 'Noirs purs' » (Nicole, 1996, p. 18).

Les registres d'État Civil du Sud de la Nouvelle-Calédonie ne nous aident pas vraiment à décider qui appartient à quel groupe ethnique. La plupart du temps nous ne trouvons pas d'informations concernant l'ethnie ou la couleur des personnes mentionnées. Parfois, il est noté qu'un individu est « Indien » mais qu'il est né à la Réunion. Parfois, nous n'avons pas de renseignements concernant le lieu de naissance de la personne concernée qui est tout simplement désignée par son groupe ethnique, même si c'est souvent d'une manière très généralisée. Nous avons, par exemple, des « Malgaches », un « Mozambique » mais aussi des « Indiens », des « Malabars » un « Cafre » et un « Africain ».

Le terme « Créole » ou « Créole de la Réunion » est appliqué dans les registres d'État Civil à des engagés, tels que Toussaint Cologon, engagé de M. de Kervéguen,[58] à des personnes libres de filiation inconnue comme Firman qui est décédé à Koé en 1874[59] ou à « Rosalie Kichenin, sans profession, Créole de la Réunion, âgée de 15 ans, domiciliée à Vallée des Colons », qui donne naissance à « un enfant sans vie de père inconnu » en 1886.[60] Dans *Le Moniteur*, nous trouvons ce même terme utilisé pour désigner des propriétaires terriens tels que M. Dercourt et les frères Nau[61] ainsi que des engagés déserteurs comme Henri-Alexandre et Fortuné-Henri Lachaise,

---

[58] DPPC EC NCL/NOUMEA/9 (1873).

[59] DPPC EC NCL/NOUMEA/10 (1874).
[60] DPPC EC NCL/NOUMEA/22 (1886).
[61] *Le Moniteur de la Nouvelle-Calédonie*, le 23 octobre 1864, no. 265.

Gasparin Larose, Pierre Antoine ou Pierre Ély.[62] Émile Célestin, un autre engagé déserteur, est désigné comme « Bourbon ». L'utilisation de l'appellation « Créole » ou « Créole de la Réunion » en Nouvelle-Calédonie est donc semblable à son emploi à la Réunion où le terme s'applique aux individus nés sur place. Chaudenson précise qu'à la Réunion « 'créole' s'applique sans distinction à des blancs, des métis ou des noirs 'nés dans le pays', mais ne peut servir à qualifier, même s'ils sont nés dans ces îles, des individus relevant de groupes d'immigration plus récente comme les Indiens » (1992, p. 9).

En tout cas, il est sûr que le groupe de Réunionnais qui immigre en Nouvelle-Calédonie comprend aussi bien des Blancs que des Noirs et des Métis, ceux que Mgr Vitte appelle en 1874 les « mulâtres de Bourbon » qui font partie la population libre de la colonie (cité *in* Ehrhart, 1994b, p. 21).

Une fois arrivés en Nouvelle-Calédonie, quels métiers les Réunionnais exerçaient-ils ? Au chef-lieu, nous trouvons toute une gamme d'activités professionnelles qui varient entre les petits emplois et les postes dans l'Administration de la colonie. Il y a quelques femmes à Nouméa qui travaillent comme couturières ou modistes mais la plupart n'ont pas d'activité professionnelle. À Dumbéa, au Mont-d'Or et à Païta, les métiers reflètent plutôt l'environnement rural dans lequel les Réunionnais se trouvent. Les femmes sont toutes sans profession.

Dans les Tableaux 3, 4, 5 et 6 je dresse des listes de tous les métiers pratiqués par les Réunionnais (hommes et femmes) à Nouméa, Dumbéa, au Mont-d'Or et à Païta respectivement.

---

[62] *Le Moniteur de la Nouvelle-Calédonie*, le 8 décembre 1875, no. 846.

Tableau 3 : Les métiers exercés par les Réunionnais à Nouméa 1863-1899

Métiers	No. de Réunionnais qui exercent ce métier
Hommes	
Agent / Brigadier de police	2
Agent commercial	1
Agent comptable de la caisse de la transportation	1
Agent de postes et télégraphes	1
Blanchisseur	1
Cantonnier	2
Capitaine de l'Infanterie de Marine	1
Charpentier	9
Chef de bureau de première classe des directions de l'Intérieur	1
Clerc de défenseur	1
Colon	1
Commerçant	3
Commis de l'Administration pénitentiaire	2
Commis de première classe des directions de l'Intérieur	1
Commis des contributions	2
Commis des directions de l'Intérieur	1
Commis des douanes et régies de l'Indo-Chine	1
Commis du Secrétariat Colonial	2
Commissaire de la Marine, chef du service administratif en Nouvelle-Calédonie	1
Comptable	2
Cuisinier	2
Cultivateur	1
Écrivain des directions de l'Intérieur	1
Employé au Secrétariat Colonial	1
Employé de commerce	3
Employé de Mairie	1
Engagé	1
Inconnu	9
Journalier	2
Juge président le tribunal supérieur pi / avocat	1
Lieutenant des douanes	1
Manœuvre	1
Matelot de première classe	1
Menuisier	1
Notaire	1

Pêcheur	1
Planteur	1
Propriétaire	6
Sans profession	2
Scieur de long	1
Secrétaire du Conseil Général	1
Soldat d'Infanterie de Marine	1
Sous-commissaire	1
Sous-directeur de l'Administration pénitentiaire	1
Stockman	1
Tailleur	1
Tailleur de pierres	1
Tonnelier	1
Trésorier-Payeur de la Nouvelle-Calédonie	1
Femmes	
Couturière	4
Modiste	1
Sans profession	53

Tableau 4 : Les métiers exercés par les Réunionnais à Dumbéa 1866-1898

Métiers	No. de Réunionnais qui exercent ce métier
Hommes	
Agent de cultures	1
Agriculteur	1
Colon	1
Cuisinier	1
Cultivateur	6
Directeur de Nimba	1
Directeur de Yahoué	1
Employé de commerce	1
Employé sucrier	1
Gardien à Yahoué	1
Inconnu	4
Jardinier	1
Journaliste	1
Mécanicien	1
Officier d'État Civil	2
Planteur	1
Propriétaire	6

Sucrier	2
Femmes	
Sans profession	9

Tableau 5 : Les métiers exercés par les Réunionnais au Mont-d'Or 1871-1891

Métiers	No. de Réunionnais qui exercent ce métier
Hommes	
Agriculteur	1
Colon	1
Inconnu	2
Officier d'État Civil	1
Propriétaire	1
Sucrier	1
Femmes	
Sans profession	5

Tableau 6 : Les métiers exercés par les Réunionnais à Païta 1871-1883

Métiers	No. de Réunionnais qui exercent ce métier
Hommes	
Cultivateur	1
Engagé	1
Employé	1
Propriétaire	4
Femmes	
Sans profession	4

À partir de ces tableaux, nous remarquons que les Réunionnais sont présents dans tous les milieux et niveaux sociaux de la société coloniale et ils sont engagés dans la vie économique, sociale, culturelle et administrative de la Nouvelle-Calédonie. En général, dans les circonscriptions rurales, les Réunionnais sont soit propriétaires, soit employés de ces mêmes propriétaires, la majorité cultivant la terre et plantant la canne à sucre. Les Officiers d'État Civil pour les circonscriptions du Mont-d'Or (Joseph Denis) et de Dumbéa (Evenor de Greslan, Saturnin Maillot) sont des Réunionnais.

Le contexte urbain de Nouméa fait que le type de métiers exercé par les Réunionnais est plus vaste. Nous avons toujours des propriétaires, certains qui résident en ville alors que leurs terres se trouvent à la campagne, ainsi que des employés agricoles. D'autres Réunionnais en ville exercent des professions libérales. Cependant, la plupart des Réunionnais au chef-lieu, sont des artisans (charpentiers, menuisiers, tailleurs etc.) ou ils font des travaux manuels ou des petits boulots.

En outre, il y a bon nombre de fonctionnaires, certains occupant des postes importants dans l'Administration locale. Il y a des Réunionnais élus au Conseil Général (Julien Bernier, Amand Vincent) au Conseil Privé (Evenor de Greslan,[63] Julien Bernier,[64] et M. de Gaillande[65]) et au Conseil d'Administration (Gustave Clain[66] et Evenor de Greslan[67]) de la colonie et d'autres qui travaillent au Secrétariat Colonial, dans la Direction de l'Intérieur et pour l'Administration Pénitentiaire. De plus, certains Réunionnais sont membres ou en charge des Commissions spéciales, telles que la commission qui représente la Nouvelle-Calédonie à l'Exposition Inter-coloniale de 1873 à Sydney et dont Arthur Duboisé fait partie,[68] la Commission permanente créée par l'arrêté du 1er février 1877, prescrivant des mesures pour garantir le bétail contre l'invasion des maladies contagieuses, qui comprend MM. Adam de Villiers, Bertin, Desjardins, Denis, Desruisseaux et de Kervéguen ainsi que les dames Duboisé et Joubert,[69] et la Commission chargée de proposer des mesures pour la destruction des sauterelles dont le président est Evenor de Greslan.[70] Il y a également des Réunionnais qui travaillent dans le système judiciaire comme juges ou avocats et il y en a d'autres

---

[63] *Le Moniteur de la Nouvelle-Calédonie*, le 13 octobre 1880, n° 1099.
[64] *Le Moniteur de la Nouvelle-Calédonie*, le 3 décembre 1879, n° 1046.
[65] *Le Moniteur de la Nouvelle-Calédonie*, le 25 août 1880, n° 1092.
[66] *Le Moniteur de la Nouvelle-Calédonie*, le 13 mai 1866, n° 346.
[67] *Le Moniteur de la Nouvelle-Calédonie,* le 17 juillet 1870, n° 567.
[68] *Le Moniteur de la Nouvelle-Calédonie,* le 12 février 1873, n° 699.
[69] *Le Moniteur de la Nouvelle-Calédonie,* le 7 février 1877, n° 907. Madame Duboisé était Rose Joubert, la fille de Didier-Numa Joubert et Mme Joubert était la fille de Louis de Nas de Tourris, Marie Élise Ludovia.
[70] *Le Moniteur de la Nouvelle-Calédonie,* le 13 octobre 1880, n° 1099.

qui sont assesseurs près le Tribunal criminel de Nouméa. Pour l'année judiciaire 1870-1871, par exemple, MM. de Magnienville et Bataille sont nommés et pour l'année judiciaire 1882-1883 MM Armand, Durand, Imbault et Desruisseaux sont nommés.

D'autre part, il y a aussi des Réunionnais qui figurent sous la rubrique de l'Administration de la Justice publiée dans *Le Moniteur* dans les années 1870. À titre d'exemple, je peux citer les personnes suivantes : Louis Bertin, vol et escroquerie : trois ans de prison et cinq ans sous la surveillance de la haute police, Villeneuve, vente illicite de boissons : 2 francs d'amende, Jean-Baptiste, coupe de sapins sur le terrain d'autrui : 3 mois de prison et 100 francs d'amende,[71] Émile Célestin, vagabondage : 6 mois de prison et 3 ans sous la surveillance de la haute police, Charles Antoine, vagabondage : 4 mois de prison et 5 ans sous la surveillance de la haute police,[72] Leriche, ivresse manifeste : 5 francs d'amende[73] et Joseph Clain, ivresse manifeste, coups et blessures envers un agent de la force publique dans l'exercice de ses fonctions : 1 an d'emprisonnement.[74]

En somme, le groupe de Réunionnais qui immigre en Nouvelle-Calédonie au dix-neuvième siècle est bien hétérogène, comprenant quelques riches planteurs mais beaucoup plus de travailleurs libres et engagés. Ce sont des Blancs, des Noirs, des Métis et des individus d'origine indienne. Les travailleurs viennent du groupe appelé les « petits Blancs » à la Réunion, ainsi que des groupes des individus métis, noirs et indiens. Ce sont ces gens, propriétaires et travailleurs, libres de mouvement et habitant aux alentours de Saint-Louis, qui auraient pu avoir des contacts avec le village de Saint-Louis et ainsi auraient pu jouer un rôle dans le développement du tayo.

Avant que je ne discute de cette théorie, il faut que je parle d'un autre groupe en provenance de la Réunion qui avait certainement des contacts avec les Kanak de Saint-Louis. Il s'agit du groupe des « coolies » amenés dans la colonie par les propriétaires sucriers réunionnais.

---

[71] *Le Moniteur de la Nouvelle-Calédonie,* le 4 septembre 1872, n° 676.
[72] *Le Moniteur de la Nouvelle-Calédonie,* le 12 mars 1873, n° 703.
[73] *Le Moniteur de la Nouvelle-Calédonie,* le 17 décembre 1873, n° 743.
[74] *Le Moniteur de la Nouvelle-Calédonie,* le 9 juin 1875, n° 820.

Chapitre 6

Les Coolies

Pour que l'industrie sucrière en Nouvelle-Calédonie fonctionne, les planteurs avaient besoin de main-d'œuvre expérimentée dans la culture de la canne à sucre. À la Réunion, depuis les années 1820, on engage des travailleurs en Inde pour répondre aux besoins de bras dans les plantations et les usines à sucre. À la fin de l'année 1830 3102 engagés d'origine indienne se trouvent à la Réunion. Le statut de ces travailleurs indiens est défini dans l'arrêté du 3 juillet 1829 qui « réglemente leurs conditions de recrutement : nourriture, entretien, logement et salaires » (Fuma, 1992, p. 108).

À cause de leur impopularité auprès des habitants de la Réunion, qui les perçoivent comme paresseux et qui, par ailleurs, ont tendance à les traiter comme des esclaves en les battant et en les privant de nourriture, la moitié de ces Indiens quittent l'île à la fin de leurs engagements. Ceux qui restent « deviennent porteurs d'eau, domestiques, artisans ou vagabonds » (Fuma, 1992, p. 116).

Toutefois, après l'abolition de l'esclavage en 1848, les planteurs ont grandement besoin de main-d'œuvre et ils se voient obligés de recruter des engagés en Inde. D'après Chaudenson, ces Indiens, appelés « Malabars » ou « Malbars » en créole, arriveront à la Réunion « en grand nombre durant toute la deuxième moitié du XIXe siècle » (1974, p. xix).

Ayant eu à leur service des coolies indiens à la Réunion, certains colons les amènent avec eux en Nouvelle-Calédonie, d'autres font venir des « bandes » d'Indiens peu de temps après leur arrivée. D'autres encore organisent des voyages de recrutement à la Réunion.

Les premiers Indiens arrivent en Nouvelle-Calédonie en 1863. Ce sont les engagés de M. Adam comprenant dix hommes, deux femmes et trois enfants. Ces Indiens sont engagés pour cinq ans.[1] Pierre Guillonneau a aussi débarqué des Indiens de la *Sibylle* en 1863 car il prête à Ferdinand Joubert « les Indiens qu'il a amenés avec lui de la Réunion » lors de l'ouverture de l'usine à sucre de ce dernier.[2]

---

[1] *Le Moniteur de la Nouvelle-Calédonie*, le 12 novembre 1865, n° 320.
[2] *Le Moniteur de la Nouvelle-Calédonie*, le 10 septembre 1865, n° 311.

En février 1864, le petit-fils de M. Adam, Arthur Duboisé, arrive dans la colonie avec quatre Indiens qui travailleront à la propriété Adam à Nimba.[3] Cette même année, huit « Indiens ou Africains » de la Réunion sont amenés dans la colonie par Nas de Tourris.[4] Je n'ai pas de renseignements concernant leur sort, mais ils resteront en Calédonie après le départ de Nas de Tourris en novembre 1864. En octobre 1864 M. Dercourt débarque douze engagés indiens du *Chevert*. Lui et ses engagés s'établissent aux alentours du chef-lieu.[5] Quelques mois plus tard, trente-sept « Malabars » arrivent sur la *Néréïde* avec Evenor de Greslan qui s'installera à Dumbéa avec son cousin Duboisé. En 1866, Ferdinand Joubert débarque huit Indiens (trois hommes, trois femmes et deux enfants) destinés à travailler à son usine à sucre à Koé.[6] En août de cette année François Louvet, un de ses employés sucriers, amène deux autres « Malabars » à Koé.[7] Le 13 janvier 1867 M. Guillonneau et les travailleurs indiens Sinatamby, Carpin, Ramassamy, Virassamy, Inassimoutou, Pougavanou, indienne et son enfant arrivent sur la *Bonite*.[8] Certains Réunionnais amènent leurs domestiques indiens et d'autres n'arrivent accompagnés que d'un ou deux travailleurs. En tout, une centaine d'engagés indiens arrivent avec leurs engagistes avant 1868. La plupart d'entre eux travailleront sur les plantations de canne à sucre à Dumbéa. Cependant, ce nombre ne sera pas suffisant pour faire marcher l'industrie sucrière de manière satisfaisante et les colons réclament plus de bras.

Le Gouverneur Guillain, dans une lettre datée du 1er septembre 1868 et adressée au Ministre de la Marine et des Colonies, demande plus de facilités à introduire des travailleurs indiens dans la colonie. « Plusieurs colons de la Réunion établis en Nouvelle-Calédonie m'ont adressé des demandes pour leur faciliter le recrutement de travailleurs indiens » écrit-il. Il ajoute que « la Nouvelle-Calédonie a besoin d'ouvriers sérieux de toutes catégories, et ne peut que se féliciter de l'introduction des indiens. » Par

---

[3] *Le Moniteur de la Nouvelle-Calédonie*, le 14 février 1864, n° 229.
[4] *Le Moniteur de la Nouvelle-Calédonie*, le 25 septembre 1864, n° 261.
[5] *Le Moniteur de la Nouvelle-Calédonie*, le 23 octobre 1864, n° 265.
[6] *Le Moniteur de la Nouvelle-Calédonie*, le 11 mars 1866, n° 337.
[7] *Le Moniteur de la Nouvelle-Calédonie*, le 19 août 1866, n° 360.
[8] *Le Moniteur de la Nouvelle-Calédonie*, le 20 janvier 1867, n° 382.

conséquent, il demande au Ministre « de vouloir bien donner des ordres aux commandants des navires relâchant à la Réunion avant de venir en Nouvelle-Calédonie, pour qu'ils prennent à leur bord les immigrants dont le passage leur serait demandé. » Il informe le Ministre qu'un propriétaire à Dumbéa, M. de Greslan, « est parti pour la Réunion afin d'opérer un semblable recrutement tant pour lui-même que pour divers propriétaires qui lui ont donné procuration. » [9]

Dans une lettre du 15 mars 1869 écrite en réponse à la dépêche du 7 décembre 1868 du Ministre de la Marine et des Colonies[10] dans laquelle le Ministre rappelle au Gouverneur Guillain qu'aux « termes de l'article 24e de la Convention [franco-britannique] du 1er juillet 1861,[11] l'immigration indienne est limitée aux colonies de la Martinique, de la Guadeloupe, de la Réunion et de la Guyane », Guillain fournit les renseignements demandés. Il écrit :

C'est depuis que la triste situation des affaires de cette colonie [c'est-à-dire la Réunion] a poussé à émigrer vers la nôtre quelques-uns de ses habitants, c'est-à-dire depuis 1863 que ce mouvement s'est créé. Le nombre des travailleurs qui, soit pour compléter un premier contrat de louage d'industrie inachevé, soit pour en remplir un nouveau consenti en vue même d'une émigration, sont ainsi arrivés en Nouvelle-Calédonie à la suite des colons de la Réunion, ne dépasse guère une centaine à ce jour.

Quant au rôle de l'Administration locale dans cette opération, il a été purement passif. Devant considérer ces immigrations comme régulières et régularisées par la Réunion, tant au point de vue du consentement préalable des travailleurs qu'à celui des exigences du traité franco-anglais, n'ayant d'ailleurs nulle qualité pour m'en

---

[9] CAOM FM SG NCL/173.
[10] CAOM FM SG NCL/173.
[11] Le texte de cette Convention se trouve aux Archives d'Outre-Mer (CAOM SG NCL/173) sous forme du « Décret impérial portant promulgation de la Convention conclue, le 1er juillet 1861, entre la France et la Grande-Bretagne, pour régler l'immigration des travailleurs indiens dans les Colonies françaises. » La Convention vise à protéger les droits des Indiens, en tant que sujets britanniques, engagés dans l'Inde par des agents français.

attribuer la surveillance et le contrôle, je me suis borné à les recevoir, sans avoir fait aucune démarche pour les attirer.[12]

Quant au rôle de l'Administration réunionnaise dans l'immigration indienne, le Gouverneur de cette colonie répond lui aussi à la dépêche du 7 décembre envoyée par le Ministre de la Marine et des Colonies en niant l'existence d'un recrutement organisé. Il écrit :

Il n'a jamais été question ici de recrutement d'Indiens pour la Nouvelle-Calédonie.

Quelques habitants de la Réunion ayant émigré en Calédonie pour y fonder des établissements agricoles m'ont, il est vrai, demandé d'être autorisés à emmener avec eux un certain nombre d'immigrants indiens, libres de tout engagement et qui ont consenti volontairement à suivre leurs anciens engagistes.

C'est dans ces conditions que MM. de Greslan et Duboisé ont été autorisé à embarquer sur la frégate la Néréide 35 Indiens. MM. Clain et Gillot l'Étang en ont emmené, le premier 10, le second 12, sur un bâtiment du Commerce. Enfin MM. Lacroix, Chef du service de Santé, Chazaren, Sous-Commissaire de la Marine, et le Président du Tribunal se sont procuré ici, chacun, un domestique indien.

En résumé, 60 Indiens sont partis depuis 1865 pour la Nouvelle-Calédonie, tous libres d'engagement et ayant volontairement consenti à se rendre dans cette Colonie.

Tel est, Monsieur le Ministre, le seul recrutement que se soit opéré ici pour notre Colonie Australienne. Je ne pense pas que la Convention de 1861 ait été violée, les immigrants dont il s'agit étant parfaitement libres et l'Administration locale n'étant intervenue que pour régulariser leur départ s'opérant d'ailleurs dans des conditions identiques à celles que prévoit la dépêche du 28 avril 1863, n° 202.[13]

Pourtant, en juin 1869, moins de six mois après l'écriture de cette lettre, MM. de Greslan, Denis et Lamarque embarquent 156 Indiens dont 16 femmes sur le *Merle-Blanc*. Selon le Gouverneur de

---

[12] CAOM FM SG NCL/173.
[13] Lettre datée du 18 janvier 1869. CAOM FM SG NCL/173.

la Réunion, tous ces immigrants sont « libres de tout engagement » et « ont consenti à suivre [ces habitants] dans notre Colonie du Pacifique. »[14] En contraste avec les embarquements précédents, la plupart de ces Indiens sont des sujets britanniques, un facteur qui provoquera une correspondance volumineuse entre l'Ambassadeur d'Angleterre en France, Lord Lyons, et les autorités françaises.

Concerné que la Nouvelle-Calédonie ne soit point au nombre des colonies auxquelles s'applique la Convention de 1861, Lord Lyons se pose la question de savoir « si le transport des coolies anglais y doit être approuvé tant que ceux-ci ne seront pas assurés de trouver dans cette île les garanties stipulées par l'acte de 1861. »[15]

Le Ministre de la Marine et des Colonies est de l'opinion que la question soulevée par Lyons tient à une fausse interprétation des faits. Il explique :

Les coolies recrutés à la Réunion à l'expiration des contrats passés à destination de cette colonie ne sont plus dans les conditions où ils ont été premièrement engagés dans les possessions anglaises. Ce sont des travailleurs libres qui, en vue d'améliorer leur sort et unis par des avantages qu'ils ont librement appréciés se déterminent à se rendre dans un pays où des conditions meilleures leur sont assurées. Les coolies indiens se trouvent alors dans les conditions de tout sujet Anglais auquel il conviendrait de transporter son activité dans un autre lieu. Ceux qui quitteront la Réunion jouiront en Nouvelle-Calédonie de la protection acquise à tous les immigrants qui se placent sous la protection de nos Lois et il ne semble pas nécessaire de faire intervenir, pour le cas de l'espèce, une convention qui n'a pas d'autre but que de mettre l'inexpérience des coolies indiens à l'abri de toute surprise. Les travailleurs qui ont terminé un engagement de cinq ans dans une colonie anglaise ou française ont pu librement apprécier les avantages et les inconvénients de ce genre de contrats et, si de leur plein mouvement ils le renouvellent ainsi qu'il a déjà été fait, je ne saurais y voir que l'usage régulier d'un droit que le gouvernement Britannique ne conteste à aucun de ses sujets. C'est ce qui a lieu notamment pour les

---

[14] Lettre datée du 2 juillet 1869. CAOM FM SG NCL/173.
[15] Lettre du Ministère des Affaires Étrangères à M. le Ministre de la Marine et des Colonies datée du 17 août 1869. CAOM FM SG NCL/173.

immigrants qui, après avoir rempli leur engagement de cinq ans à la Réunion contractent pour Maurice au lieu de réclamer leur rapatriement dans l'Inde. Lors des engagements qui ont été conclus, il y a un an, à la Réunion pour la Nouvelle-Calédonie, les coolies contractèrent avec l'assistance du Conseil Britannique qui put assurer que les conditions du contrat étaient parfaitement appréciées par les contractants. [. . .] Quant à la protection qu'ils doivent trouver dans la Nouvelle-Calédonie, elle sera aussi efficace que partout ailleurs, nos autorités locales ayant sous ce rapport, les instructions les plus précises, et étant animées du même esprit de justice et d'humanité.

Je crois, Monsieur le Ministre et Cher Collègue, qu'après les explications qui précèdent, Votre Excellence pensera comme moi, que la question doit être maintenue sur ce terrain.[16]

Entre-temps, en Nouvelle-Calédonie, le recensement de 1869 dont je reproduis dans le Tableau 7 témoigne de la présence de presque 300 travailleurs indiens et africains provenant de la Réunion. À l'époque, le terme « Asiatiques » est utilisé pour désigner les Indiens. Nous remarquons que dans cette population de travailleurs engagés, les hommes sont dominants, représentant 100 % des Africains et 83 % des Indiens.

Tableau 7 : Population océanienne, asiatique et africaine au 18 août 1869[17]

Océaniens	
Hommes au-dessous de 14 ans	22
Hommes au-dessus de 14 ans	530
Femmes au-dessous de 14 ans	0
Femmes au-dessus de 14 ans	11
Total	**563**
Africains	
Hommes au-dessous de 14 ans	0

---

[16] Lettre non-datée (mais écrite en 1870) du Ministre de la Marine et des Colonies à Son Excellence M. le Ministre E. Ollivier, Ministre de la Justice et des Cultes. CAOM FM SG NCL/173.
[17] CAOM FM SG NCL/172.

Hommes au-dessus de 14 ans	7
Femmes au-dessous de 14 ans	0
Femmes au-dessus de 14 ans	0
Total	**7**
Asiatiques	
Hommes au-dessous de 14 ans	14
Hommes au-dessus de 14 ans	238
Femmes au-dessous de 14 ans	7
Femmes au-dessus de 14 ans	28
Total	**287**

Le 26 août 1869, le Gouverneur Guillain décrit l'état de l'immigration des « travailleurs indigènes » dans un rapport adressé au Ministère de la Marine et des Colonies. À cette date, 28 Océaniens et 7 Asiatiques sont morts dans la colonie[18] et 158 Océaniens ont été rapatriés. Malgré la hausse dans les chiffres d'immigration, les colons ont toujours besoin de main-d'œuvre. Guillain expose la situation ainsi :

Le nombre des immigrants introduits ne correspond pas aux besoins toujours croissants de la colonie. L'immigration océanienne devient fort difficile, et la colonie aurait besoin, sous peu, que le bénéfice de la convention anglo-française lui fût étendu. Elle pourrait ainsi avoir de meilleurs travailleurs que ceux qui souvent sont ramassés sur le pavé de la Réunion et qui reviennent aussi cher (200 francs par homme pour le dernier convoi).

Les immigrants océaniens sont fréquemment malades, surtout de la poitrine : il ne faut pas compter en moyenne sur plus de 200 journées de travail par an. Les Asiatiques et Africains donnent une moyenne de 290 journées par an.

[. . .] Les engagements de travailleurs indigènes sont à peu près nuls : les Calédoniens se refusent à tout bien, et les propriétaires ne les emploient qu'à défaut d'autres, n'étant jamais sûrs de leur constance au travail.[19]

---

[18] Les registres d'État Civil du sud confirment que sept Indiens sont morts dans la colonie avant 1869.
[19] CAOM FM SG NCL/172.

Les travailleurs « ramassés sur le pavé de la Réunion » commencent à faire preuve d'une conduite qui ne pouvait pas être qualifiée d'exemplaire. En fait, afin de répondre aux plaintes des colons à propos des « désordres commis à Nouméa, particulièrement par les indiens de l'habitation de Nemba », le Secrétaire Colonial publie l'arrêté du 10 décembre 1869 prescrivant des mesures d'ordre pour les Indiens engagés chez les colons et propriétaires :

Aucun engagé indien ne pourra se rendre au Chef-lieu que porteur d'une permission écrite de son propriétaire, alors même qu'il y serait envoyé par le propriétaire lui-même.

Cette permission sera visée au bureau du Commissaire de police, à l'arrivée et au départ du porteur.

Les indiens engagés sur les habitations qui seront rencontrés en ville non munis de cette autorisation, seront emprisonnés au fort Constance jusqu'à ce que l'autorité supérieure ait fixé le temps qu'ils auront à passer sur l'établissement domanial de la Ferme-Modèle.

Le Commandant de la Gendarmerie et le Commissaire de police sont chargés de l'exécution du présent arrêté. [20]

L'efficacité de cet arrêté doit être mise en question, car tout au long des années 1870 les Indiens figurent souvent sous la rubrique de l'Administration de la Justice publiée dans *le Moniteur*. Du 1er janvier au 20 juin 1872, par exemple, nous trouvons les condamnations suivantes : Samy Nadin, rébellion envers des agents de la force publique : six jours de prison, Kichenin-Moutoussamy, vagabondage : quatre mois de prison et cinq ans sous la surveillance de la haute police, Mounigarou, vagabondage : quatre mois de prison et cinq ans sous la surveillance de la haute police, Ramin, vagabondage : trois mois de prison et cinq ans sous la surveillance de la haute police, Apassamy, soustraction frauduleuse : un an et un jour de prison et 23 francs d'amende, Sahary-Mounan, vagabondage : six mois de prison et dix ans sous la surveillance de la haute police, Arnassalon, vagabondage : un mois de prison, Carpin Sinar, vagabondage : six mois de prison et cinq ans sous la surveillance de la haute police et

---

[20] *Le Moniteur de la Nouvelle-Calédonie*, le 12 décembre 1869, n° 533.

Nalleyen, vagabondage : deux mois de prison.[21] D'autres crimes pour lesquels des Indiens sont condamnés comprennent le vol, l'ivresse manifeste, les coups et blessures et les outrages par paroles envers un agent dépositoire de la force publique.[22] Quoiqu'il y ait des arrestations, il est clair que l'arrêté n'empêche pas le mouvement des engagés de leurs habitations en ville.

La mauvaise conduite chez certains Indiens est peut-être provoquée par le fait qu'ils sont parfois maltraités par leurs employeurs. Certains engagistes forcent leurs coolies à travailler plus que l'on avait stipulé dans leurs contrats. D'autres ont recours à des punitions comme la privation de nourriture ou les châtiments corporels (cf. Roux, 1984, p. 5). Ce comportement brutal rappelle celui subi à l'île de la Réunion par les engagés indiens de la part de leurs engagistes planteurs. Jerry Delathière écrit que l'isolement, le climat inhospitalier et des contrats « souvent difficiles avec leurs employeurs et leurs contremaîtres sont à la source des nombreux problèmes que rencontrent ces travailleurs indiens dans la colonie » (2004a, p. 108). Il ajoute qu'en plus des châtiments corporels, souvent administrés par des contremaîtres tirés de la population des libérés du bagne n'ayant aucune connaissance du monde indien, « les salaires sont très aléatoires, les privations de nourriture fréquentes ce qui amène, parfois, des réactions désespérées de la part des 'coolies' indiens » (Delathière, 2004a, p. 108).

Cependant, en contraste avec le comportement irrégulier de certains de leurs compatriotes, quelques Indiens étaient déjà en 1869 des citoyens libres. Ayant terminé leur période d'engagement, ils cherchaient à s'établir dans la communauté en exerçant des métiers

---

[21] *Le Moniteur de la Nouvelle-Calédonie*, le 4 septembre 1872, n° 676.
[22] Dans une lettre du 1er octobre 1874 adressée aux membres des Conseils centraux de l'Œuvre de la propagation de la foi, Mgr Vitte, vicaire apostolique de la Nouvelle-Calédonie fait remarquer le mauvais comportement des « Malabars ». Selon lui, ils sont « presque tous [. . .] de la race dégradée et méprisée des parias ; ils sont ivrognes, débauchés, menteurs, voleurs et fanatiques » (cité *in* Ehrhart 1994b, p. 21). Leur penchant pour l'alcool a parfois des résultats tragiques comme dans le cas de Virin qui est mort chez M. de Greslan suite d'ivresse le 2 janvier 1882. Son acte de décès indique que « vers cinq heures du matin, Virin, âgé de 50 ans environ, originaire de Madras, filiation inconnue, avait été trouvé mort en dehors de la case qu'il habite chez Monsieur de Greslan. La mort attribuée à l'alcoolisme, paraissait remonter à la soirée du 1er janvier. » DPPC EC NCL/DUMBEA 1 (1875-1886).

divers. À titre d'exemple, *Le Moniteur* du 7-14 février 1869, n° 489-490, publie un *Avis* de la part de Ramona, Ciriapoulé et Sinna qui veulent prévenir « le public qu'ils ont installé un établissement de blanchisserie, à des prix modérés, rue Duquesne. »

Le nombre d'engagés indiens dans la colonie augmentera l'année suivante quand un groupe de Réunionnais dont Louis de Nas de Tourris est à la tête arrivera amenant « 15 ouvriers, 11 femmes, 17 enfants et 136 hommes malabars. »[23] Juste avant l'arrivée de deux autres contingents importants d'Indiens, le Gouverneur de la Nouvelle-Calédonie, de la Richerie, fait le bilan de l'immigration indienne en Nouvelle-Calédonie pour le Ministère de la Marine et des Colonies. Le 5 octobre 1874 il écrit :

Trois cent soixante-seize indiens ont émigré de la Réunion, de 1863 à 1870, en vertu d'engagements de travail contractés suivant la réglementation en vigueur dans cette Colonie pour venir en Nouvelle-Calédonie.

Les 376 immigrants se répartissent ainsi qu'il suit :
  Introduits de 1864 à 1869, par les sieurs Duboisé, Guillonneau, Beaucourt et de Greslan 77
  Introduits, en 1869, par M. de Greslan (à bord du Merle Blanc) 136
  Introduits en 1870 par M. de Tourris (à bord de l'Émile de Girondin) 163
                          Total .... 376[24]
  Sur ce nombre
  24 individus sont morts
  11 ont quitté volontairement la Colonie 35
  Restent présents 341

Ces indiens se trouvent dans de bonnes conditions matérielles et morales et paraissent se plaire dans la Colonie. Sur les 341

---

[23] *Le Moniteur de la Nouvelle-Calédonie*, le 6-13 mars 1870, n° 545-546. Plus tard dans l'année, plusieurs de ces Malabars se révolteront et tueront un contremaître brutal (cf. Roux, 1984, p. 5).
[24] Les chiffres cités par le Gouverneur diffèrent de ceux que nous trouvons dans d'autres documents où le nombre d'Indiens introduits par M. de Greslan en 1869 est de 156 et le nombre d'Indiens introduits par M. de Tourris en 1870 est de 136.

présents, vingt-sept vivent à leur compte, et ne sont soumis qu'aux lois générales du pays ; quelques-uns d'entr'eux sont possesseurs de petites propriétés. D'ailleurs, **169** sont natifs des territoires français de Pondichéry et de Karikal. Il ne resterait donc que **172** sujets britanniques.

En ce qui concerne la recommandation faite par votre Excellence, touchant l'institution à la Nouvelle-Calédonie d'une sorte de syndicat protecteur des immigrants dans le genre de celui qui existe à la Réunion et à Mayotte, la question est aujourd'hui résolue, par l'arrêté que j'ai signé le 2 mars dernier pour régler les conditions de l'introduction des travailleurs Asiatiques, Africains et Océaniens et le régime de leur protection dans la Colonie, acte dont la communication au Département a fait l'objet de ma lettre du 31 mars dernier.[25]

Ce chiffre ne comprend pas, pourtant, ni les groupes d'Indiens amenés par MM. Adam, Dercourt et Joubert ni les Indiens domestiques qui accompagnent leurs maîtres. En fait, un recensement de la population océanienne, asiatique et africaine existant dans la colonie au 15 juin 1870 constate qu'il y a 11 Africains et 445 Indiens dont 371 hommes, 38 femmes et 36 enfants de moins de 14 ans.[26]

En 1874, M. Casimir Boyer engage à la Réunion 81 adultes « libres de tout engagement dans la Colonie » et « tous pourvus d'un passeport du Consul d'Angleterre. » Il embarque ces Indiens sur l'*Anne-Marie* et ils partent pour la Nouvelle-Calédonie le 3 juin de cette année. Les brevets de ces engagés mentionnent « la clause expresse de rapatriement aux frais du dernier engagiste à l'expiration du contrat. » Une seconde expédition a lieu l'année suivante par le *Pactole*. MM. Alidor et Denis, colon à Saint-Louis, engagent 64 Indiens adultes et 13 enfants, « Ces engagements comme les précédents eurent lieu du consentement des Immigrants et, comme pour l'*Anne-Marie*, d'accord avec le Consul d'Angleterre à la Réunion. »[27] Tous les sujets britanniques, la plupart « amenés de Madras à la Réunion dans les conditions stipulées par la Convention

---

[25] CAOM FM SG NCL/173.
[26] CAOM FM SG NCL/28.
[27] Lettre du Gouverneur de la Réunion à Monsieur le Ministre du Commerce et des Colonies datée du 12 juin 1882. CAOM FM SG NCL/173.

de 1861 » sont engagés pour travailler en Nouvelle-Calédonie à l'expiration de leur engagement à la Réunion. Tous avaient donc passé au moins cinq ans dans la colonie de l'Océan Indien avant de se rendre dans celle du Pacifique.[28] Le convoi d'Indiens qui arrive sur le *Pactole* sera le dernier contingent de la Réunion à débarquer en Nouvelle-Calédonie. Vers la fin du siècle un groupe d'Indiens arrivera pour les travaux agricoles de la colonisation Feillet[29] et d'autres arriveront entre 1901 et 1902 des Indes françaises « pour travailler sur les mines de Nickel » (Roux, 1984, p. 9). Selon Jean-Claude Roux, la plupart de ces Indiens auraient regagné leur point de départ à la fin de leur contrat d'engagement (1984, p. 9). Étant donné leur arrivée tardive, le fait qu'ils ne proviennent pas de la Réunion et leur court séjour dans la colonie, ce groupe ne nous intéresse pas pour ce qui concerne la question d'une influence sur le développement du tayo. Ceux qui nous intéressent sont plutôt les Indiens en provenance de la Réunion qui débarquent dans la colonie entre 1863 et 1875. Ce sont ces Indiens, des travailleurs sucriers pour la plupart, qui auraient pu avoir un contact avec les Saint-Louis au moment où une nouvelle langue de contact se formait.

C'est justement cette partie de la population qui fera l'objet des plaintes qui mèneront à l'introduction d'un régime de travail pour les engagés dans la colonie. Le 14 mars 1874, le Secrétaire colonial, dans *le Bulletin agricole, commercial et industriel du 4ᵉ trimestre 1873*, fait un compte rendu de la population agricole et du régime de travail. Il décrit la situation ainsi :

La population agricole blanche, à l'exception du centre de Moindou, profite peu du mouvement de l'immigration. Les établissements sucriers ont leur personnel spécial, personnel d'engagés asiatiques et océaniens. Dans les environs de Nouméa, la main-d'œuvre est trop rémunérative pour que la terre y soit travaillée.

---

[28] Lettre du Ministre de la Marine et des Colonies adressée à Monsieur le Gouverneur de la Réunion datée du 21 avril 1882. CAOM FM SG NCL/173.
[29] Le nombre d'Indiens que Feillet fait venir vers la fin du dix-neuvième siècle n'est pas connu. Roux (1984, p. 9) cite quelques sources selon lesquelles le nombre serait de 500, mais il n'a pas pu trouver de précisions sur cette information. Delathière (2004a, p. 108) suggère que le nombre serait plutôt de 200.

Les engagés des exploitations rurales, en fin d'engagement, trouvent à s'employer ne serait-ce que comme manœuvres et à des prix très élevés, sur les chantiers de l'industrie. Aussi, la domesticité est difficile et a un prix excessif. La nécessité d'une législation sur le régime du travail des immigrants asiatiques et océaniens s'impose de plus en plus. [...] C'est sûrement là une question des plus graves, de vitalité de l'agriculture calédonienne et l'administration s'en occupe.[30]

En réponse aux demandes de plus en plus fréquentes de la part des colons-cultivateurs d'appliquer un régime de travail aux engagés, le Gouverneur promulgue le 26 mars 1874 *l'arrêté réglant les conditions de l'introduction des travailleurs asiatiques, africains et océaniens, et le régime de leur protection dans la colonie* qui adopte « des dispositions analogues à celles qui sont en vigueur dans les Antilles et à la Réunion, en tenant compte des circonstances et de la situation particulières du pays. » Il stipule que l'engagement ne pourra être consenti « pour une durée moindre de deux ans et au plus de cinq années. » En plus du salaire convenu, l'engagiste est tenu de fournir à l'engagé « 1. le logement et l'habillement ; 2. les aliments ; 3. les soins médicaux ; 4. le rapatriement ; 5. les frais d'inhumation et l'hospitalisation. » L'engagé, de sa part, doit travailler douze heures par jour en été et onze heures par jour en hiver. Il peut être envoyé aux ateliers de discipline « en cas d'insubordination habituelle et refus de travail » et s'il est trouvé hors du domicile sans « une justification suffisante de son absence » il sera reconduit chez son engagiste par les soins de l'autorité locale. À l'expiration de l'engagement, l'engagé a le choix de se rengager ou d'être rapatrié. Et, après « une suite d'engagements représentant au moins huit années consécutives de séjour et de travail dans la colonie, l'engagé pourra, après avoir renoncé au rapatriement, devenir résident libre. »[31]

Cet arrêté ne s'applique, bien entendu, qu'aux Indiens qui sont en 1874 toujours engagés. Certains jouissent déjà de leur liberté, exerçant de petits métiers tels que ceux de cuisinier, blanchisseur ou

---

[30] CAOM FM SG NCL/28.
[31] *Arrêté réglant les conditions de l'introduction des travailleurs asiatiques, africains et océaniens, et le régime de leur protection dans la colonie.* CAOM FM SG NCL/173.

jardinier et d'autres se retrouveront sans emploi dès que leurs employeurs auront commencé à abandonner la culture de la canne vers la fin des années 1870. Pour ceux qui sont d'origine réunionnaise ou issus des comptoirs français de l'Inde,[32] leur statut de citoyens français fait qu'ils sont soumis aux lois du pays. Pour les citoyens anglais, par contre, la situation est beaucoup plus difficile.[33] Delathière explique que les Indiens originaires des Indes anglaises :

sont alors soumis à de sévères restrictions, à des interdictions draconiennes : ils n'ont pas le droit de consommer de l'alcool ni même d'entrer dans un débit de boisson, n'ont pas le droit de détenir une arme, même pour la chasse (Delathière, 2004a, p. 111).

Dans une lettre du 30 octobre 1880, le Gouverneur Courbet informe le Consul de Sa Majesté Britannique qu'il y a « quelques indiens sujets anglais, qui ont renoncé à leur rapatriement pour bénéficier de l'article 75 de l'arrêté local du 26 mars 1874. »[34] À l'issue de leurs contrats, cependant, bon nombre des Indiens sujets britanniques quittent la colonie pour les îles Fidji ou le Queensland. Le 4 janvier 1879, par exemple, à bord du *Nymph*, 29 Malabars partent pour les îles Fidji.[35] Bien que nous ne trouvions pas beaucoup de mentions des départs de ces Indiens dans les « Mouvements du Port » publiés dans *Le Moniteur*, il semble que 148 Indiens des Indes anglaises soient partis pour les Fidji et l'Australie. Dans les *Procès-verbaux concernant l'immigration* du Conseil Général de la Nouvelle-Calédonie, Nouméa, 1885, p. 204, nous apprenons qu'au premier janvier 1884 :

les immigrants indiens étaient au nombre de 173, dont 26 femmes et 25 enfants. Tandis que l'Administration encourageait les bons travailleurs en les fixant au sol et en les attachant à la colonisation par des concessions de terres excellentes, elle se

---

[32] Les comptoirs français de l'Inde sont : Chandernagor, Yanaon, Karikal, Mahé et Pondichéry.
[33] D'après Roux (1984, p. 9), cette différence de droits politiques et publics entre les Indiens venant des territoires français et anglais n'existe que pendant la première génération.
[34] C'est-à-dire qu'ils ont choisi de devenir des résidents libres. CAOM FM SG NCL/173.
[35] *Le Moniteur de la Nouvelle-Calédonie*, le 8 janvier 1879, n° 1007.

débarrassait des mauvais sujets. Beaucoup s'embarquent pour les Fidji ; d'autres décédèrent en Nouvelle-Calédonie. En résumé, l'on peut dire que, sur 485 immigrants de cette catégorie, 164 sont morts, 148 ont quitté la colonie et que 173 sont encore parmi nous, régis par le droit commun.

Toutefois, il faut être prudent avec ces chiffres car, comme le suggère Delathière (2004a), le métissage chez les Indiens était rapide. Il est donc plus difficile de catégoriser les Indiens une fois entrés dans la population libre et surtout s'ils se marient avec des colons français, réunionnais ou autre.

Avec la destruction des plantations de cannes causée par les invasions de sauterelles, la sécheresse, les inondations et l'insurrection Kanak, les Indiens engagés chez les grands sucriers n'avaient plus de travail. Une partie de ces Indiens, ainsi que d'autres Indiens libres arrivés à la fin de leurs 8 années d'engagement, recevront de petites concessions de 6 à 7 hectares à la Plaine de Naïna, dès lors appelée la Plaine des Malabars, située près du centre de La Foa.[36] Selon Roux « 54 propriétaires se partagèrent les 81 lots de Naïna et 6 propriétaires ceux de Forêt Noire. Ainsi, ce sont 60 Indiens que nous trouvons installés à La Foa à partir de 1880 » (1984, p. 6). Quoique certains Indiens arrivent à faire produire leur lot de terre et restent à La Foa, la plupart échouent et abandonnent ou vendent leurs terres à des prix dérisoires à de riches spéculateurs.[37] D'autres n'ayant pas réussi à mettre en valeur leur lot dans le temps accordé (un an pour un lot de village, trois ans pour une concession rurale) se voient dépossédés de leurs terres (cf. Delathière, 2004a, p. 109).

Le 29 août 1882, le Gouverneur Courbet signe l'arrêté prononçant le retour au Domaine de plusieurs lots du village de La Foa :
Considérant qu'en donnant à titre gratuit des lots de village dans les centres créés près des postes de l'intérieur, l'Administration a pour but de grouper les colons et de hâter la formation desdits centres :

---

[36] Ces terres sont prises aux Kanak après l'insurrection de 1878 et sont donc « disponibles ».
[37] Selon Véronique Devambez-Armand la plupart des Indiens préfèrent « les petits métiers de Nouméa » au travail de la terre (1994, p. 210).

Considérant que divers Malabars, à qui des lots de La Foa ont été concédés depuis plus d'une année, n'ont encore fait aucune installation :
Vu l'arrêté du 11 mars 1881 ;
Sur la proposition du Directeur de l'Intérieur,
Le Conseil privé entendu,
Avons arrêté et arrêtons :
Art. 1er. Les lots du village de La Foa, désignés ci-après, font retour au Domaine :

No. 7 concédé à	Arsapin Sauraméni
- 8 -	Waëatiligon
- 9 -	Nakain
- 12 -	Augustin
- 18a -	Miniain Parsèrame
- 18b -	Inachounetou
- 19a -	Verasami-Condapin
- 19b -	Carpin-Alagapin
- 64 -	Zagona-Tehotac
- 65 -	Verasami Solakahoudaim
- 66 -	Anamalé
- 67 -	Pavadé-Pavavedi
- 68 -	Ramsaram
- 69 -	Raga-Mouniapain
- 70 -	Arnasalon Soupraïaïn
- 71 -	Saminadin Lazare

Art. 2. Le Directeur de l'Intérieur est chargé de l'exécution du présent arrêté, qui sera communiqué et enregistré partout où besoin sera.[38]

    Les Indiens qui quittent La Foa se dispersent dans la colonie. Certains vont sur la côte Est et trouvent des emplois dans les mines, d'autres cherchent à se faire employer dans les domaines d'élevage de la côte Ouest et encore d'autres s'installent à Nouméa pour travailler à l'usine de la Société Le Nickel (cf. Delathière, 2004a, p. 110). Il y a déjà des Malabars qui font des petits métiers résidant à la Vallée du Tir à Nouméa. Et d'autres, anciens travailleurs sucriers à

---

[38] *Le Moniteur de la Nouvelle-Calédonie*, le 30 août 1882, n° 1197.

Dumbéa, y resteront et y feront souche.

Que savons-nous des Malabars habitant le Sud de la Nouvelle-Calédonie ? Une analyse des registres d'État Civil pour les circonscriptions de Nouméa (1863-1899), Dumbéa (1875-1898), du Mont-d'Or (1879-1898) et de Païta (1870-1886) nous permet d'obtenir plus d'informations sur les Indiens qui avaient éventuellement des contacts avec les Kanak de Saint-Louis.

Un total de 142 Indiens sont mentionnés dans les registres d'État Civil de 1863 à 1899. Bien évidemment, ces chiffres ne peuvent nous donner qu'une indication de la population dans les circonscriptions du Sud. Comme je l'ai fait remarquer pour les Réunionnais, il y avait sûrement beaucoup plus de personnes qui n'ont pas eu l'occasion de figurer dans les registres d'État Civil pendant la période en question.

À Nouméa nous trouvons 63 personnes (44,4 %). Il y a 40 hommes dont 30 désignés comme « Indiens », 6 comme « Malabars » et 4 pour qui l'ethnie n'est pas indiquée. Il y a 16 femmes comprenant 10 « Indiennes », 4 « Malabars » et 2 pour qui l'ethnie n'est pas indiquée. La naissance de 7 enfants est aussi signalée. À Dumbéa nous trouvons presque le même nombre de personnes qu'au chef-lieu. Il y a un total de 62 personnes (43,7 %) comprenant 37 hommes (26 « Indiens », 4 « Malabars », 2 hommes désignés comme « Indiens » qui sont nés à la Réunion[39] et 5 pour qui l'ethnie n'est pas indiquée), 14 femmes dont 10 « Indiennes », 1 « Malabar », 1 « Indienne » née à la Réunion et 2 pour qui l'ethnie n'est pas indiquée. Il y a aussi 11 enfants nés à Dumbéa. Au Mont-d'Or il n'y a que 8 Indiens (5,6 %) qui sont mentionnés dans le registre d'État Civil. Il y a 5 hommes (3 « Malabars » et 2 pour qui l'ethnie n'est pas indiquée), 1 femme pour qui l'ethnie n'est pas indiquée et deux enfants. À Païta, il y a encore moins d'Indiens. Nous trouvons 5 personnes (3,5 %) dont 4 hommes (3 « Indiens » et 1 « Malabar » et 1 « Indienne ». Quatre personnes (2,8 %) dont 1 « Indien » et 3 « Indiennes » résidant à La Foa sont également mentionnés dans les registres d'État Civil pour Nouméa en 1886 et 1897. Nous remarquons qu'il y a nettement plus d'hommes (70,7 %) que de femmes (29,3 %).

---

[39] Toutes les personnes portant des noms indiens, mais qui sont désignées comme « Réunionnais » ou « Créoles réunionnais » sont comptées parmi les « Réunionnais » et non parmi les « Indiens ».

J'ai pris note du terme ethnique utilisé par les Officiers de l'État Civil pour voir s'il y avait un rapport entre l'utilisation du terme « Indien » ou « Malabar » par rapport au lieu de naissance. Je présente les données dans le Tableau 8.

Tableau 8 : Les lieux de naissance des personnes désignées comme « Indiens » ou « Malabars » dans les registres d'État Civil de Nouméa, Dumbéa, du Mont-d'Or et de Païta (1863-1899)

Indiens	
Lieu de naissance	Nombre de personnes
Inde	9
Madras	8
Nouvelle-Calédonie	5
Calcutta	4
Réunion	3
Pondichéry	3
Inde anglaise	1
Malabars	
Lieu de naissance	Nombre de personnes
Inde	1

Sur les 142 personnes, 89 ou 62,7 % sont désignées comme « Indiens » et 20 ou 14,1 % sont désignées comme « Malabars ». Le terme « Indien » est donc beaucoup plus courant que celui de « Malabar ». Pour tous ceux dont le lieu de naissance est indiqué, nous trouvons 33 Indiens et 1 Malabar. Nous constatons qu'il n'y a aucun rapport entre le lieu de naissance d'une personne et le terme ethnique qu'on lui attribue. Tout d'abord, le fait que quelqu'un est né « en Inde » ne nous apprend pas grand chose. Chez les Indiens il y en 9 qui sont nés dans l'Inde, 13 qui sont nés dans l'Inde anglaise (Madras et Calcutta) et 3 qui sont nés dans le comptoir français de Pondichéry. Il y en a 3 qui sont nés à la Réunion et 5 en Nouvelle-Calédonie. C'est un groupe qui est composé donc des individus d'ethnies diverses parlant des langues diverses.

Quant aux Malabars, dans la grande majorité des cas, le lieu de naissance n'est pas donné. Nous n'en trouvons qu'un « supposé né dans l'Inde ».[40] Cependant, il y en a d'autres qui sont eux aussi nés quelque part en Inde comme Amassy Virin dont l'acte de décès du 19 juillet 1866 nous apprend qu'« âgé de 40 ans, malabar, fils de Virin, arrivé à l'île de la Réunion le 14 juin 1849, sur le *Courrier de l'Inde*, inscrit à la matricule générale des gens de travail de ladite île sous le numéro 6495, engagé à Saint-Denis (Réunion), le 3 août 1863, pour cinq années au service du sieur Arthur Duboisé, est décédé dans ledit hôpital (militaire) aujourd'hui, à 8 heures 45 du matin. »[41] Le lieu de naissance des autres reste un mystère, mais je suppose que certains sont nés en Inde alors que d'autres sont nés à la Réunion.

La concentration de la population évolue dans le temps. De 1863 à 1880, nous trouvons plus d'Indiens habitant Dumbéa (51) que Nouméa (34). Au Mont-d'Or et à Païta, il y a 4 Indiens mentionnés dans les registres d'État Civil. Après l'échec de l'industrie sucrière, nous constatons un mouvement vers la ville. Il y a plus d'Indiens résidant à Nouméa (29) que dans les circonscriptions rurales. Toutefois, les Indiens sont toujours présents à Dumbéa (11), au Mont-d'Or (4), à Païta (1) et il y en a 4 qui habitent La Foa.

Cette évolution correspond à celle que nous constatons dans les types d'emploi exercés par les Indiens que je présente au Tableau 9. Avant la fin de 1880, le plus grand nombre des Indiens sont des travailleurs engagés. Après cette date il n'en reste qu'un seul qui, à sa mort en 1881, était l'engagé du Père Thomassin à La Conception. Un autre métier qui se révèle populaire de 1863 à 1880, surtout à Nouméa et à Païta, est celui de domestique. Toutefois, il semble que certains Indiens commencent à travailler comme hommes libres dès le début des années 1870. À Dumbéa, par exemple, nous trouvons un matelassier en 1872, un sucrier en 1876, un journalier en 1877 et un cultivateur en 1878. À Nouméa il y a un planton de la déportation en 1874. À partir de 1881, nous avons des cultivateurs à Nouméa, Dumbéa et au Mont-d'Or, plusieurs journaliers ainsi qu'un blanchisseur à Nouméa et un domestique et un jardinier à Dumbéa. Pendant la première période, la plupart des femmes, surtout celles qui habitent Dumbéa, sont des engagées. Il y a une domestique à Païta et

---

[40] DPPC EC NCL/DUMBEA/1 (1875-1886).
[41] DPPC EC NCL/NOUMEA/4 (1866).

deux femmes sans profession à Nouméa et à Dumbéa. Après 1881, la plupart des femmes sont sans profession. Il y a une domestique à Nouméa.

Tableau 9 : Métiers exercés par les Indiens (hommes et femmes) à Nouméa, Dumbéa, au Mont-d'Or et à Païta de 1863 à 1880 et de 1881 à 1899[42]

Nouméa		
Hommes		
Métier	No. qui l'exercent 1863-1880	No. qui l'exercent 1881-1899
Engagé	5	0
Domestique	5	0
Travailleur indien	1	0
Planton de la déportation	1	0
Journalier	0	4
Cultivateur	0	1
Blanchisseur	0	1
Sans profession	0	1
Femmes		
Métier	No. qui l'exercent 1863-1880	No. qui l'exercent 1881-1899
Engagée	1	0
Sans profession	2	5
Domestique	0	1
Dumbéa		
Hommes		
Métier	No. qui l'exercent 1863-1880	No. qui l'exercent 1881-1899
Engagé	9	0
Domestique	2	1
Travailleur indien	1	0
Matelassier	1	0
Sucrier	1	0
Journalier	1	0
Cultivateur	1	1
Jardinier	0	1

---

[42] On ne mentionne les métiers que de 66 Indiens sur les 142 recensés dans les registres d'État Civil.

Femmes		
Métier	No. qui l'exercent 1863-1880	No. qui l'exercent 1881-1899
Engagée	6	0
Sans profession	2	0

Le Mont-d'Or

Hommes		
Métier	No. qui l'exercent 1863-1880	No. qui l'exercent 1881-1899
Engagé	2	1
Cultivateur	1	1

Femmes		
Métier	No. qui l'exercent 1863-1880	No. qui l'exercent 1881-1899
Sans profession	0	2

Païta

Hommes		
Métier	No. qui l'exercent 1863-1880	No. qui l'exercent 1881-1899
Engagé	1	0
Domestique	2	0

Femmes		
Métier	No. qui l'exercent 1863-1880	No. qui l'exercent 1881-1899
Domestique	1	0

Une étude diachronique des noms de famille indiens telle que celle que j'ai faite pour les Réunionnais se révèle problématique dans la mesure où 40 % des Indiens recensés ne possèdent qu'un nom. Pour ceux qui ont deux noms, il est difficile de décerner le nom et le prénom, car les inscriptions sur les registres d'État Civil présentent des contradictions. Chez les Blancs, nous trouvons deux façons d'écrire les noms ; soit le prénom suivi par le nom (souvent en majuscules), soit le nom suivi d'une virgule et du prénom. Chez les Indiens, cette pratique est parfois employée, surtout quand la personne possède un prénom européen, par exemple Joséphine CAILAMÉE ou VALAÏDON, Joseph, mais la plupart du temps nous trouvons tout simplement deux noms écrits en majuscules sans virgule comme PANJANY NALLACARPIN, CANOSAMY NAGAPADÉATCHY ou MOUTIEN CAROUTAN. Ce qui rend les choses plus confuses, c'est que ces noms paraissent interchangeables. En 1873, par exemple, Moutrassy Moutivirin et Patchia déclarent la naissance de leur fils

Catan Moutrassy.[43] Un an plus tard, le même couple déclare la naissance d'une fille, Cinama Moutivirin.[44] Le premier enfant a Moutrassy comme nom de famille alors que le deuxième porte le nom de Moutivirin. Dans le cas des enfants nés de parents ou de mères célibataires ne possédant qu'un prénom, nous voyons la pratique, courante à la Réunion chez les Affranchis (cf. Nicole, 1996, p. 17), de transformer ce prénom en nom pour la génération suivante. Ainsi, Naigou CAMATCHI, fille naturelle de Camatchy, née en 1863 dans le périmètre de la Dumbéa prend le prénom de sa mère comme patronyme[45] et Govindama SAMY, fille de Samy, décédée à la Dumbéa le 4 décembre 1877 prend celui de son père comme nom de famille.[46] De plus, comme Roux l'a constaté dans les registres d'État Civil de La Foa, « les orthographes des patronymes sont souvent approximatives voire fantaisistes » (Roux, 1984, p. 7) ce qui rend la tâche de retrouver ces mêmes noms aujourd'hui plutôt difficile. Ajoutons à cela le fait qu'un grand nombre des Indiens qui restaient en Nouvelle-Calédonie se sont rapidement intégrés dans la population générale, perdant non seulement leur religion et leur culture mais aussi leurs patronymes. Delathière explique :

L'obligation d'intégration à laquelle a été soumise la communauté pour survivre l'a conduite à se soumettre, coûte que coûte, aux impératifs de la société coloniale néo-calédonienne. La pérennisation d'une culture, d'une langue, d'une religion dans un tel système de société sans concession a, bien vite, cédé la place à un impérieux besoin de survie, donc d'intégration à tout prix. Confrontés à des restrictions sévères, à des interdictions en tous genres, à un racisme latent, les pionniers Indiens n'eurent qu'un souci : l'intégration de leurs enfants dans la société néo-calédonienne. Seul un mariage, de préférence dans une autre ethnie, pouvait lever ces interdits, au moins pour leurs descendants. Le métissage est ainsi apparu comme une parade efficace à la marginalisation dont souffrait la communauté (Delathière, 2004a, p. 112).

---

[43] DPPC EC NCL/NOUMEA/9 (1873).
[44] DPPC EC NCL/NOUMEA/10 (1874).
[45] DPPC EC NCL/DUMBEA/1 (1875-1886).
[46] DPPC EC NCL/DUMBEA/1 (1875-1886).

Malgré ces inconvénients, j'ai réussi à trouver dans l'annuaire téléphonique de Nouvelle-Calédonie en 2005 quelques traces des Indiens pionniers que j'expose au Tableau 10.

Tableau 10 : Patronymes indiens recueillis dans les registres d'État Civil de Nouméa, Dumbéa, du Mont-d'Or et de Païta (1863-1899) qui se trouvent aussi dans l'annuaire téléphonique de Nouvelle-Calédonie en 2005 et les lieux de résidence en 2005 de ces familles

Noms de famille	Lieux de résidence en 2005
Arsapin	Boulouparis, Koumac, La Foa, Moindou, Nouméa, Païta, Thio
Kichenin	Le Mont Dore
Mariette	Nouméa
Parody/Parodi	Farino, Nouméa
Ramassamy	Le Mont Dore, Nouméa, Lifou
Rangassamy	Boulouparis, Bourail, Koumac, Nouméa, Pouebo, Poya
Toussaint	Le Mont Dore, Nouméa
Velayoudon	Bourail, Dumbéa, Nouméa
Viramoutoussamy	Le Mont Dore, Nouméa, Païta
Virapin-Apou	Nouméa
Virassamy	Houaïlou, Nouméa, Païta

Quoique cette liste soit courte, nous remarquons que presque toutes les familles maintiennent une présence dans le sud de la Nouvelle-Calédonie au Mont Dore, à Nouméa, Païta, Dumbéa ou Moindou.

Comme je l'ai déjà constaté, il y a beaucoup plus d'hommes que de femmes dans la communauté indienne. Par conséquent, en analysant les actes de naissance et de mariage je ne relève que 18 couples dont 11 mariés et 7 vivant en concubinage. Trois couples comprennent un(e) Indien(ne) et un(e) Réunionnais(e) et il y a 8 mères célibataires. Une enfant « naturelle », Gabrielle Virasamy née en 1897, sera reconnue le 29 janvier 1904 par son père Vaïtilingon Armandy, jardinier âgé de 30 ans.[47] Quant aux autres, l'identité du père reste « inconnu ». Parlant des Indiens de La Foa, quoique ses remarques semblent valides pour ceux des autres circonscriptions,

---

[47] DPPC EC NCL/Nouméa/33 (1897).

Roux soutient que si les Indiens de la première génération vivaient repliés sur eux-mêmes, « la deuxième génération s'ouvrit sur les milieux calédoniens, ce qui explique le large métissage actuel. Si un certain nombre resta officiellement célibataire, il y eut des concubinages assez nombreux parfois avec des Mélanésiens » (1984, p. 9). Il y aura également bon nombre de mariages ou d'unions avec la population blanche ce qui fait que beaucoup des descendants des pionniers indiens sont aujourd'hui des « authentiques 'caldoches' n'ayant plus qu'un patronyme indien (souvent affublé d'un prénom bien français, voire américain !) » (Delathière, 2004a, p. 113).

Les travailleurs engagés amenés en Nouvelle-Calédonie par les sucriers réunionnais sont donc, dans leur majorité, des coolies indiens. Néanmoins, dans le chapitre précédent, j'ai signalé que le groupe ne comprend pas que les Indiens. Nous trouvons des « Créoles » réunionnais, des petits Blancs ou des Métis, et des Noirs qui sont soit nés à la Réunion, soit d'origine africaine. Le Tableau 11, publié dans *Le Moniteur* en 1875, nous donne un aperçu de ce groupe assez méconnu dans l'histoire calédonienne. En énumérant les engagés déserteurs dans la colonie, le tableau témoigne de l'hétérogénéité ethnique de ces travailleurs. En fait, sur les 16 engagés déserteurs, nous repérons 7 Indiens, 6 Créoles, 1 Bourbon, 1 Cafre et 1 Malgache. En tant que déserteurs, certains fugitifs depuis un ou deux ans, je ne connais pas leur lieu de résidence. Vu le manque de bras dans la colonie, il est probable qu'ils ont trouvé un emploi chez d'autres colons. Peut-être se sont-ils rendus au chef-lieu ou sur les plantations sucrières des circonscriptions du sud ? Je ne peux pas répondre à cette question. Où qu'ils soient, ces déserteurs, ainsi que de nombreux autres qui entreront en vagabondage pendant les années 1870, sont libres de mouvement et auront donc la possibilité d'entrer en contact non seulement avec des colons du sud mais aussi peut-être avec les Kanak de Saint-Louis.

Tableau 11 : Les noms des engagés déserteurs avec leur signalement[48]

Noms des engagés	Caste	Signalement	Engagiste	Observations
Joseph Sitilingon	Indien	taille 1m690, âge 23 ans	De Tourris à la Ouaméni	En désertion depuis plusieurs mois.
Boudana Adrakan	Indien	taille 1m670, âge 24 ans, deux grains de verrette sur la bouche à droite	De Tourris à la Ouaméni	En désertion depuis plusieurs mois.
Antony Nayagom	Indien	Taille 1m643, âge 23 ans, un signe au coin du sourcil gauche	De Tourris à la Ouaméni	En désertion depuis plusieurs mois.
Perrianin Soupin	Indien	Taille 1m700, âge 37 ans, une cicatrice au milieu du front, une autre sur la joue gauche	De Tourris à la Ouaméni	En désertion depuis plusieurs mois.
Henri-Alexandre Lachaise	Créole	Âge 17 ans	De Tourris	
Fortuné-Henri Lachaise	Créole	Âge 20 ans	De Tourris	
Gasparin Larose	Créole	Âge 23 ans	De Tourris	
Pierre Antoine	Créole	Âge 22 ans	De Tourris	
Pierre Ély	Créole	Âge 23 ans	De Tourris	
Ernest Montroze	Créole	Âge 24 ans, taille : 1m600 ; il lui manque deux dents de	Boyer à Uaraï	

---

[48] *Le Moniteur de la Nouvelle-Calédonie*, le 8 décembre 1875, n° 846. Un supplément à cette liste est publié dans *Le Moniteur*, le 22 décembre 1875, n° 848, qui inclut Ernest Montroze. J'ai ajouté ses détails au Tableau 11. Le tableau original fait preuve de bien plus d'hétérogénéité chez les engagés et comprend 7 Néo-Hébridais, 2 Tanna, 2 Mallicollo, 1 Île Gilbert, 1 Île Mota, 1 Api et 1 Arabe.

Amboncanon	Indien	devant à la mâchoire supérieure Taille 1m590, âge 20 ans	De Tourris		Beau malabar aux traits fins.
Émile Célestin	Bourbon	Taille 1m632, âge 21 ans	Laurie, à Canala		En désertion du 8 avril 1875.
Tatapa	Indien	Taille 1m500, âge 30 ans, barbe bien fournie et noire	Higginson		Évadé au mois de juin 1874
Moutoussamy Ramsamy	Indien	Taille 1m500, âge 23 ans, une dent cassée devant à la mâchoire supérieure	Higginson		Évadé depuis le mois de décembre 1874.
Sahary	Cafre	Taille 1m600, figure très-noire	Jouhault		Évadé depuis le mois de mars 1874
Quiliviry	Malgache	Taille 1m700, figure grasse, bouche grande et lèvres très-épaisses, manque à la mâchoire inférieure six dents devant	Guérin		Évadé au mois d'avril 1873.

Habitant les circonscriptions du sud, nous trouvons des Créoles, tel que Toussaint Cologon, engagé de M. de Kervéguen, des Malgaches, tel qu'Antoine, engagé de M. de Tourris et des Africains comme Antoine, engagé au service de M. Evenor de Greslan, propriétaire sur la rivière Dumbéa. L'acte de décès d'Antoine indique que les contacts entre les engagés et les indigènes ne sont pas hors du commun :

Le 17 septembre 1868 [. . .] Antoine, âgé d'environ 30 ans, engagé au service de Monsieur Evenor de Greslan, propriétaire sur la rivière Dombéa, africain, de filiation inconnue, arrivé dans la colonie le 27 décembre 1865, est décédé dans une des cases du camp indigène, dont ils sont voisins, ce jourd'hui à deux heures du matin.[49]

Avant d'examiner cette question des contacts entre les Indiens, Créoles ou d'autres engagés ainsi que les petits Blancs et les colons réunionnais avec la population Kanak de Saint-Louis, faisons le résumé de l'immigration des coolies en Nouvelle-Calédonie.

J'estime qu'environ 600 coolies expérimentés de la Réunion, Indiens nés soit en Inde, soit à la Réunion, Créoles et Noirs, débarquent dans la colonie entre 1863 et 1875 pour aider les planteurs réunionnais dans l'établissement de l'industrie sucrière en Calédonie. Rassemblés dans la partie sud du pays dans les habitations sucrières de Dumbéa et du Mont-d'Or ainsi qu'au chef-lieu, les coolies y travaillent comme engagés jusqu'à ce que l'industrie fasse faillite vers la fin des années 1870. Peut-être à cause des mauvais traitements de la part de certains engagistes, un groupe de Malabars commence-t-il à créer des « désordres » et tombe dans le vagabondage, l'ivresse, le vol et même la violence. Des arrêtés sont proclamés afin de contrôler ces mauvais éléments de la population et c'était ce groupe d'Indiens que l'Administration encouragera à partir aux colonies anglaises voisines pendant les années 1880. Malgré la mauvaise réputation de certains de leurs compatriotes, d'autres coolies se mettent à travailler et à suivre un mode de vie régulier dans la colonie. Ils se marient ou vivent en concubinage et mettent au monde des enfants. Une fois les huit ans d'engagement terminés, ils cherchent à s'employer comme hommes libres, certains devenant propriétaires, et font souche en Nouvelle-Calédonie. La tentative d'installer une communauté d'Indiens à La Foa étant largement un échec,[50] la majorité des Indiens qui restent dans la colonie vers la fin du dix-neuvième siècle se retrouvent aux alentours de Nouméa ou dans les circonscriptions rurales du sud où ils exercent des petits métiers ou deviennent cultivateurs.

Quoique rapidement absorbés dans la population générale à la suite d'un métissage rapide, bon nombre d'engagés de la Réunion sont présents dans les environs de Saint-Louis à partir de 1863 jusqu'au

---

[49] DPPC EC NCL/Nouméa/5 (1867-1868).
[50] Quelques familles sont quand même restées à La Foa ou dans ses environs et leurs descendants y demeurent jusqu'à nos jours.

début des années 1880 (et certains y restent jusqu'aujourd'hui).[51] Qu'ils soient là et aient eu la possibilité d'entrer en contact avec les Kanak de Saint-Louis est sûr, mais pour que nous puissions imaginer un apport réunionnais au tayo, qu'il vienne des coolies ou des autres Réunionnais, il faut que nous parlions de la langue (ou des langues) que ces gens parlaient au dix-neuvième siècle. Étaient-ils locuteurs du créole réunionnais ou d'autre chose ?

---

[51] Dans l'annuaire téléphonique de Nouvelle-Calédonie en 2005, j'ai trouvé, par exemple, des Kichenin au Mont-Dore, des Ramassamy au Mont-Dore, des Velayoudon à Dumbéa, des Viramoutoussamy au Mont-Dore et des Maridas à Dumbéa et au Mont-Dore.

Chapitre 7

Le créole réunionnais en Nouvelle-Calédonie

La situation linguistique à la Réunion est l'une des plus complexes des îles créolophones. Il y existe aujourd'hui un continuum d'usages qui varie entre le français local, le créole dit « des Hauts » et le créole dit « des Bas ». Ce continuum est la conséquence des facteurs sociohistoriques et démographiques, ethniques et géographiques de l'île (cf. Corne, 1999, p. 69).

Pendant la deuxième moitié du dix-neuvième siècle, la période pendant laquelle les Réunionnais émigrent vers la Nouvelle-Calédonie, la situation linguistique était assez semblable à celle d'aujourd'hui. Le premier texte en créole, ou le précurseur de créole *« lete k i* French » comme Corne (1999, p. 71) le désigne, date d'au moins 1722, la phase de plantation ayant commencé en 1715.

Évoquant la thèse de Chaudenson concernant l'appropriation linguistique, c'est à partir de cette phase que la variété de français koinè que parlent les maîtres, influencée par le malgache pendant la première phase d'habitation,[1] se réduit en importance comme langue cible pour les nouveaux-venus. Chaudenson écrit :

Le phénomène essentiel est donc, on le comprend, **un passage à la puissance de l'approximation** *du français, une* **approximation au carré** *qui me paraît être le véritable moment et lieu de la créolisation :* **l'autonomisation de ce système approximatif** *par rapport au français (Chaudenson, 1992, p. 121, c'est lui qui souligne).*

---

[1] Au dix-septième siècle, La Réunion est colonisée par des Français accompagnés de Malgaches et quelques Indo-Portugais. Le métissage de la population est rapide. Le recensement de 1686 montre que la moitié de la population féminine est d'origine malgache et la plupart des enfants (92) sont issus des unions franco-malgaches ou franco-indiennes. On peut comparer ce chiffre à ceux des enfants français (33) et malgaches (26). Quand l'esclavage est introduit dans l'île entre 1674 et 1690, les Malgaches formeront la plus grande partie de la population servile (cf. Corne, 1999, p. 68).

L'importation à grande échelle d'esclaves bossales dont la société de plantation avait besoin a commencé à cette époque-là. Pendant que le nombre de nouveaux-venus augmente, le nombre d'Européens s'installant dans la colonie diminue. Le français local « se régionalise » vers les approximations des locuteurs créoles, c'est-à-dire, les esclaves nés dans l'île et ce sont les approximations de ces derniers que les nouveaux-venus prennent comme langue cible. À ce moment-là, le créole proprement dit commence à émerger.

Les « Grands Blancs » (ou maîtres)[2] deviennent bilingues en français réunionnais et créole grâce au rôle joué par des « nénènes » ou nourrices noires dans leur enfance et à la tradition de leur donner « un compagnon noir, toujours un peu plus âgé, qui est à la fois le compagnon de jeu et le protecteur » (Chaudenson, 1992, pp. 120-121).

Mais la population blanche ne se compose pas seulement de riches. Ajoutant à la complexité linguistique de la Réunion est le mouvement vers la prolétarisation d'une partie du groupe des Blancs au dix-huitième siècle. Victimes du manque de terres qu'a entraîné le développement économique et une population croissante, certains Blancs que l'on appellera par la suite les « Petits Blancs » ou les « Blancs des Hauts » se retirent aux Cirques, les régions élevées de l'île. Environ 30 000 Affranchis se joignent à eux après l'abolition de l'esclavage en 1848. Ce groupe est géographiquement isolé et constitue, dans la société qui évolue, « une forme de survivance d'un état antérieur car, après tout, ces blancs vivent encore, au début du XIXe siècle, comme leurs ancêtres le faisaient un siècle ou un siècle et demi avant » (Chaudenson, 1992, p. 110).

Leur isolement et leur marginalisation font que les Petits Blancs conservent dans le créole des Hauts « des formes initiales de français créolisé qui se sont d'autant plus maintenues au sein de ce groupe qu'elles demeuraient le seul marqueur social de ce qui avait été leur ancienne supériorité ethnique » (Chaudenson, 1992, p. 112). Selon Corne (1999, p. 70) les variétés du créole des Hauts sont plus proches du français sur le plan syntaxique que celles du créole des Bas.

---

[2] La population dite « blanche » comprend bon nombre d'individus métissés, car les fondateurs de la colonie ont des unions très souvent avec les femmes malgaches ou indo-portugaises. Le métissage est donc un phénomène très ancien et très profond.

Les restructurations (ou approximations selon Chaudenson) du vernaculaire de la part des bossales arrivant au dix-huitième siècle et des engagés indiens arrivant au dix-neuvième siècle ont fini par produire les variétés du créole des Bas qui se parlent sur le littoral réunionnais. Certaines de ces variétés diffèrent sensiblement du français formant donc les variétés basilectales du continuum créole.

Quant aux engagés indiens nés à la Réunion qui ont ensuite été amenés en Nouvelle-Calédonie, ils auraient eu, suivant leurs circonstances familiales, une des variétés du créole des Bas comme langue première (L1) ou langue seconde (L2). En ce qui concerne les autres, engagés dans l'Inde pour une période de cinq ans à la Réunion, ils auraient parlé une langue indienne, plus probablement le tamoul ou le hindi et auraient eu une compétence d'apprenant de langue seconde (L2) dans le créole afin de pouvoir comprendre et communiquer avec leurs contremaîtres créolophones. Cette compétence aurait varié selon l'individu et le temps qu'il avait passé dans l'île (certains avaient déjà complété deux ou trois engagements de cinq ans avant de partir pour la Calédonie).

Bien que certains Réunionnais soient sans doute bilingues (créole / français ou une langue indienne / créole), la plupart des immigrants, sinon tous, sont créolophones, qu'ils soient riches ou pauvres, Noirs, Blancs, Métis ou Indiens. Hollyman, parlant d'une influence éventuelle du réunionnais sur un pidgin français local, déclare : « Nous ne connaissons pas de référence à l'emploi d'un français créole par les Réunionnais ou les Malabares [sic], et les traces linguistiques qui restent sont en effet minimes » (2000, p. 33). Vu le nombre assez important de Réunionnais dans la colonie et la situation linguistique à la Réunion au dix-neuvième siècle, l'attestation de Hollyman semble peu fondée. Il basait ses assertions sur une connaissance très incomplète de l'histoire de l'immigration réunionnaise en Calédonie, ayant comme seule référence les quelques noms des grands planteurs cités par Brou (1973, 1980b) et Savoie (1922). Or, j'ai pu constater dans les chapitres précédents que la présence réunionnaise en Nouvelle-Calédonie au dix-neuvième siècle était non seulement beaucoup plus importante que les autres chercheurs l'avaient pensé, mais aussi très hétérogène, comprenant aussi bien des riches propriétaires terriens que des « Petits Blancs » et des engagés créoles, noirs, métis et malabars. Christiane Terrier-

Douyère nous apprend qu'en Calédonie le « paradoxe le plus frappant de cette période – l'intégration des métis en fonction de leur milieu culturel et non pas de leur couleur de peau – est parachevé par l'intégration progressive mais inéluctable au sein des 'Blancs' de groupes souvent 'colorés' : les Bourbonnais ou Réunionnais, les Indiens ou Malabars [. . .] » (1998, p. 378). Quoique rapidement absorbés dans la population blanche calédonienne, la plupart de ces immigrants auraient parlé créole en Nouvelle-Calédonie durant la période qui nous intéresse, c'est-à-dire de 1860 à 1900. Le témoignage de la petite-fille de Philippe et Marie-Alphonsine Douyère, immigrants réunionnais qui sont arrivés dans la colonie en 1875 à bord du *Pactole*, soutient cette affirmation. Elle se souvient des phrases en créole que laissait échapper sa grand-mère, spécialement, « quoique ça moi l'a fait à vous ».[3]

J'ai trouvé deux textes qui montrent bien que le créole réunionnais se parlait en Nouvelle-Calédonie au dix-neuvième siècle. L'un est un texte politique écrit par un Réunionnais blanc et l'autre représente le créole d'un engagé créole d'origine africaine. Le premier est un texte authentique, bien que son but soit satirique, voire moqueur, rédigé par Julien Bernier, un Réunionnais appartenant à la bourgeoisie. Dans ce texte, il s'adresse à un de ses compatriotes, Routier de Grandval, qui se présente en 1884 à l'élection d'un premier délégué calédonien au Conseil Supérieur des Colonies. Bernier, journaliste et directeur de la Ferme Modèle à Yahoué, soutient la candidature du Maire J.-B.-B. Dézarnaulds et il taquine Routier de Grandval dans cette « lettre » qu'il publie dans son journal. Grâce à d'autres lettres et articles que des planteurs Réunionnais tels que de Greslan et Duboisé font paraître dans *Le Moniteur*, nous savons que la plupart de ceux qui faisaient partie de la bourgeoise réunionnaise ou qui étaient propriétaires fonciers parlaient (ou au moins écrivaient) le français. Mais au dix-neuvième siècle, ces gens étaient bilingues, parlant selon toute probabilité le créole entre eux et avec leurs employés. Le texte de Bernier est un exemple de ce parler.

---

[3] Ces renseignements se trouvent sur le site web de la famille Douyère : http://origines.server101.com/Photos%20Nc.html

Le créole réunionnais de Julien Bernier[4]

Mon vié,

À cause vous blaguère comme ça ? Mi connais toutes créoles vantards mais comme vous mi l'a zamais vi. Quoi ça ? N'a pas longtemps encore vous l'étais gardien befs là-bas Poya ; vous l'avais un gros canon, que vous l'étais qui fait péter toute la zournée, parce que vous l'avais père (peur) canaques ; vous l'étais qui magine pas sèlement si Nouméa nana besoin Conseil municipal ; vous l'étais qui connais pas quoé ça un délégué ; et zord'hui, parce que vous l'a vi là-bas dex (deux), trois gros blancs qui l'a moque à vous, vi vient raconte à nous tous vos bagouts et vi crois que nous l'est assez bête pour gobe ça ? blaguère va !

Vi connais, hein ? vi nana l'ambition, hein ? vi content rôde, rôde dans l'élection, hein ? Petit place délégué là, vi crois que li l'est bon pour nous, et que nous l'est bon pour li ? Eh bien, acoute ça que mi dis à vous :

Na pas besoin faire vot' gros zabot comme ça avec nous. Reste tranquille dans vot' case ; allez garde vot' bef ; mêle pas de ça que vi connais pas faire. Tien bon vot' langue, sans ça vi gagne malher.

Ça même.

Traduction

Mon vieux,

Pourquoi est-ce que vous blaguez comme ça ? Je sais que tous les Créoles sont des vantards mais un comme vous je n'en ai jamais vu. Quoi ? Il n'y a pas très longtemps que vous étiez vacher à Poya ; vous aviez un gros canon que vous faisiez péter toute la journée parce que vous aviez peur des Kanak. Vous ne pensiez pas seulement si Nouméa a besoin d'un Conseil Municipal ; vous ne saviez pas ce que c'était un délégué et aujourd'hui, parce que vous avez vu là-bas deux ou trois gros blancs qui se sont moqués de vous, vous venez nous

---

[4] Ce texte a été reproduit par Clovis Savoie (1922, p. 226).

raconter toutes vos histoires et vous croyez que nous sommes assez bêtes pour les avaler ? Blagueur, va ! Vous savez, hein ? Vous avez de l'ambition, hein ? Vous êtes content de vous présenter à l'élection, hein ? Cette petite place de délégué, vous croyez que c'est bon pour nous et que nous sommes bons pour ça ? Eh bien, écoutez ce que je vous dis :
Vous n'avez pas besoin de faire votre grosse tête comme ça avec nous. Restez tranquille dans votre case : allez garder vos bœufs, ne vous mêlez pas de ce que vous ne savez pas faire. Tenez votre langue sinon il vous arrivera un malheur.
C'est comme ça.

Analyse

Une analyse linguistique du texte de Julien Bernier indique qu'il s'agit bel et bien d'une variété de créole réunionnais du dix-neuvième siècle.

Phonologie

Le texte contient des réalisations phonologiques qui sont compatibles avec celles que l'on trouve dans le créole réunionnais. Nous avons, par exemple, l'absence de la constrictive alvéolaire « j » qui est remplacée par « z » (*zamais, zournée, zord'hui*). Il y a aussi des réalisations phonologiques qui sont communes à tous les créoles français comme des formes désarrondies des voyelles arrondies du français : « i » (*vi* < vu), « é » (*befs* < bœufs) et « è » (*sèlement* < seulement, *père* < peur) (cf. Chaudenson, 2003, pp. 219-220).

Lexique

Du point de vue du lexique, le texte de Bernier a des lexèmes réunionnais tels que *gros zabot* « personne riche, personnage important » (Armand, 1987, p. 383), *case* « maison » (Armand, 1987, p. 156) et *gardien befs* « vacher » (Armand, 1987, p. 117). L'agglutination de la consonne initiale « l » dans *l'ambition* et *l'élection*, des mots empruntés du français, est aussi caractéristique du créole réunionnais dans lequel il y a tendance à donner à un nom une consonne initiale (Chaudenson, 1974, p. 349).[5] Bernier utilise également des lexèmes que nous trouvons dans tous les créoles français comme *connaître* pour « savoir », *tien bon* pour « tenir » et le verbe *rôder* pour « chercher ».

Grammaire

Le système grammatical de ce texte est bien celui d'une variété de créole réunionnais.

Système verbal

Bernier emploie les marqueurs préverbaux de temps que nous trouvons dans le créole réunionnais : *i* (présent / indice verbal), *l'a* « la » (passé perfectif) et *l'étais qui* « lete ki » (imparfait), par exemple :

(1)   *Mi*   *connais toutes*   *créoles vantards*
        1S + Prés.   savoir   tous   Créoles vantards
        « Je sais que tous les Créoles sont des vantards »

(2)   *vous*   *l'a*   *vi*   *là-bas*
        2S   P.Perf.   vu   là-bas
        « vous avez vu là-bas »

(3)   *vous*   *l'étais qui*   *connais*   *pas*   *quoé*   *ça*
        2S   Imparf.   savoir   Nég.   quoi   ça

        un   *délégué*
        Art. Indéf.   délégué
        « vous ne saviez pas ce que c'était un délégué »

Cette dernière construction (*lete ki*) forme la base du système des marqueurs préverbaux de temps en créole réunionnais. En fait le premier exemple écrit du créole réunionnais, « Moin la parti marron

---

[5] Ce trait est assez répandu dans les créoles français ainsi que dans le français des apprenants (Ehrhart, communication personnelle, le 4 août 2006).

parce qu'Alexis l'homme de jardin l'était qui fait à moin trop l'amour » (Je me suis enfuie parce qu'Alexis, le jardinier, me faisait trop souvent l'amour) contient cette construction montrant qu'elle s'emploie depuis au moins 1722 (cf. Corne, 1999, p. 71).[6] Qui plus est, Bernier utilise le marqueur causatif *fait* « fé » (cf. Armand, 1987, p. xxxiii) :

(4)   *vous*   *l'étais qui*   *fait*   *péter*   *toute*   *la*
      2S   Imparf.   Caus.   péter   toute   Art. Déf.

    zornée
    journée
    « vous faisiez péter toute la journée »

La copule *l'est / l'étais* « le / lete » est utilisée au présent et au passé tout comme le verbe « avoir » *nana, na pa* et *l'avais* « lave ». L'autre terme pour « avoir », *gagne*, s'emploie aussi :

(5)   *sans*   *ça*   *vi*   *gagne*   *malheur*
      sans   ça   2S + Ind. Verb.   avoir   malheur
    « sinon il vous arrivera un malheur »

Exprimant la nature itérative d'une action (cf. Chaudenson, 1974, p. 345), le créole réunionnais a recours à la réduplication du verbe. Le texte de Bernier contient un exemple de ce genre de réduplication avec le verbe *rôde* :

(6)   *vi*   *content*   *rôde*   *rôde*
      2S + Prés.   content   chercher   chercher

    dans   *l'élection*
    dans   élection
    « vous êtes content de vous présenter à l'élection »

---

[6] Dans cette phrase, *k* est le pronom relatif et *i* est le marqueur verbal (Corne, 1999, p. 71).

Articles

L'usage de l'article défini *la* (*la zornée*), l'article indéfini *un* (*un gros canon*) et l'article zéro comme dans (7) dans ce texte reflète l'usage dans le créole réunionnais :

(7) *Nouméa   nana   besoin   Ø   Conseil*
    Nouméa   avoir besoin   Ø Art. Indéf   Conseil

Municipal
Municipal
Nouméa a besoin d'un Conseil Municipal

Adjectifs possessifs

Bernier utilise *mon* et *vot'*, adjectifs possessifs du créole réunionnais (cf. Armand, 1987, p. 236).

Pronoms

Le système pronominal employé dans ce texte est compatible avec celui du créole réunionnais. Les pronoms sujets *mi*, *vous* et sa variante *vi*, *li* et *nous* sont tous attestés ainsi que les pronoms objets *à nous* et *à vous*.

Interrogatifs

Typique du créole réunionnais est l'emploi dans le texte de Bernier des constructions interrogatives *à cause* « pourquoi » et *quoi ça* « quoi / qu'est-ce que » (cf. Baggioni, 1987, pp. 18, 156).

Adjectifs

Bien que Bernier s'accorde certains adjectifs avec leurs sujets, par exemple *vantards* et, bizarrement, il utilise *toutes* pour parler d'un groupe qui est sans aucun doute masculin, il utilise également l'adjectif invariable *petit*. En créole réunionnais les adjectifs sont généralement invariables ne subissant aucun changement en genre et en nombre (cf. Chaudenson, 1974, p. 366) :

(8) petit place délégué-là
petite place délégué-Dém.
« Cette petite place de délégué »

En somme, étant donné le grand nombre d'éléments authentiques, ce texte fournit une bonne preuve que le créole réunionnais se parlait en Nouvelle-Calédonie à l'époque où le tayo se formait. Il indique aussi qu'il y avait suffisamment de locuteurs dans la colonie qui le comprenaient, sinon Bernier ne l'aurait jamais publié dans son journal.

Le texte de Baudoux

Mon deuxième texte, qui contient les paroles d'un coolie créole d'origine africaine, est un texte littéraire écrit en 1915 par l'écrivain calédonien Georges Baudoux. Quoique l'œuvre de Baudoux ne soit pas exempte des stéréotypes ou du paternalisme de son époque, elle est depuis longtemps reconnue pour sa valeur documentaire historique par des ethnologues tels que Lévy-Bruhl, Leenhardt et Lenormand, et par des historiens comme Bernard Brou.

Né à Paris en 1870, Baudoux arrive en Nouvelle-Calédonie à l'âge de quatre ans avec ses parents, son père ayant été affecté au poste de surveillant des déportés. Quittant l'école à douze ans, il trouve un emploi à l'imprimerie du *Moniteur de la Nouvelle-Calédonie* où il travaille comme vendeur de journaux et, après peu de temps, comme journaliste. À dix-sept ans, à la suite de la mort de son père, il emménage à Koné dans le nord du pays avec sa famille. Là-bas, il gagne son pain en tenant des emplois divers tels que pêcheur, stockman, mineur et prospecteur.

C'est dans la brousse calédonienne que Baudoux rencontre les personnes originales qui l'inspireront plus tard lorsqu'il commencera à écrire ses histoires calédoniennes.[7] Seulement Baudoux ne se

---

[7] Les personnages de Baudoux étaient soit des individus qui ont vraiment existé, soit un mélange de plusieurs personnes et Baudoux exploitait « un capital d'aventures vécues, d'observations personnelles, d'histoires entendues » (O'Reilly, 1950, p. 196).

contente pas de décrire ses personnages. Il les fait dialoguer, mettant en valeur des différents parlers calédoniens ; le français du bagne, les termes australiens des broussards, le bichelamar ou le pidgin français des Tonkinois (cf. Speedy, 2005). Selon son biographe le Père O'Reilly, Baudoux était capable « de faire revivre dans une conversation le vocabulaire, le style et l'intonation du personnage qu'il met en action » en utilisant une linguistique « si variée et si pittoresque » que celle-ci contribuait « pour une bonne part, à donner [à ses] récits [. . .] ce qui semble les marquer plus particulièrement : la couleur locale et leur accent de vérité » (O'Reilly, 1950, pp. 197-198). C'est avec ce talent de transcription que Baudoux parvient à produire une certaine authenticité linguistique du texte.

C'est dans l'une des premières nouvelles de Georges Baudoux, « Sauvages et Civilisés, Impressions de Nouvelle-Calédonie », restée inédite jusqu'en 1979, que nous trouvons l'histoire extraordinaire de Socrate, un Créole réunionnais marron dont les parents sont originaires de Mozambique, et qui habite dans un village Kanak de la brousse calédonienne. Histoire humoristique et satirique, elle prend la forme d'un récit d'explorateur et contient presque tous les stéréotypes à propos des Kanak qui existent depuis la publication des observations de Cook et de d'Entrecasteaux et qui ont été par la suite répandus dans la colonie dans les rapports des missionnaires et des gouverneurs. En plus des observations du narrateur blanc à propos des Kanak, Baudoux nous présente deux personnages « exotiques », un « maître-cook » tonkinois et Socrate, l'ex-coolie réunionnais. Comme il le fait pour ses personnages Kanak, Baudoux laisse ces « autres » s'exprimer dans leur propre langage, celui de Socrate étant, bien évidemment, le créole réunionnais.

Avant d'analyser la représentation littéraire de ce langage, il faut signaler que les détails concernant la vie de Socrate semblent tout à fait plausibles. Nous découvrons que Socrate arrive en Nouvelle-Calédonie avec « Messié de Tou'isse » (Monsieur de Tourris) comme engagé ou « coolie » pour planter la canne à sucre. À la Réunion, ses parents avaient été les esclaves de Monsieur de Kervéguen à Sainte-Suzanne. Ces informations sont correctes. Nous savons qu'en 1870 Louis de Nas de Tourris débarque dans la colonie avec un groupe de Réunionnais, y compris 15 ouvriers et 136 Malabars. Il est chargé d'établir une sucrerie à Ouaménie pour son financier M. Le Coat de

Kervéguen, riche planteur de Sainte-Suzanne. Socrate, était probablement l'un des ouvriers de ce groupe.

Peut-être à cause de l'échec de la plantation de M. de Kervéguen à Ouaménie à la suite de l'insurrection Kanak de 1878, Socrate devient-il « un nègre marron, comme autrefois ses ancêtres à la Réunion » (Baudoux, 1979, p. 285). Il partage son temps entre les Européens « chapardant par-ci, par-là » et les Kanak « dans un doux farniente ». En vieillissant, « il s'était définitivement fixé dans cette tribu, où il pensait s'éteindre tout doucement, le plus tard possible » (Baudoux, 1979, p. 285).

Nous constatons que le langage de Socrate se différencie beaucoup de celui des Kanak ou de celui des personnages blancs dans la nouvelle. Tandis qu'il ne faut pas oublier qu'il s'agit d'un texte littéraire et que, par conséquent, il faut s'attendre à quelques inexactitudes ou stéréotypes, nous remarquons que le langage de Socrate est une représentation assez juste d'un créole réunionnais, une variété du créole des Bas, du dix-neuvième siècle.

Le créole réunionnais de Socrate[8]

Ou toué! mi pé lévé la tête. Zé suis in kouéole né natif la Ouéunion. Papa, maman li vbéni Mozambique, négues Messié Ké'véguen, Sainte-Suzanne, zé vini ici 'vec Messié de Tou'isse pou' planter la canne. [...]

Ça Messié, z'affaires cabri n'a pas z'affaires mouton, çaquin débrouille son kari comme i vé. [...] Mi l'es poli même, zé dis à 'ous! - Pauv'mound n'a pas gagne ç'ance; moi pauv'mâtin, moi commence vié, besoin reposer 'vec z'amis. Canaques l'est bons même. [...]

Ou toué! coute in pé! z'aut's coné Guinesonne? ça malin bougue, bougue l'est maudit, l'est malin même. Moi nana la mine d'or à Pouébo, lui couyonna moé. Ça grand messié l'est ric'e. Il nana fortine; mi l'est ruiné, mi l'est mortifié, mi n'a pli couraze, mi l'est fouti! Pauv'Socrate n'a pli moyen faire grand Messié, li malhéré, li veni la tribu, 'vec Canaques. [...]

---

[8] Baudoux (1979, pp. 284-287). Texte reproduit avec la permission de la Société d'Études Historiques de la Nouvelle-Calédonie. Pour une traduction littéraire vers un créole anglais, voir Speedy (2003).

Li blaguère com'là, li sauvé la mission, li trotte vient ici 'vec popinée, popinée l'est zeune. Li volé popinée, 'ous y conné, popinée bonne sère. - Curé l'est firiés. [...]
Mon z'ami, couillonne pas don ! Blancs l'est malins, l'est fins. Li conné 'ous l'est in zomme com'zautes. [...]
Quoi ça 'ous ! dit ? Mi l'est condamné, mi l'entends pas, mi vois pas clair, 'ous i crois mi l'est citrouille maffe, Socrate l'est pas mentère, cré mâtin ! Li vi popinée nana rob'blée. - Guète un pé don' ! 'ous y ramasse quoi ça mi perds. Socrate l'est pas bête.

Traduction

Hé ! Je peux porter la tête haute. Je suis un Créole, né à la Réunion. Mes parents sont venus de Mozambique. Ils étaient les esclaves de Monsieur de Kervéguen de Sainte-Suzanne. Je suis venu ici avec Monsieur de Tourris pour planter la canne à sucre. [...]

Monsieur, les affaires des uns ne sont pas les affaires des autres, chacun se tire d'affaire. Je suis très poli, je vous dis ! Pauvre type n'a jamais eu de chance. Moi, je suis un pauvre mâtin, je commence à vieillir, j'ai besoin de me reposer avec mes amis. Les Kanak sont très bons. [...]

Hé, toi ! Écoute un peu. Vous connaissez Guinesonne ? C'est un malin bougre, un bougre maudit, il est très malin. J'avais la mine d'or à Pouébo, il m'a couillonné. C'est un grand Monsieur, il est riche. Il est fortuné. Moi, je suis ruiné, je suis mortifié, je n'ai plus de courage, je suis foutu ! Pauvre Socrate ne peut plus se faire un grand Monsieur, il est malheureux, il est venu à la tribu avec les Kanak. [...]

C'est un blagueur celui-là, il s'est sauvé de la mission, il a couru jusqu'ici avec une popinée, une jeune popinée.[9] Il avait volé la popinée, vous savez, la popinée était une bonne sœur – Le curé était furieux ! [...]

Mon ami, ne les couillonne pas ! Les Blancs sont malins et fins. Ils savent que vous êtes un homme comme les autres. [...]

Qu'est-ce que vous dites ? Je suis condamné, je n'entends pas, je ne vois pas clair, vous pensez que je suis une citrouille blette,

---

[9] « Une popinée » en français calédonien est une femme Kanak.

Socrate n'est pas un menteur ! Il a vu la popinée vêtue d'une robe bleue. Regarde un peu ! Vous ramassez ce que je perds. Socrate n'est pas bête.

Analyse

Phonologie

La réalisation phonologique du créole de Socrate correspond, en gros, avec celle du créole réunionnais (cf. Papen, 1978, pp. 100-101, Corne, 1999, pp. 70, 77, Carayol, 1977, pp. 39, 385). Il utilise le « r » faible dans *kouéole* et *Ouéunion* et, comme dans le créole de Bernier, nous remarquons l'absence de la constrictive alvéolaire « j » qui est remplacée par « z » (*zamais, zeune*). Il prononce le « ch » français comme « s » (*çaquin*). La voyelle arrondie en français « y » se prononce « i » donnant *fouti* < foutu, *fortine* < fortuné et *vi* < vu et la voyelle arrondie « ø » se prononce « é » : *malhéré* < malheureux.

Lexique

Le lexique contient des lexèmes typiques des créoles français comme *bougue, monde* et *cabri*, par exemple ainsi que ceux qui sont plus spécifiquement réunionnais comme l'adjectif *maffe* (blet), d'origine malgache (cf. Chaudenson, 1974, pp. 509-510). Socrate emploie deux proverbes propres au créole réunionnais, le premier ayant passé par la suite dans le français calédonien[10] :

(9) *z'affaires*   *cabri*   *n'a*   *pas*   *z'affaires*
     affaires   chèvre   avoir   Nég.   affaires

   mouton
   mouton

   « Les affaires des uns ne sont pas les affaires des autres »

---

[10] Une variante de ce proverbe est attestée en 1865 en Nouvelle-Calédonie dans le journal *Le Moniteur*. L'auteur de l'article « Exagérations anti-patriotiques », dans lequel nous le trouvons, admoneste la presse réunionnaise pour avoir critiqué la Nouvelle-Calédonie. Il écrit : "z'affaire à cabri regarde pas mouton" (*Le Moniteur de la Nouvelle-Calédonie*, le 31 décembre 1865, n° 327). De plus, Hollyman affirme l'avoir entendu à Nouméa en 1962 et le décrit comme un « dicton malabar passé dans le français local » (2000, p. 54).

(10) çaquin   débrouille   son   kari
    chacun   débrouiller Ad.Poss. cari

    comme   i   vé
    Comme   Ind. Verb.   veut
    « Chacun se tire d'affaire »

D'autres traits comme l'agglutination de l'article au nom (*zomme*, *z'ami*, *z'affaires*), l'utilisation de *connaître* pour « savoir » et l'emploi du verbe *couillonner* sont aussi caractéristiques des créoles français, y compris le réunionnais (Chaudenson, 1994, p. 133).

Grammaire

Sur le plan grammatical, nous constatons bon nombre de traits communs entre le créole de Socrate et le créole réunionnais.

Copule

En créole réunionnais, la copule (absente dans d'autres créoles français) est *le* ou parfois *la* (Corne, 1999, p. 81). Socrate utilise fréquemment cette copule qui est transcrite *l'es* ou *l'est* :

(11) *Blancs*   *l'est*   *malins*
     Blancs   Cop.   malins
     « Les Blancs sont malins »

(12) *Socrate*   *l'est*   *pas*   *mentère*
     Socrate   Cop.   Nég.   menteur
     « Socrate n'est pas un menteur »

Il a aussi l'occasion d'employer une copule zéro, particulièrement quand il s'agit d'une construction adjectivale, mais comme nous voyons dans (11) ceci n'est pas toujours le cas :

(13) li   Ø   malhéré
     3S   Ø Cop.   malheureux
     « Il est malheureux »

Socrate emploie également le verbe « avoir », utilisant sa forme longue : *nana*, ainsi que sa forme courte dans le négatif *n'a pas*.

Marqueurs préverbaux

À la différence du texte de Bernier, le créole de Socrate ne contient aucun des marqueurs préverbaux de temps sauf *i*, l'indice verbal ou le marqueur du temps présent :

(14)   '*ous*   *i*   *crois*   *mi*   *l'est*   *citrouille*
       2S   Prés.   croire   1S + Prés.   Cop.   citrouille

maffe
blette
« vous pensez que je suis une citrouille blette »[11]

(15)   '*ous*   *y*   *ramasse*   *quoi ça*   *mi*
       2S   Prés.   ramasser   quoi   1S + Prés.

perds
perdre
« vous ramassez ce que je perds »

Constructions consécutives

Les constructions dites « consécutives », typiques des créoles de l'Océan Indien (cf. Corne, 1999, p. 85), font partie du parler de Socrate :

(16)   *Li*   *blaguère*   *com'là,*   *li*   *sauvé*
       3S   blagueur   homme. Dém.   3S   sauver

       la   *mission,*   *li*   *trotte*   *vient*   *ici*
       Art. Déf.   mission   3S   trotter   venir   ici

       '*vec*   *popinée...*[12]

---

[11] Une traduction moins littérale est : « vous pensez que je suis bête / gaga ».

avec popinée…
« C'est un blagueur celui-là, il s'est sauvé de la mission, il a couru jusqu'ici avec une popinée… »

On peut comparer cette phrase avec l'exemple donné par Corne (1999, p. 89) pour le créole réunionnais :

(17)   *Li*   *sava,*   *li*   *trape*   *son*   *zé*   *de*
        3S   aller,   3S   prendre Poss.   jeu   de

kart
carte
« Il va, il prend son jeu de cartes »

Impératif

L'impératif de Socrate (18), (19) est identique à celui utilisé par les Réunionnais blancs dans un texte de Focard de 1880 (20) (cité *in* Corne, 1999, p. 75) :

(18)   *Couillonne*   *pas*   *don !*
        Couillonne   Nég.   donc !
        « Ne [les] couillonne pas ! »

(19)   *Guète*   *un*   *pé*   *don !*
        Regarde   Art. Indéf.   peu   donc !
        « Regarde un peu ! »

(20)   *Dis*   *pas,*   *don*
        Dis   Nég   donc
        « Ne dis pas »

Même

---

[12] Il faut signaler que *com* que j'ai traduit par « homme » n'existe pas en créole réunionnais. Toutefois, il semble la traduction la plus logique selon le contexte. Le terme *komi*, qui veut dire « employé » ou « subalterne » existe en créole réunionnais et il est possible que *com'là* vienne de ce mot.

Pour indiquer un haut degré, l'adverbe *même* est postposé à un adjectif en réunionnais (Chaudenson, 1974, p. 368) :

(21)   li   lé   kuyõ   mèm
       3S   Cop.   stupide   même
       « il est extrêmement stupide »

Socrate emploie *même* aussi pour indiquer un haut degré :
(22)   Mi   *l'es*   poli   même
       1S + Prés.   Cop.   poli   même
       « Je suis très poli »

Articles

       Le créole réunionnais contient des articles définis et indéfinis et, quand il n'y a pas d'ambiguïté possible dans la phrase ou quand le nom est complément, un « degré zéro » ou article zéro est fréquent (Papen, 1978, p. 272, Chaudenson, 1974, pp. 355-358). Socrate utilise l'article défini *la* : *la tête, la mine, la canne* etc., l'article indéfini *in* : *in zomme, in peu* et l'article zéro dans (23) :

(23)   moi   Ø   Ø   pauv'   mâtin
       1S   Ø Cop.   Ø Art. Indéf.   pauvre   mâtin
       « je suis un pauvre mâtin »

Par contre, Socrate n'emploie ni l'article défini *le*, ni le marqueur de pluriel *ban*.

Possessif

       Dans le créole des Réunionnais noirs nés dans l'île rapporté par Focard en 1880 (cité *in* Corne, 1999, p. 76), nous constatons qu'ils n'utilisent pas les marqueurs de possession *à* ou *de* :

(24)   *N'a pas*   rive   malhère,   inque   le
       Avoir Nég.   arriver   malheur,   que   Art. Déf

       cien   Ø   tantine   l'a   crévé
       chien   Ø Poss.   tante   P.Perf.   crever
       « Il n'y a pas eu de malheur, rien que le chien de ma tante qui a crevé »

Socrate, comme ses confrères à la Réunion, préfère la juxtaposition :

(25) Papa, maman ... négues   Ø   Messié
      Papa, maman ... esclaves   Ø Poss.   Monsieur
      Ké'véguen
      Kervéguen
      « Mes parents étaient les esclaves de Monsieur de Kervéguen »

Cependant, il utilise les adjectifs possessifs réunionnais *mon* et *son* dans *Mon z'ami* et *son kari*.

Pronoms

Les pronoms de Socrate sont un peu problématiques. Tandis qu'il emploie des pronoms tout à fait corrects tels que *moi* (mwen) et *mi* (m + i), il dit parfois *zé* pour la première personne du singulier, forme qui n'existe point en réunionnais. De plus, il substitue de temps en temps *lui* pour *li* et il a même l'occasion de dire *il*, un pronom bien évidemment français. Bien qu'il utilise correctement le pronom objet à la deuxième personne du singulier *à 'ous* et le pronom sujet à la troisième personne du pluriel *z'auts*, il remplace ce dernier par *li* dans la phrase « Papa, maman li vbéni Mozambique », ce qui ne concorde pas avec l'usage réunionnais (v. Corne, 1999, p. 79).

Les traits non-réunionnais dans le créole de Socrate

Malgré toutes les ressemblances à un créole réunionnais « authentique », le parler de Socrate révèle certains éléments qui sonnent faux. D'abord, mis à part le *i*, il n'utilise pas de marqueurs préverbaux de temps. Il exprime le passé, par exemple, en se servant de lexèmes qui ressemblent aux participes passés en français. Ses phrases sont simples, sans propositions relatives ou autres tournures complexes de ce genre. Il emploie le terme *vek* qui n'existe pas en réunionnais – on emploie soit « avek », soit « ek » (Cellier, 1995, p. 106). Et dans la représentation du son « v » par « vb », nous voyons un énoncé stéréotypé.[13]

---

[13] Il est aussi possible que le parler des parents de Socrates, anciens esclaves mozambicains de M. de Kervéguen, ait laissé une trace dans celui de leur fils.

Résumé

En dépit de ces quelques départs vers des tournures stéréotypées et des inexactitudes, la plupart étant probablement effets littéraires, le créole de Socrate contient suffisamment de traits authentiques sur le plan phonologique, lexical et grammatical pour que nous puissions l'accepter comme une représentation du créole réunionnais parlé par certains des immigrants réunionnais au dix-neuvième siècle. En plus de l'apparente légitimité de son créole, très difficile à inventer sans avoir de modèle, l'histoire de la vie de Socrate semble crédible. Il est tout à fait probable que Baudoux a rencontré Socrate, ou quelqu'un comme lui, dans la brousse calédonienne.

Ayant établi à partir des deux textes de Bernier et de Baudoux que le créole réunionnais se parlait en Nouvelle-Calédonie au dix-neuvième siècle et que la grande majorité d'immigrants réunionnais, gros colons, petits Blancs, Noirs, Métis et Indiens, étaient créolophones (L1 ou L2), j'examinerai, dans le chapitre à suivre, la possibilité d'un contact entre ces créolophones et les Kanak de Saint-Louis au moment où le tayo se formait. Est-ce que le créole réunionnais a pu fournir un apport au tayo ?

Mission de Saint-Louis
Dessein de E. Dardoize d'après l'album de M. le lieutenant Testard
Image reproduite avec l'aimable autorisation de Bernard Brou.

Le Pont-des-Français en 1869
Le Service des Archives de Nouvelle-Calédonie

Album Robin-De Greslan, cote 1, Num 1-22

La plus ancienne photo de l'église de Saint-Louis prise probablement en 1868
Archives de l'archevêché
Image reproduite avec l'aimable autorisation de Bernard Brou.

**Sœur Marie-de-la-Croix et ses filles en 1875 à Saint-Louis :
le groupe des premières internes**
Image reproduite avec l'aimable autorisation de B. Brou.

Saint-Louis : la première école internat en maçonnerie
Archives de l'archevêché
Image reproduite avec l'aimable autorisation de Bernard Brou.

Vue de la ferme-modèle d'Yahoué
Dessein de E. Dardoize d'après une photographie de M. Evenor de Greslan
Image reproduite avec l'aimable autorisation de Bernard Brou.

Entrepôt de Koé 1879
Construit par l'administration pénitentiaire après la vente des anciennes terres Joubert.
Le Service des Archives de Nouvelle-Calédonie
Album Marchand, cote 2, Num 8-13

Chapitre 8

Contacts entre les Réunionnais et les Kanak de Saint-Louis

Les arguments contre un contact entre les immigrants réunionnais et les Kanak de Saint-Louis (c'est-à-dire que les Réunionnais se composaient d'un groupe d'une cinquantaine de riches planteurs et leurs Malabars qui, pour la plupart, habitaient trop loin de la Mission et qui sont partis aussitôt que l'industrie sucrière a fait faillite) se basent sur une méconnaissance de l'histoire de l'immigration réunionnaise au dix-neuvième siècle.

Mon étude sociohistorique de l'immigration réunionnaise en Nouvelle-Calédonie nous permet de mieux comprendre la nature hétérogène de cette population immigrante ainsi que son importance numérique et sociale dans le sud calédonien au dix-neuvième siècle. Le groupe de Réunionnais qui débarque dans la colonie ne se compose pas seulement de grands propriétaires terriens et de leurs coolies malabars comme le supposaient les historiens et certains linguistes et créolistes. Certes, le groupe de « grands Blancs », étant donné son importance sur le plan technique dans le domaine de l'agriculture, tout particulièrement dans la culture et la production de la canne à sucre, et son rôle significatif dans la vie administrative et sociale de la colonie, est celui qui figure le plus souvent dans les documents officiels et la presse locale. Néanmoins, beaucoup plus d'immigrants en provenance de la Réunion ne pouvaient pas être catégorisés parmi les propriétaires fonciers prospères. En effet, il s'agissait plutôt des « divers groupes sociaux coexistants : affranchis, petits Blancs et travailleurs étrangers » qui, pendant les années 1850-1860 à la Réunion, subissaient « une paupérisation inquiétante » (Fuma, 1992, p. 144). Ce groupe de travailleurs engagés, artisans, cultivateurs et, dans certains cas, après un temps dans la colonie, propriétaires de petits lots de terre, comprenait des gens de toutes races. Même le groupe dit « Malabars » se révèle plus hétérogène que son appellation ne nous l'indique. Nous découvrons que bien que les « coolies » dans leur majorité soient d'origine indienne, certains sont nés à la Réunion et les autres, nés soit dans les comptoirs français de l'Inde, soit dans les

Indes anglaises, y ont passé entre cinq et quinze ans ou même plus avant d'être amenés en Calédonie. De plus, parmi le groupe d'engagés nous trouvons des Africains, des Malgaches et des Métis, certains étant sûrement les descendants des Affranchis, ainsi que des petits Blancs. Quoique certains Réunionnais quittent la Calédonie pendant les années 1880, beaucoup d'autres y restent et y font souche, formant « l'origine de la population rurale issue des débuts de la colonisation » (Brou, 1994, p. 411). En gros, l'histoire de l'immigration réunionnaise en Nouvelle-Calédonie se montre beaucoup plus complexe que les livres d'histoire ne nous le laissent croire.

D'après ce que je connais de la situation linguistique à la Réunion au dix-neuvième siècle et ayant comme référence deux textes en créole réunionnais produits en Nouvelle-Calédonie, j'estime que la plupart des immigrants réunionnais à s'installer en Nouvelle-Calédonie étaient créolophones. C'est le cas même pour les « Malabars » qui avaient au moins une compétence d'apprenant dans le créole réunionnais. Même si certains avaient continué à parler des langues ancestrales en Nouvelle-Calédonie, un phénomène très limité dans le temps car, comme à la Réunion, le hindi et le tamoul ont vite disparu en Calédonie (cf. Delathière 2004a), ces langues étaient seulement utiles quand les Indiens de la même ethnie communiquaient entre eux. Or, comme nous l'avons vu dans les chapitres précédents, les établissements sucriers étaient hétérogènes, comprenant des travailleurs de toutes les races, Blancs, Noirs, Métis et Indiens, certains nés à la Réunion, d'autres nés dans des endroits différents en Inde. Afin de communiquer avec leurs employeurs, leurs contremaîtres et les autres travailleurs, les Indiens se trouvaient dans l'obligation d'utiliser la lingua franca qui, étant donné la domination numérique des Réunionnais sur les concessions, était, à mon avis, le créole réunionnais ou peut-être une variété de contact de cette langue.

Encore que certains Réunionnais habitent trop loin du village de Saint-Louis (à Nakéty, Canala, La Foa, Bouloupari etc.) pour que l'on puisse imaginer un vrai contact avec les Kanak de Saint-Louis, mes recherches des registres d'État Civil du sud calédonien témoignent d'une forte présence réunionnaise dans le voisinage de Saint-Louis ; au Mont-d'Or (La Coulée, Boulari, sur les terres de la Mission et à Saint-Louis même) et à Dumbéa (Koé, Koutio-Kouéta, Nimba, Kouvélé, Tonghoué), tous ces endroits étant accessibles à pied pour les Kanak. Il faut noter que les Kanak avaient (et ont toujours) l'habitude d'entreprendre de longs voyages à pied. J'ai trouvé un témoignage à cet effet dans *Le Moniteur* du 24 mars 1880, n° 1070 dans un article sur la construction de la carte de la Nouvelle-Calédonie. L'auteur exprime sa surprise de voir la distance parcourue par les Kanak dans une journée :

> *Je m'arrêtai à la mission de Saint-Louis, dans l'intention d'avoir des missionnaires un ou deux canaques comme guides ; j'allais m'enfoncer dans l'intérieur de l'île et je pensais que les indigènes me seraient d'un grand secours dans la recherche des sentiers pouvant exister. J'obtins deux canaques pour le lendemain, 13 novembre ; ils devaient me rejoindre au pont de la Coulée-Boulari, où j'allais camper. [. . .] Ils n'arrivaient que le vendredi matin au nombre de trois. Je les envoyai avec un de mes canonniers poser un signal au pic qui porte le n° 500 de ma série. Ce point paraissait très éloigné ; je leur donnai des vivres pour la journée et de quoi camper s'ils venaient à être surpris par la nuit. Ils emportaient quelques bagages et provisions qu'ils devaient cacher dans les environs. Ils revinrent le soir même après douze heures de marche pénible.*

Les quelques kilomètres à traverser entre Saint-Louis et les concessions du Mont-d'Or ou de Dumbéa auraient donc été facilement entrepris par les Kanak de la Mission.[1]

D'autres Réunionnais demeurant à Païta ou à Nouméa qui se trouvent à une plus grande distance de Saint-Louis (quoique toujours abordable pour les Kanak) avaient probablement moins d'occasions d'entrer en contact avec les Kanak de Saint-Louis. Toutefois, nous ne pouvons pas exclure tout contact étant donné que les Pères maristes ont établi une sucrerie à Païta en 1871 et des échanges de travailleurs ont pu avoir lieu. Et Nouméa, en tant que chef-lieu, attirait des visites de la part des habitants de Saint-Louis comme nous le verrons par la suite.

Une route entre Nouméa et le Pont-des-Français est construite en 1863 et le projet du tracé de la route qui reliera le Pont-des-

---

[1] Pourtant, il ne faut pas oublier que selon la tradition orale des Saint-Louis, les Kanak n'étaient pas libres de leur mouvement (cf. Ehrhart, 1993).

Français au Mont-d'Or « en traversant les établissements de la Mission mariste, dits de la Conception et de Saint-Louis » restera déposé au Secrétariat colonial jusqu'au 10 avril 1868 pour que les intéressés soient « admis à en prendre connaissance et à présenter toutes observations qu'ils jugeraient utile. »[2] Toutefois, en 1872, cette route reste incomplète, quoique utilisable, comme le signale cette lettre publiée dans *Le Moniteur* du 3 juillet 1872, n° 667 :

> *Je vous ai promis, en quittant Nouméa, de vous donner mon appréciation sur la route que j'avais à parcourir pour me rendre jusqu'à la rivière de Coulé, sur laquelle le Gouvernement à l'intention de jeter le pont qui doit mettre en communication les terrains du Mont-d'Or avec le Chef-lieu.*
>
> *Je n'ai naturellement pas à vous entretenir de la partie de la route qui a arrêté au Pont-des-Français ; vous l'avez parcourue mille fois [. . .] Quant à celle qui, décretée en 1869, est encore aujourd'hui en cours d'exécution, sa situation diffère suivant qu'on la prend à tel ou tel point de son parcours. Ainsi, du Pont-des-Français à la plaine Saint-Joseph, c'est-à-dire par une longueur de trois kilomètres environ, la route est empierrée et parfaitement entretenue.* **Les tombereaux assez nombreux qui y passent pour les besoins de la Mission, l'exploitation de la briqueterie et les transports de vivres de l'artillerie au camp de Saint-Louis, n'éprouvent aucune difficulté à la parcourir.** *Mais à partir de ce point, on peut dire que les empierrements sont insuffisants ou n'ont jamais été entrepris. Les terres détrempées s'affaissent sous le poids des voitures [. . .] qui rendent cette partie du chemin presque impraticable [. . .]*
>
> *On peut estimer à près de trois kilomètres la longueur de la route qui se trouve dans l'état que je viens de signaler.*
>
> *À partir de ce point, le chemin se bifurque : la nouvelle route continue encore sur un parcours de 4 kilomètres et n'attend plus qu'un renfort de condamnés pour être poussée jusqu'au point de la rivière de Saint-Louis, tandis qu'un sentier improvisé dessert provisoirement la briqueterie d'un côté, et de l'autre permet aux voitures de l'artillerie de pousser jusqu'au camp de Saint-Louis pour*

---

[2] *Le Moniteur de la Nouvelle-Calédonie*, le 28 mars 1868, n° 496.

approvisionner chaque jour le personnel de 4 hommes libres et de 42 transportés que le Gouvernement y entretient.

***C'est aussi par cette route que passent les voitures à bœufs de la Mission qui se rendent à Nouméa ou qui viennent de la Conception avec de la chaux, des planches, de la canne à sucre, des noix de coco, en un mot, tous les produits qui entrent sur ces deux vastes plantations ou qui en sortent, pour les besoins d'une population de vingt blancs, trente indiens et cinq ou six cents canaques répartis sur un espace de 3000 hectares environ.** [. . .]*

Les colons de ces localités, justement préoccupés d'un état de choses qu'il importait à tous de ne pas tolérer plus longtemps, se sont entendus entre eux pour y remédier.

Dans ce but, ils ont décidé qu'ils s'imposeraient chacun suivant l'importance de sa propriété et la valeur de son exploitation.

La Mission fournit 10 journées de charroi, estimées à 15 francs chacune ; Gerôme, briquetier, 6 journées ; M. Denis, planteur, 4 journées ; M. Boissier, 4 journées ; M. Armand, 2 journées ; et M. Caselmann, 4 journées : en tout 30 journées.[3]

(C'est moi qui souligne.)

La route est donc utilisée par la Mission pour transporter des vivres et des produits de la Mission ainsi que des matériaux de construction entre Saint-Louis, La Conception et Nouméa. Pendant ces voyages, qui semblaient avoir lieu assez fréquemment, tout Kanak accompagnant les missionnaires avait l'opportunité d'entrer en contact avec des Réunionnais du voisinage dont deux, M. Denis et M. Armand, sont mentionnés dans cette même lettre.

Les distances à traverser entre les enclaves réunionnaises du sud et Saint-Louis n'étaient donc pas trop grandes, surtout pour les Kanak qui avaient l'habitude de parcourir de longues distances à pied. Ainsi, cet argument contre un contact réunionnais-Kanak peut être écarté.

Cela dit, ce qui entraînait probablement plus de contacts entre les Réunionnais et les Kanak de la Mission, était le fait que Saint-

---

[3] Pendant ces journées de charroi, les Kanak de Saint-Louis ont sûrement travaillé avec les ouvriers (malabars, réunionnais, néo-hébridais ou autre) des colons du voisinage.

Louis est rapidement devenu un centre agricole et social important du sud. Dès le début de leur installation à La Conception et Saint-Louis, « nourrir les naturels en formation a toujours été une des préoccupations majeures » des Pères (Brou, 1982, p. 63). C'est pour accomplir cet objectif ainsi que de « provoquer de recettes pour habiller les pensionnaires qu'un essor agricole fut entrepris et que fut créé l'établissement de St-Louis, dont la vocation rurale a toujours été évidente » (Brou, 1992, p. 63). Les Pères s'engagent à cultiver le maïs, les patates, le tabac, le café, le coton, le riz et la canne à sucre, ce dernier donnant lieu à l'établissement de la première usine à Saint-Louis en 1868, celle à sucre. Peu après ils installent une usine à riz, puis en 1875 une rhumerie. Ces installations s'ajoutent à la roue hydraulique qui fait fonctionner un moulin à grains et une scierie qui marchent depuis 1862. Les Pères prennent en même temps l'initiative de faire de Saint-Louis un centre d'enseignement professionnel et artisanal. Ils font construire en 1863 une école en internat puis en 1865 une école en externat pour filles et une autre pour garçons. La construction de la première église de la Nouvelle-Calédonie est achevée à Saint-Louis en 1868 et les Pères font bâtir également une imprimerie.

Bernard Brou constate que malgré certaines difficultés auxquelles se heurte la Mission, tels des ouragans destructeurs, des incendies et des ennuis de la part de l'Administration locale, Saint-Louis est un grand succès et à partir de 1868 « est devenu le rival de la capitale administrative et défie le gouverneur : désormais autonome financièrement et en plein essor, avec des projets en attente, c'est le vatican calédonien » (Brou, 1992, pp. 75-79).[4] Au dix-neuvième siècle

---

[4] Ce succès des Maristes provoque la jalousie de certains colons. A. Malespine, dans un article daté du 21 mars 1869 et publié dans L'*Opinion nationale*, critique âprement les activités des Pères en Nouvelle-Calédonie. Il décrit la situation ainsi :

> *Le gouvernement français donne au clergé catholique, et qui pis est, aux membres d'une congrégation non autorisée, le monopole de la religion, le paie et lui laisse une telle omnipotence morale que souvent les autorités n'osent pas résister à ses exigences. Les maristes ont ici, sur tous les points, les plus belles concessions. Ils reçoivent 10,000 fr. Ce n'est pas assez ; ils font commerce d'étoffes, de denrées, de coquilles, de bois, d'huile ; parlent en*

Saint-Louis n'était donc pas tout à fait isolé, même si les échanges avec le monde extérieur étaient parfois hostiles.

Afin de réaliser tous leurs projets de construction, les Pères maristes avaient besoin de main-d'œuvre et d'aide technologique. Dans les lettres des missionnaires, qui se trouvent actuellement aux archives de Rome,[5] j'ai repéré plusieurs références à des ouvriers travaillant à Saint-Louis. En 1863, par exemple, le Père Forestier signale que « quatre ou cinq ouvriers travaillent à la construction de notre bateau qui fera de 50 à 60 tonneaux. »[6] Et le Père Vigouroux constate la même année qu'il a « un excellent ouvrier menuisier, patient, complaisant avec les enfants » qui, à la différence des frères, voulait bien apprendre le travail aux autres. L'année suivante le Père Rougeyron prend « dix ouvriers de plus » pour Saint-Louis « raison la demande du Père Poupinel de hâter la construction de Saint-Louis qui n'a pas encore de maison pour abriter les Pères, ni d'église. » Selon le Père Forestier ces ouvriers comprennent « cinq charpentiers et quelques manœuvres. » En 1867 nous apprenons du Père Vigouroux

---

latin aux indigènes afin qu'ils ne puissent s'entendre qu'avec eux, matériellement et moralement. Ils sont vêtus et logés aussi malproprement que possible, soit pour obtenir davantage, soit parce que si les Anglais méprisent la misère, les Français l'appellent abnégation, dévouement etc. etc. [. . .] Le grand obstacle aux progrès de la colonisation, ce sont les frères maristes ; ils disent tout haut qu'ils sont assez forts au ministère de la marine, à Paris, pour faire destituer non-seulement le gouverneur actuel, mais tout autre gouverneur qui voudrait limiter leur autorité et diminuer leurs privilèges » (CAOM FM SG NCL/26).

[5] Je remercie Sabine Ehrhart qui m'a si gentiment passé ses notes prises aux archives de Rome.

[6] Ce bateau est la goélette de la Mission dont la construction sera terminée en 1866. Le résultat sera décevant, le frère Mallet remarque qu'elle « a mis quatre mois de Nouméa à Sydney. Une ruine pour la mission ! » (Brou, 1982, p. 57). *Le Moniteur de la Nouvelle-Calédonie* du 6 mai 1866, n° 345 annonce la délivrance d'un acte de francisation pour la goélette :

Par décision de M. le Gouverneur, rendue en séance du Conseil d'administration le 27 janvier dernier, un acte de francisation a été délivré à M. Rougeyron, Supérieur de la Mission catholique de Marie en Nouvelle-Calédonie, pour la goélette l'Arche d'Alliance, construite à Nou-Onkoné (Saint-Louis), bassin de la baie de Boulari, et attachez au port de Port-de-France.

que les « ouvriers travaillent de nouveau à l'église. Il y a deux ouvriers tailleurs de pierre qui préparent portes et fenêtres de l'usine à cannes à sucre » et le Frère Mallet indique que la Mission aura bientôt besoin de plus de frères car les ouvriers à Saint-Louis « sont des impies ». En 1868, selon le Père Vigouroux, un « ouvrier forgeron nous a quittés à la suite d'une dispute avec son compagnon. » Et en 1869, il dit que la « récolte de cannes est faite » et que « maintenant les ouvriers vont reprendre les travaux de l'usine. » Saint-Louis est « un monde du travail où je perdrais la tête » écrit le Père Palazy. C'est pour cela que le Père Rougeyron écrit en 1869 que nous avons besoin « de beaucoup d'aide au moment où nous construisons partout. »

Alors que nous savons qu'en 1868 les Pères recrutent un groupe de condamnés au bagne et en 1869 un groupe de Malabars et que plus tard ils feront venir des Néo-Hébridais,[7] des Japonais, des Javanais et des Vietnamiens pour renforcer les équipes des ouvriers agricoles (cf. Brou, 1992, p. 63), nous n'avons pas d'informations concernant les origines de la main-d'œuvre qualifiée (charpentiers, menuisiers, tailleurs de pierres, forgerons etc.) qu'ils emploient pour compléter les installations de la Mission. Il est possible qu'ils soient tirés des familles « blanches ou noires », certaines d'origine réunionnaise, mentionnées par le Père Rougeyron qui sont venus se grouper autour de Saint-Louis et qui en 1868 forment « un effectif de 200 personnes. »[8] Il n'est pas sûr que tous les ouvriers à Saint-Louis soient d'origine réunionnaise, mais nous remarquons toutefois que tout au long des années 1860 les immigrants ouvriers en provenance de la Réunion entrent dans la colonie à la recherche de travail dans leur nouveau pays - la Calédonie ayant toujours un manque de main-d'œuvre. Et nous pouvons citer bon nombre d'ouvriers réunionnais qui commencent, dès le début des années 1860, à s'installer aux établissements agricoles de Dumbéa et au chef-lieu pour exercer des

---

[7] Tout comme bon nombre d'autres employeurs calédoniens, les Maristes font l'objet de plaintes de la part de leurs travailleurs néo-hébridais. Selon Dorothy Shineberg (1991, p. 190) l'Agent Dangeville dit d'avoir entendu lors de son voyage sur la *Marie* en 1884-1885 que les Pères maristes ne payaient pas suffisamment leurs engagés néo-hébridais et les gardaient plus longtemps qu'il était stipulé dans leurs contrats.
[8] Cité *in* Ehrhart (1994b, p. 27).

métiers tels que charpentier, mécanicien, tailleur de pierres et manœuvre.

Quant aux contacts sur le plan technologique, en 1859 le Père Rougeyron mentionne que M. Joubert « a un projet de sucrerie à la Conception » et le 1er juillet 1862 le Père Forestier nous apprend que M. Joubert « va nous fabriquer une pièce qui manque à notre scie. » Je suis consciente que M. Joubert n'est pas réunionnais, cependant à ses établissements à Dumbéa il s'entoure de Réunionnais qui ont de meilleures connaissances dans l'industrie sucrière que lui. S'il est en contact avec la Mission, il est possible que ses travailleurs réunionnais aient des contacts avec Saint-Louis.

Comme chez Joubert et les autres grands concessionnaires agricoles du sud, nous avons vu que les Maristes ont permis de s'établir sur leur terrain à des familles, parmi lesquelles nous trouvons bon nombre de Réunionnais, qui cultivent la canne à sucre. Ces cannes alimenteront l'usine à sucre de Saint-Louis. Vu la plus grande expérience avec la canne à sucre que possèdent ces Réunionnais du voisinage, il ne serait pas étonnant qu'ils aient porté de l'aide aux Pères moins expérimentés dans la culture et la production de cette graminée.

En 1868, un article sur l'introduction du manioc dans l'Océanie témoigne d'un échange entre les Pères et les Réunionnais habitant aux alentours de la Mission :

Les Missionnaires, établis dans cette île s'empressèrent de le cultiver dans leurs missions et de le répandre dans leur voisinage. Dans la mission de Saint-Louis, le Père Vigouroux en a planté par hectares. Possesseur d'un moulin mû par un cours d'eau, il en découpe les racines en tranches, les fait sécher au soleil, et après les avoir concassées, il les fait passer entre les meules et les réduit en poudre très fine. Ce moyen d'obtenir la fécule par la voie sèche, plus long que par le râpage à l'aide d'un peu d'eau, offre probablement l'avantage de produire plus de fécule et moins de râpage ou résidus. Le tissu végétal est infiniment plus divisé et doit par conséquent abandonner plus de fécule. Le choix à faire entre ces deux modes est à étudier. **Les colons et les indigènes en font un peu dans leurs plantations, surtout les quelques cultivateurs qui, de la Réunion, sont venus s'établir ici. Ils connaissent si bien l'importance de cette racine qui n'en** *soupçonnant pas l'existence en Nouvelle-Calédonie, ils en ont apporté avec eux deux excellentes variétés qui, avec celle de Rio-Janeiro, élèvent à trois le nombre existant ici.*[9]

Les Réunionnais partagent leurs connaissances sur le combat des sauterelles au moyen de l'introduction des oiseaux insectivores avec la Mission et les Pères se joignent aux autres planteurs pour interdire la chasse aux oiseaux sur leurs propriétés dans des *Avis* publiés dans *Le Moniteur*.

Cependant, tous les contacts n'étaient pas liés à un transfert de technologie. Saint-Louis attirait des colons du voisinage non seulement pour son usine à sucre, son moulin ou la possibilité d'y trouver du travail, mais aussi peut-être pour son église. Ayant la première église de la Calédonie, il semble possible que les Catholiques de la région en aient profité pour assister à la messe de dimanche.

Il y avait aussi des Réunionnais qui habitaient Saint-Louis même. Peut-être le plus notable de ces habitants est Joseph Denis, un sucrier réunionnais faisant partie du groupe qui en 1869 importe 156 Indiens en Nouvelle-Calédonie et en 1875 en importe 77 autres. Il se manifeste pour la première fois dans le registre d'État Civil de Nouméa en 1871 quand il déclare la mort d'un de ses Malabars qui est décédé chez lui à Saint-Louis.[10] En 1873, encore un de ses engagés indiens est mort à Saint-Louis.[11] Bien que je n'aie pas de chiffres concernant le nombre de Malabars qu'il emploie à Saint-Louis, le fait qu'il soit lui-même importateur d'un assez grand nombre d'Indiens nous indique qu'il en avait probablement une « bande » assez importante. En tout cas, on reconnaît son statut dans la communauté quand il est nommé le premier Officier de l'État Civil du Mont-d'Or en 1879. Il garde ce poste tout au long des années 1880. Il est incontestable que les activités sucrières et administratives de M. Denis ont dû entraîner un contact entre lui (et ses engagés aussi peut-être) et les Kanak de Saint-Louis.

---

[9] *Le Moniteur de la Nouvelle-Calédonie*, le 24 mai 1868, n° 452 (c'est moi qui souligne).
[10] DPPC EC NCL/NOUMEA/7 (1871).
[11] DPPC EC NCL/NOUMEA/9 (1873).

Le cultivateur indien, Ramin Prichenin, et sa femme Bella habitent eux aussi Saint-Louis où leur fils Jean-Baptiste est né en 1880. Je n'ai pas pu obtenir des renseignements concernant le lieu de naissance de Ramin ou de Bella mais le choix d'un prénom chrétien pour leur fils signale qu'ils étaient vraisemblablement catholiques et donc assistaient peut-être aux services de l'église de Saint-Louis. Ramin Prichenin était aussi lettré car il a signé l'acte de naissance de son fils.[12] Ces facteurs nous avertissent qu'il est peut-être né à la Réunion ou qu'il y a passé assez longtemps avant de s'installer en Calédonie. Il semble aussi qu'il soit un travailleur sucrier, Ramin ayant sûrement profité de l'article 75 de l'arrêté de 1874 concernant la résidence libre pour les engagés ayant complété huit ans d'engagement dans la colonie. On retrouve les Prichenin[13] en 1883 travaillant à l'usine à sucre de Koé où Jean-Baptiste est mort à l'âge de trois ans. Leur lien avec le sucre et la proximité du village font qu'ils ont sûrement eu des contacts avec les Kanak de Saint-Louis.

Un autre Réunionnais habitait Saint-Louis jusqu'au milieu des années 1870. Edouard Le Bihan, né à Sainte Rose, la Réunion, en 1848 est colon et propriétaire à Saint-Louis. Il se marie en 1874 avec Marie Ange Mathilde Payet, une Réunionnaise née à Saint Joseph. La famille emménage à Nouméa avant 1876 car Mme Le Bihan y est morte cette année-là. Nous retrouvons d'autres Réunionnais et Malabars libres habitant aux alentours de Saint-Louis pendant les années 1870-1899 dans les registres d'État Civil du sud y compris les familles Renaud et Dijou au Mont-d'Or, la famille Ringane à Boulari et les Cabrié à La Coulée. Il y en avait d'autres encore, cultivateurs de sucre pour la plupart, habitant sur les terres des Maristes. Tous ces gens, au cours de leurs journées de travail dans les champs ou en apportant les cannes à l'usine avaient l'occasion de communiquer avec les Kanak de Saint-Louis.

Revenons maintenant au groupe de Malabars engagé par les Pères maristes en 1869. Nous ne savons pas exactement combien d'Indiens les Pères ont embauchés pour la culture et la production de

---

[12] DPPC EC NCL/MONTDOR/1 (1879-1886).

[13] Il est curieux de noter que leur nom est enregistré comme Kichenin à Koé. Pourtant, il est impossible que ce soit un autre couple. Il n'y avait sûrement pas beaucoup de Ramin et Bella qui avaient un fils nommé Jean-Baptiste.

la canne à sucre mais en 1872 ils étaient au nombre de 30.[14] Ce chiffre n'est pas énorme, mais la fonction de ces Indiens dans la transmission de technologie a été décisive. Vu leur expérience dans l'industrie sucrière à la Réunion, il est presque certain qu'un de leurs rôles principaux était de montrer aux Kanak comment faire fonctionner l'usine à sucre. Pour cela, ils ont dû leur parler, et la seule langue que ces deux groupes avait en commun est une variété de français – pour les Indiens, il s'agissait sans doute du créole réunionnais (L1 ou L2) et pour les Kanak une variété d'apprenant de la koinè locale. De plus, les Indiens ont sans doute travaillé dans les champs avec les Kanak qui étaient obligés d'y passer de longues heures à travailler les cultures vivrières pour assurer la survie de la Mission. Cette situation s'appliquait même aux enfants qui ne passaient que quelques heures par jour à l'école avant de se joindre à leurs aînés dans les champs. Ainsi, les Malabars ont pu avoir des contacts avec presque tous les Kanak de Saint-Louis, malgré le fait qu'ils dorment dans des « villages » ou campements séparés de la Mission.

Quant aux autres Indiens habitant autour de Saint-Louis, les engagés des colons du voisinage ou ceux qui travaillaient aux autres centres sucriers, Ehrhart (1993, 1994a, 1994b) postule qu'un contact entre ces gens et les Kanak de Saint-Louis aurait été minime car les mouvements des Malabars ont été limités par les arrêtés du 10 décembre 1869 et du 26 mars 1874. Cependant, l'arrêté de 1869 ne concerne que l'interdiction, sauf s'ils sont munis d'une permission écrite de leurs propriétaires, des déplacements des Malabars de leurs concessions au chef-lieu. Cette loi ne défend point les mouvements des Malabars entre les concessions et les circonscriptions du sud, par exemple. Toutefois, ce genre de déplacement ne pouvait avoir lieu que les dimanches et les jours fériés, les engagés étant forcés de travailler entre onze heures et douze heures par jour pendant la semaine.[15] L'arrêté de 1874, par contre, stipule que :

> *Tout engagé trouvé hors du domicile ou de la résidence de l'engagiste, s'il ne peut donner une justification suffisante de son*

---

[14] *Le Moniteur de la Nouvelle-Calédonie*, le 3 juillet 1872, n° 667.
[15] Article 41 de l'arrêté du 26 mars 1874 (CAOM FM SG NCL/173).

absence, sera reconduit, sans délai, chez l'engagiste, par les soins de l'autorité locale.

Si, en raison des circonstances et du trajet, il est nécessaire de le déposer provisoirement à la geôle, il ne peut y séjourner plus de 24 heures. Lorsqu'il est nécessaire de le déposer provisoirement dans un hospice ou dans tout autre lieu, les frais sont répétés contre l'engagiste, sauf recours de ce dernier contre l'engagé.[16]

Ceci implique que les mouvements des engagés étaient plus restreints à partir de 1874. Néanmoins, cette loi ne s'appliquait qu'aux Indiens (ou aux Africains / Malgaches / Métis etc.) qui étaient toujours engagés à cette époque. En 1874, il y avait déjà des anciens engagés qui jouissaient d'un statut de résident libre et avaient donc les mêmes libertés de mouvement que n'importe quel autre citoyen français. À partir des années 1880, quand l'industrie sucrière s'est écroulée, presque tous les Indiens et autres engagés sucriers étaient libres. Et, même quand ils étaient sous contrat, il semble que bon nombre d'engagés se moquaient de ces restrictions. Comme nous avons pu le constater au chapitre 6, le vagabondage était le délit le plus commun chez les engagés de toutes les races pendant les années 1870. En somme, qu'ils soient sous contrat, libres ou en état de vagabondage, les Indiens du voisinage avaient l'occasion d'entrer en contact avec les Kanak de Saint-Louis s'ils en avaient envie.

Ce contact n'avait en toute probabilité pas eu lieu, par contre, à la Ferme Modèle à Yahoué. Les Malabars ayant commis quelque délit purgeaient souvent leurs peines à cet établissement agricole. Cependant, le régime de travail interdisait toute communication entre les prisonniers rendant un échange linguistique difficile. L'article 27 de *l'arrêté réglant le service de l'atelier de discipline de l'Établissement dominal d'Yahoué* du 6 mars 1876[17] stipule que « sous aucun prétexte les détenus disciplinaires ne pourront communiquer avec qui que ce soit, sans un ordre signé du Commissaire de l'Immigration. » Et l'article 30 précise que les détenus disciplinaires « doivent travailler en silence et il leur est formellement interdit de fumer, sauf pendant les heures de repos. » Ehrhart raisonne aussi que

---

[16] Article 55 de l'arrêté du 26 mars 1874 (CAOM FM SG NCL/173).
[17] CAOM FM SG NCL/32.

ce ne serait pas logique de proposer que le parler des Malabars qui y séjournaient a influencé le parler de Saint-Louis :

> *[...] il ne serait pas compréhensible [...] pourquoi le tayo ne s'est pas formé à la Conception, mission avec laquelle la ferme-modèle située à Yahoué entretenait des contacts réguliers à cause du voisinage direct, mais dix kilomètres plus loin, à la tribu de Saint-Louis (Ehrhart, 2005, p. 23).*

Un autre argument avancé par Ehrhart (1994a, 1994b) contre un contact entre les Indiens et les Kanak de Saint-Louis est celui du mauvais comportement des Malabars. Comme nous l'avons vu dans le chapitre 6, les Indiens figuraient assez souvent sur les listes des malfaiteurs auprès des tribunaux de Nouméa. C'est peut-être à cause de leur mauvaise réputation – c'étaient des « ivrognes, débauchés, menteurs, voleurs et fanatiques » selon Mgr Vitte, vicaire apostolique de la Nouvelle-Calédonie (cité *in* Ehrhart 1994b, p. 21) - qu'ils ne sont pas souvent mentionnés dans la correspondance des missionnaires et la raison pour laquelle Ehrhart estime que les Pères ont « tout fait pour qu'il n'y ait pas de contacts entre Malabars et Kanak » (1994b, p. 25). Toutefois, n'oublions pas qu'en 1869 les Pères ont employé un groupe de Malabars qu'ils ont fait venir travailler à Saint-Louis. S'ils étaient vraiment contre un contact entre les deux groupes, ils ne les auraient sûrement pas embauchés pour travailler à la Mission.

Ehrhart (1994a, 1994b) suggère que les possibilités d'un contact entre les Indiens et les Kanak de Saint-Louis sont encore plus infimes à partir de 1887 quand les Kanak sont soumis au régime de l'indigénat qui réglemente leurs déplacements. Ce régime dicte que les « déplacements d'une part, et la présence des Kanak ou assimilés en certains lieux publics ou privés d'autre part, sont réglementés. Les Mélanésiens ne peuvent sortir de leur arrondissement de résidence sans justifier d'une autorisation régulière » (Merle, 1996, p. 203). Cependant, à cette époque-là, les Indiens sont tous, ou presque tous, libres. Et, selon Merle, ce n'était qu'en 1898, environ quarante ans après la fondation de Saint-Louis, quand « le quadrillage du territoire et de la population autochtone est fortement resserré » (1996, p. 231), que les Kanak sont obligés d'obtenir une autorisation auprès de la gendarmerie pour pouvoir se déplacer :

> *À l'encadrement renforcé des individus s'ajoute, à partir de 1898, une volonté clairement affichée de fixer les populations kanaks et de les enfermer dans les limites des territoires qui leur sont assignés. [. . .] Les déplacements sont étroitement surveillés. Pour voyager hors de son district, le Mélanésien doit demander une autorisation au grand chef et à la gendarmerie. S'il ne revient pas dans sa tribu dans le temps qui lui a été imparti, il est signalé, poursuivi et risque la prison (Merle, 1996, p. 232).*

Cet arrêté a sûrement limité les mouvements des Kanak, y compris ceux habitant à Saint-Louis. Cependant, avant cette date, il est possible qu'un contact entre les Kanak et les Indiens ou Réunionnais demeurant aux alentours de la Mission au dix-neuvième siècle ait eu lieu.

Et, tandis que l'Administration essaie de faire de Nouméa une « zone blanche » en limitant les mouvements des Kanak et des engagés vers le chef-lieu, mesure qui n'était pas toujours efficace d'ailleurs, on se demande si les choses étaient si nettes en dehors de la ville. Il y avait bien d'autres interdictions, comme, par exemple, la vente d'alcool aux Kanak. Cette loi était détournée régulièrement par des immigrés non-blancs qui vendaient de l'alcool aux Kanak (cf. Lyons, 1986, p. 91) ou par des broussards qui ouvraient leurs magasins aux Kanak « où ils y vendaient clandestinement de l'alcool interdit » (Guiart, 1997, p. 119). Puis, il y avait le grand nombre de Métis nés de père européen et de mère mélanésienne ou vice versa (cf. Merle, 1995, pp. 363-366) ce qui nous montre que les efforts de séparer les deux races ne réussissaient pas toujours. En fait, beaucoup des jeunes filles qui allaient à l'école de la Mission étaient des Métisses (cf. Brou, 1982, p. 64) dont les pères étaient des colons des circonscriptions voisines. Certains de ces pères étaient probablement Réunionnais. Nous savons que le père de l'une des femmes fondatrices de Saint-Louis est le gros colon Numa Joubert qui a dû garder le contact avec sa « fille naturelle » car il a donné son consentement à son mariage en 1882.[18]

Pour récapituler, il me semble que les Kanak de Saint-Louis avaient des occasions diverses d'entrer en contact avec les créolophones réunionnais et malabars qui vivaient au dix-neuvième siècle aux alentours de la Mission. Ces occasions se présentaient en dehors de Saint-Louis, lors des voyages, accompagnés ou non des Pères, à la Conception, à d'autres circonscriptions du sud ou à Nouméa. Toutefois, il est plus probable qu'ils se rencontraient sur les terres de la Mission, où nous trouvons plusieurs Réunionnais qui y demeuraient. Étant un centre agricole important de la région et possédant depuis 1868 une usine à sucre, les colons sucriers de la région apportaient leurs cannes à Saint-Louis pour les faire broyer. En même temps, ils partageaient sans doute leurs connaissances sucrières avec les Pères pour qu'ils puissent ensemble produire un sucre de meilleure qualité. Les Réunionnais se servaient probablement aussi des autres usines et moulins que possède la Mission tout en maintenant l'esprit de partage qui faisait partie de la mentalité coloniale. Saint-Louis a attiré également des manœuvres pour la construction des édifices de la Mission ainsi que des employés agricoles pour travailler dans les champs. Les engagés malabars, embauchés en 1869 et présents pendant les années 1870, ont été spécifiquement choisis par les Pères pour les aider dans la production sucrière. Ces hommes, tout comme les colons du voisinage, ont sans doute formé les Kanak dans les aspects techniques de l'industrie sucrière comme l'opération de l'usine à sucre aussi bien que les méthodes de culture. Ainsi, ils pouvaient avoir des contacts avec presque tous les Kanak de Saint-Louis, y compris les enfants qui travaillaient dans les champs. Enfin, l'église de Saint-Louis faisait peut-être venir les Réunionnais habitant autour de la Mission tous les dimanches et il y avait aussi peut-être des contacts entre les filles métisses de l'école et leurs pères, certains étant probablement Réunionnais.

Si, au dix-neuvième siècle quand leur parler se développait, les Kanak de Saint-Louis avaient ce genre de contact avec les Réunionnais, gros colons ou petits Blancs, engagés et anciens engagés malabars, africains, métis et autres, il est raisonnable de penser que le

---

[18] DPPC EC NCL/MONTDOR 1 (1879-1888).

créole réunionnais a laissé une trace dans le tayo.

Dans les pages à suivre, je fais une brève comparaison entre le tayo et le créole réunionnais représenté dans les textes de Baudoux et de Bernier - textes qui ont été produits en Nouvelle-Calédonie.[19] Cette comparaison montre qu'il existe quelques similarités d'ordre phonologique, lexical et grammatical entre ces deux langues.

Phonologie

Comme dans le créole de Socrate et Bernier, les locuteurs faisant partie du Type B dans le schéma sociolinguistique d'Ehrhart occupant « une position centrale quant à l'âge des locuteurs, et, par conséquent, également par rapport aux structures linguistiques » (Ehrhart, 1993, p. 101), n'utilisent que la voyelle « i », ne connaissant pas le « y », et « e » à la place de « ø » (Ehrhart, 1993, p. 94).

Lexique

Étant donné le rôle du français dans l'évolution des deux parlers, et encore dans tous les créoles français, il n'est pas étonnant qu'ils partagent beaucoup de vocabulaire. Toutefois, je signale certains termes trouvés dans mes textes et dans le corpus d'Ehrhart : l'utilisation de « connaître » (*kone*) pour « savoir » (cf. Ehrhart, 1993, p. 123), *kas* « maison » (cf. Ehrhart, 1993, p. 172), *kujone* « couillonner » (cf. Ehrhart, 1993, p. 157) et *tfabo* « tenir » (cf. Ehrhart, 1993, p. 198). Nous pouvons comparer l'emploi de *tien bon* dans le texte de Bernier (1) avec celui d'Ehrhart (1993, p. 198) dans (2) :

(1) *Tien bon   vot'   langue*
     Tenir   votre   langue
     « Tenez votre langue »

(2) *ta   tfabo   patalo   pu   twa   de kwa ?*
     2S   tenir   pantalon   Poss.   2S   pourquoi ?
     « pourquoi tiens-tu ton pantalon ? »

---

[19] Je me limite à une analyse comparative entre ces textes et le tayo car je sais qu'ils ont été écrits en Calédonie et qu'ils représentent donc des variétés de créole réunionnais que parlaient les immigrants réunionnais.

Agglutination

L'agglutination de « l » aux noms dans le créole réunionnais (*l'ambition, l'élection*) a son équivalent dans le tayo où cet emploi est fréquent « pour les mots du tayo qui sont créés à partir d'un nom français commençant par une voyelle ou par un h muet » (Ehrhart, 1993, p. 110). Ehrhart nous donne les exemples suivants : *loto* « voiture », *leglis* « église », *lil* « île » et *lwil* « huile ».

Grammaire

J'ai repéré plusieurs traits sur le plan grammatical qui sont communs aux deux parlers.

Copule

Quand le complément prédicatif est une construction adjectivale en tayo, la copule est habituellement Ø (Ehrhart, 1993, p. 107) :

(3) ta   fa:ti   pu   mwa
    2S Ø   gentil   pour   moi
    « tu es gentil avec moi »

Ce même phénomène est présent dans les textes en créole réunionnais :

(4) li   malhéré
    3S   Ø   malheureux
    « il est malheureux »

(5) Mi   connais toutes   créoles   vantards
    1S + Prés.   savoir tous   Créoles Ø   vantards
    « Je sais que tous les Créoles sont des vantards »

Cependant, la copule réunionnaise *le* s'utilise si fréquemment dans les textes de Socrate et Bernier, comme dans (6), que je ne peux pas m'empêcher de me demander si, dans le cas de mise en relief au moins, ce trait n'a pas été analysé de façon différente par les Kanak pour produire ce que Corne (1995a) appelle le « pronom dépendant », donnant des phrases comme (7) :

(6)   *Blancs   l'est   malins*
       Blancs   Cop.   malins
       « Les Blancs sont malins »

(7)   *lia   le   fu*
      3S   P.D.   fou
      « Lui est   fou »[20]

Na et *Napa*

Selon Ehrhart (1993, p. 173), le présentateur *na* ou *jana* et *napa* (négatif) peut exprimer la possession « avoir » en tayo comme dans les exemples (8) et (9) :

(8)   *na   a   gran   lafamij pu   lja*
      avoir Art. Indéf.   grande famille Poss.   3S
      « il a une grande famille »

(9)   *napa   mari   pu   lya*
      avoir + Nég   mari   Poss.   3S
      « elle n'a pas de mari »

D'après Corne (2000a, p. 72), en tayo *na* / *napa* est un « verbe impersonnel indépendant, aux dimensions syntaxiques et sémantiques profondément mélanésiennes. » Si nous comparons les exemples en tayo (8) et (9) avec ceux trouvés dans les textes réunionnais (10) et (11), nous voyons que bien que les lexèmes soient similaires, la syntaxe est différente :

(10)   *Moi   nana   la   mine d'or   à*
       1S   avoir   Art. Déf. mine d'or   Prép.

---

[20] Cf. Corne (1995a, p. 174).

Pouébo
Pouébo
« J'avais la mine d'or à Pouébo »

(11) vi nana l'ambition, hein ?
 2S + Prés. avoir ambition, hein ?
 « Vous avez de l'ambition, hein ? »

En tayo, même quand leur signification est « avoir » ou « ne pas avoir » *na* et *napa* se placent à la tête de la phrase alors que le réunionnais demande l'emploi d'un sujet. Par contre, quand *na* et *napa* sont employés comme présentateurs introduisant des adverbes en tayo, je constate qu'il y a des similarités avec le réunionnais. Ehrhart (1993, p. 173) nous donne l'exemple suivant :

(12) *Napa lo:ta ke sola mete sa*
 Présentateur longtemps Rel. 3PL mettre ça
 « il n'y a pas longtemps qu'ils l'ont mis »

Cette même construction se trouve chez Bernier :

(13) *N'a pas longtemps encore vous l'étais*
 Présentateur longtemps encore 2S Cop.

gardien befs
vacher
« Il n'y a pas très longtemps que vous étiez vacher »

Il utilise également *na* et *napa* pour introduire « besoin », par exemple :

(14) *Na pas besoin faire vot'*
 Présentateur besoin faire votre

gros zabot
personnage important
« Vous n'avez pas besoin de faire votre grosse tête / Il n'est pas nécessaire de faire votre grosse tête »

Cette structure a son écho dans le tayo comme nous voyons dans cet exemple d'Ehrhart (1993, p. 192) :

(15) napa   beswa de   di   no   pu   lja
      Présentateur besoin Prép. dire nom   Poss. 3S
      « il n'est pas nécessaire de dire son nom »

Verbe de modalité *moyen*

L'emploi de *moyen* « pouvoir » comme verbe de modalité est caractéristique du créole de Socrate et du tayo. Nous pouvons comparer l'énoncé de Socrate (16) avec la phrase en tayo (17) tirée d'Ehrhart (1993, p. 166) :

(16) Pauv' Socrate n'a   pli   moyen faire
      Pauvre Socrate Présentateur   plus   moyen faire

      grand Messié
      grand Monsieur
      « Pauvre Socrate ne peut plus se faire un grand Monsieur »

(17) no,   ma   pa   mwaja vja
      non, 1S   Nég. moyen venir
      « non, je ne peux pas venir »

Articles

Le créole réunionnais et le tayo ont tous les deux un article indéfini facultatif. Socrate emploie *in*, Bernier *un* et en tayo on emploie *a*, comme dans l'exemple suivant d'Ehrhart (1993, p. 126) :

(18) nu   ekri   a   gran   let
      2PL   écrire Art. Indéf. grande lettre
      « nous écrivons une longue lettre »

Adjectifs

Les adjectifs qualificatifs sont invariables en créole réunionnais et en tayo. Bernier nous fournit l'exemple suivant :

(19) *Petit place délégué là*
 Petite place délégué Dém.
 « Cette petite place de délégué »

Et Ehrhart (1993, p. 145) nous donne cet exemple du tayo :

(20) *peti fij pu lja*
 petite fille Poss. 3S
 « sa fillette »

Adverbe de lieu *là-bas*

L'adverbe de lieu *là-bas* est utilisé par Bernier de la même façon que l'on l'utilise en tayo, c'est-à-dire pour indiquer que l'endroit auquel on fait référence se situe à une certaine distance du locuteur « que ce soit plus haut ou plus bas » (cf. Ehrhart, 1993, p. 183). Ainsi, la phrase de Bernier (21) peut être comparée à des phrases en tayo comme (22) (Ehrhart, 1993, p. 213) :

(21) *vous l'étais gardien befs là-bas Poya*
 2S Cop. vacher là-bas Poya
 « vous étiez vacher à Poya »

(22) *... si ta ko:ta de wajaf sa nu fe*
 ... si 2S content Prép. voyage Rel. 2PL faire

 laba Tene
 là-bas Tene
 « ... si tu es contente du voyage que nous avons fait à Tene »

Pronoms

Quoique le pronom *ma* est le plus courant pour exprimer la première personne du singulier en tayo, il existe une variante *mwa* utilisée surtout par les personnes plus âgées et par les gens qui quittent rarement la tribu (Ehrhart, 1993, p. 136). Socrate aussi a l'occasion d'employer *moi* au lieu de *mi* :

(23)   *moi*   *commence*   *vié*
       1S   commencer   vieillir
       « je commence à vieillir »

Résumé

Les similarités que j'ai repérées entre les textes de Bernier et Socrate et du tayo, s'ajoutent à la liste des traits partagés par le créole réunionnais et le tayo dressée par Corne (2000a) et Chaudenson (1994). Corne (2000a, p. 72) écarte la plupart des arguments linguistiques avancés par Chaudenson en disant qu'ils reposent « sur une méconnaissance de la grammaire du tayo. » Néanmoins, je constate que même si un trait grammatical correspond à un modèle mélanésien (cf. Corne, 2000a, pp. 72-73) ; *na / napa*, l'impératif, l'emploi de *pu* comme marque du possessif, les pronoms personnels, il y a aussi une congruence, même si ce n'est que dans les formes (par exemple certaines formes des pronoms personnels) avec le créole réunionnais. De plus, Corne admet qu'il existe « une poignée de lexèmes en tayo qui sont partagés par le tayo et le réunionnais, à l'exclusion du français néo-calédonien : *akos ke/akoz k* 'parce que', *siskakan/ziskakan* 'jusqu'à ce que', *sufer/sufer* 'souffrir', *ser/ser* 'sœur' en face de *laser/laser* 'religieuse' ». Malgré ces quelques emprunts apparents, Corne, tout en concédant qu'il ne pouvait pas exclure « toute possibilité d'une influence réunionnaise lors de la formation du tayo », tient à son hypothèse que « la grammaire du tayo ne doit rien au réunionnais, et beaucoup au DUB [drubéa] et au CEM [cèmuhî] » (2000a, p. 73).

Il est nécessaire de signaler que certains traits que le tayo et le réunionnais ont en commun sont aussi partagés par d'autres créoles français, y compris des lexèmes (*connaître*, *case*), l'absence de la copule, l'article indéfini facultatif, les adjectifs invariables, l'agglutination, certains pronoms et certaines réalisations phonologiques. On peut ainsi penser que certains linguistes avanceraient la thèse que leur présence en tayo est peut-être le résultat des restructurations qui ont eu lieu à Saint-Louis, et qui ressemblent à des restructurations qui ont eu lieu indépendamment dans d'autres situations de contact dans d'autres colonies françaises. Cela est bien possible. Néanmoins, ce n'est pas pour autant que je nierais un apport réunionnais au tayo. En fait, je soutiens que, quoique assez réduites en nombre (je me suis limitée à exploiter les données fournies uniquement dans deux textes historiques), les similarités phonologiques, lexicales et grammaticales prises en conjonction avec les preuves d'ordre sociohistorique, montrent que le créole réunionnais a pu influencer le développement du tayo. Mais quelles étaient les motivations pour la « création » du tayo ? Pourquoi est-ce qu'une langue créole s'est formée à Saint-Louis et nulle part ailleurs en Calédonie ? À quel point peut-on dire que les contacts avec des créolophones réunionnais ont été décisifs dans le développement du tayo ? Dans ma conclusion, je répondrai à ces questions et j'expliquerai comment des langues diverses, y compris le réunionnais, ont contribué à la formation du tayo.

Conclusion

En l'espace d'une cinquantaine d'années (1860-1910),[1] une nouvelle langue vernaculaire apparaît à Saint-Louis et devient la langue maternelle pour la troisième génération des Kanak habitant au village. Cette langue, appelée plus tard le « tayo », s'est formée sous les conditions particulières qui existaient à la Mission de Saint-Louis au dix-neuvième siècle. Le tayo peut être classifié comme une langue créole dans la mesure où il s'est développé dans des circonstances sociohistoriques qui ressemblent à celles des autres colonies où les langues créoles ont évolué. Certes, la différence la plus flagrante entre Saint-Louis et la plupart des autres territoires créolophones, c'est qu'il n'y a jamais eu d'esclavage en Nouvelle-Calédonie. Nonobstant, en regardant de près l'évolution de la Mission et du village, il y a des parallèles socioéconomiques et « écologiques » avec d'autres sociétés créoles.

Saint-Louis, village « artificiel » créé par les Pères maristes pour regrouper les familles des néophytes catholiques venus étudier à la Mission, devient rapidement ce que Chaudenson appelle une « société de plantation ». Ceci grâce aux activités religieuses et agricoles des Maristes qui fondent une société hiérarchisée dans laquelle ils occupent, bien évidemment, le rang le plus élevé et où ils rassemblent entre 1860 et 1880 des Kanak parlant le cèmuhî, le drubéa, le numèè, le xârâgurè et le xârâcùù, langues austronésiennes qui ne sont pas mutuellement intelligibles. Les Pères font venir également des travailleurs divers pour les aider avec la construction de la Mission et du village et dans leurs entreprises agricoles. Ces travailleurs parlent aussi des langues diverses y compris le français (argotique et de régions différentes car il s'agissait du français des bagnards), le créole réunionnais, le bislama et, plus tard, le javanais, le vietnamien et le japonais. Certains Mélanésiens, surtout les enfants, mais aussi les convertis adultes qui vont à l'école de catéchistes tertiaires ou au séminaire, ont un certain accès au français des Pères (ou des Sœurs dans le cas des filles) qu'ils apprennent comme langue

---

[1] Selon Ehrhart, c'est à partir de 1920 que le tayo devient un créole. D'après ses informateurs, avant cette date il n'y avait qu'un pidgin (communication personnelle, le 4 août 2006).

seconde. Les autres, ceux qui passent la plupart de leur temps à travailler dans les champs, à cultiver, entre autres, le riz, le tabac et la canne à sucre, ont un accès bien moindre au français. Plus la population Kanak augmente, plus cet accès au français des Pères diminue. Déjà, en 1872, nous savons que Saint-Louis compte une population de 20 Blancs, 30 Indiens et 500 à 600 Kanak.[2] Ainsi, comme Corne et Ehrhart ont argumenté dans leurs publications respectives, la présence de locuteurs de langues multiples, la forte hiérarchisation entre les groupes sociaux et l'apprentissage incomplet du français (cf. Ehrhart, 1992, p. 149) faisaient de Saint-Louis une communauté de type « société de plantation ».

L'interprétation de Chaudenson (2003, p. 87) que « S. Ehrhart prétend que le tayo est apparu là, car il y avait une mission catholique » est donc trop simpliste et ne tient pas du tout compte du fait qu'elle, tout comme Corne, Kihm (1995) et McWhorter (1999) d'ailleurs, montre que la Mission et le village à Saint-Louis existaient sous des conditions voisines à celles des autres sociétés de plantations. Et ce fait est primordial pour que les théories de créolisation de Chaudenson ou de Baker puissent être appliquées à l'émergence du tayo.

Quoique je m'accorde avec Ehrhart et Corne à propos de l'idée que Saint-Louis était au dix-neuvième siècle une société de plantation et que les conditions socioéconomiques et sociales existantes au village ont favorisé le développement d'une langue de contact, je me range du côté de Chaudenson (1994, 2003) quant à la possibilité d'un apport réunionnais au tayo. Vu l'histoire du peuplement que j'ai tracée dans le sud de la Calédonie, les nombreuses opportunités pour un contact réunionnais-Kanak au dix-neuvième siècle et les quelques similarités linguistiques entre le créole réunionnais et le tayo, je pense que le créole réunionnais était l'une des langues qui a contribué au développement du tayo, et ce à l'encontre d'Ehrhart (1993, p. 46) qui déclare qu'il « n'y a aucune raison de penser que les St-Louis aient eu des contacts étroits avec des Réunionnais qui auraient pu interférer dans la formation du créole local. »

---

[2] *Le Moniteur de la Nouvelle-Calédonie*, le 3 juillet 1872, n° 667.

Afin de comprendre pourquoi, selon moi, le créole réunionnais a pu avoir un rôle dans le développement d'une langue vernaculaire parlée principalement par les Kanak de Saint-Louis, il est nécessaire que j'éclaircisse ma position théorique.

Tout d'abord, il faut dire que je pense que Corne (2000a) a sans doute raison quand il évoque les besoins de communication au sein du village comme motivation pour la « création » du tayo. Je trouve, par contre, que ce serait aller trop loin que d'exclure la notion d'une langue-cible dans la formation de cette nouvelle langue vernaculaire. Qu'une langue de contact, qui deviendra la langue vernaculaire du village, se soit développée à Saint-Louis, est, pour emprunter les termes de Baker (1992), une « conséquence heureuse d'un problème de communication dans une société plurielle », n'est pas disputé. Toutefois, le fait que le lexique et même la grammaire (quoique je reviendrai sur ce point ci-dessous) de cette langue se basent sur les variétés de français qui se parlaient au village à l'époque de son développement, nous signale qu'il y avait bien une cible pour les Kanak de Saint-Louis. Les Kanak étaient, en effet, des apprenants guidés dans le cas de certains, non-guidés dans le cas de la majorité, d'une langue seconde. Que le français (ou les variétés de cette langue) soit la langue-cible se détermine par le rôle majeur des Pères maristes dans la fondation de Saint-Louis. C'était uniquement à cause d'eux que les Kanak d'origines diverses et parlant des langues différentes se trouvaient groupés sur les terres de la Mission. Les Pères, comme les maîtres d'esclaves dans d'autres colonies créolophones, tenaient le pouvoir au sein de la communauté et c'était donc leur langue, qu'ils enseignaient d'ailleurs aux élèves des écoles de la Mission, qui sera adoptée comme langue-cible. Si le seul objectif était de créer un « moyen de communication inter-ethnique » (cf. Baker, 1992, p. 1), pourquoi les Kanak n'ont-ils pas choisi le drubéa, une langue locale qui jouissait d'un certain prestige étant donné que c'était la langue Kanak qui se parlait dans la région de Saint-Louis avant l'implantation des Maristes ou bien le cèmuhî, la langue des Touho, le groupe le plus puissant de Saint-Louis ?

Sans écarter l'importance de toutes les langues mélanésiennes qui se parlaient à Saint-Louis dans l'évolution du tayo, il me semble essentiel d'accepter qu'il y ait une langue-cible à Saint-Louis, en l'occurrence la langue dite « lexificatrice » le français. Cependant, comme nous l'avons vu dans les chapitres précédents, les missionnaires et les Kanak n'étaient pas les seuls habitants de Saint-Louis et les Kanak ont eu l'occasion d'entrer en contact avec d'autres groupes habitant le sud. Les langues de ces gens auraient également exercé une influence sur le développement du tayo car, comme Chaudenson (1994, p. 134) l'a bien souligné, le lexique du tayo révèle « des termes qui ne relèvent nullement du français standard. » Des termes que l'on « voit mal les Pères Maristes user avec leurs élèves [...] comme 'akoz k', 'kone', 'done la men', 'reste', 'pye d bwa', 'taler', etc. »

À l'instar de Salikoko Mufwene (1996b, 1997, 2001, 2002, 2003, 2005), je souscris au principe des « fondateurs », c'est-à-dire que le rôle joué par la population fondatrice d'une société donnée est critique pour son avenir social, culturel et, ce qui nous intéresse le plus, linguistique. Les langues et dialectes de ces fondateurs font donc partie de ce que Mufwene nomme un « feature pool » d'où les idiolectes (et les langues) sélectionnent les « matériaux de construction » (cf. Chaudenson, 1992) qu'elles veulent utiliser dans leurs systèmes.[3] Comme dans le modèle biologique qu'utilise Mufwene, il existe des mécanismes d'évolution, de compétition et de sélection d'un « feature pool ». Alors que ce qui est sélectionné est le plus souvent tiré de la langue-cible, s'il y a des congruences (cf. Corne, 1999) entre les langues faisant partie du « feature pool », c'est-à-dire quand des langues diverses partagent des structures similaires, ces structures sont fréquemment favorisées et le plus souvent sélectionnées dans les langues de contact émergentes. En restructurant la langue-cible, les apprenants non-guidés doivent s'accommoder mutuellement et ces accommodations entre interlocuteurs conduisent à la formation d'une nouvelle langue communautaire.

Corne (1995b, 2000a, 2000b) a bien démontré le rôle de congruence dans la rétention en tayo de certains traits mélanésiens qui ont des structures équivalentes en français (les marqueurs de temps et d'aspect, le système pronominal, la relativisation, la thématisation, le verbe impersonnel indépendant *na*, certaines interrogations,

---

[3] Selon Mufwene (2002, p. 47), une langue « is a species because it exists only as an extrapolation from similar but varying idiolects ». (On peut assimiler le concept de « langue » avec celui d'« espèce » car la langue n'existe qu'en tant qu'extrapolation d'idiolectes qui sont similaires mais qui varient aussi.)

l'impératif, le causatif et la négation). Pour lui, ce qui a été retenu ne reflète pas exactement des systèmes grammaticaux Kanak, le tayo ne représentant pas pour lui une relexification d'une langue mélanésienne, mais plutôt certains traits que ces langues ont en commun et qui se trouvent également en français. Dans ce sens, Corne ne se trouvent pas très loin de Mufwene (1997, p. 57) qui explique la contribution des langues dites « substratiques » dans son schéma :

[. . .] nous pouvons interpréter la restructuration qui produit des langues créoles en termes de métissage, c'est-à-dire comme une combinaison dans un système nouveau de traits linguistiques d'origines souvent diverses. Ce nouveau système n'est pas nécessairement parfait, ce qui est typique des langues non créoles aussi. [. . .] des influences d'origines diverses peuvent, par convergence ou pour d'autres raisons, contribuer au développement des créoles. Même si tous, ou la plupart des « matériaux de construction », venaient d'une même source, à savoir la langue lexificatrice, il reste toujours possible, [. . .] que les principes d'usage de ces matériaux puissent provenir de sources différentes.

Pourtant, Corne n'a pas admis la contribution d'autres langues que les langues ancestrales Kanak et le français dans la genèse du tayo. Le principe des fondateurs, cependant, exige que nous tenions compte de l'histoire du peuplement de chaque situation de contact et, presque dès le début, les Réunionnais faisaient partie de la population fondatrice du sud calédonien. S'il n'y avait aucun contact entre les Kanak de Saint-Louis et les Réunionnais (et les Malabars créolophones) qui habitaient Saint-Louis, les terres de la Mission et les circonscriptions aux alentours du village, il ne serait pas question d'inclure leur parler dans le « feature pool » duquel les Saint-Louis ont fait les sélections qui allaient déterminer l'évolution du tayo. Mais, comme je l'ai montré dans le chapitre 8, les Kanak de Saint-Louis avaient toute possibilité d'entrer en contact avec les Réunionnais, soit en dehors de Saint-Louis lors des trajets pendant lesquels ils passaient par les enclaves réunionnaises du sud, soit chez eux avec les travailleurs réunionnais et malabars qui leur transmettaient leurs connaissances dans l'industrie sucrière ou avec les habitants réunionnais de Saint-Louis ou du voisinage qu'ils voyaient dans le village ou dans les champs. En fait, pendant la période qui nous intéresse le plus, la plupart des Kanak de Saint-Louis avaient probablement plus de contacts avec les autres travailleurs, qu'ils soient réunionnais, malabars, néo-hébridais ou bagnards, qu'ils avaient avec les Pères de la Mission. Les parlers de tous ces gens ont donc contribué au « feature pool » d'où le tayo a évolué.

Ce « feature pool » des fondateurs contenait le français des Pères, le latin des Pères (pour les élèves des écoles et du séminaire), le français des travailleurs et des bagnards, le créole réunionnais (L1 et L2), le bislama et les langues Kanak le cèmuhî, le drubéa et le numèè. Plus tard, des locuteurs du xârâgurè et du xârâcùù s'ajoutaient au « feature pool » ainsi que des locuteurs du javanais, du vietnamien et du japonais. Selon les hypothèses de Mufwene ainsi que celles de Baker 1984, Baker et Corne 1987 et Chaudenson, les langues des retardataires auraient exercé moins d'influence sur le créole émergeant que celles des premiers-venus, les parlers de la population fondatrice étant les cibles des nouveaux-arrivés.[4] Ceci semble être le cas pour le tayo, la plupart des traits mélanésiens se tirant des grammaires du cèmuhî et du drubéa (cf. Corne, 2000a).

Étant donné la supériorité numérique des Kanak à Saint-Louis il n'est pas surprenant que bon nombre de traits en tayo se révèlent de « typologie » essentiellement mélanésienne (cf. Corne, 2000a, p. 69 et Siegel, Sandeman et Corne, 2000). Mufwene (2002, p. 55) constate que ce qui est retenu du « feature pool » est toujours ce qui est le plus commun, le plus transparent, le plus saillant pour les locuteurs et, comme les langues Kanak s'accordent de manière générale sur leurs grammaires, le fait que ces traits ont été choisis est tout à fait prévisible. Néanmoins, malgré leur petit nombre, la langue des Pères a beaucoup contribué à la formation du tayo car ils étaient au sommet de la hiérarchie de Saint-Louis. L'apport des Réunionnais était sûrement moindre que celui des Pères et des Kanak mais en tant que membres de la population fondatrice leur langue faisait sans aucun doute partie du « feature pool » dont disposaient les Kanak de Saint-

---

[4] La seule exception était quand les nouveaux-venus parlant des langues homogènes sont arrivés en grand nombre et du jour au lendemain ils ont dépassé en nombre les populations des esclaves créoles ou « créolisés » (c'est-à-dire ceux qui sont dans le pays depuis longtemps). À ce moment-là, certains traits des parlers des nouveaux-venus auraient pu avoir un avantage sélectif (cf. Mufwene, 1996b, p. 104).

Louis. Les « gros Blancs » ou propriétaires terriens réunionnais tenaient souvent des positions importantes dans la société coloniale et ont probablement influencé le parler koinè qui se développait dans le sud calédonien. Les « petits Blancs » et les engagés et travailleurs libres noirs, métis et malabars ont également contribué au développement non seulement de la koinè locale mais aussi du tayo étant donné leur nombre relativement important et leurs connaissances techniques dans l'agriculture et l'industrie sucrière. C'était avec ces gens-là que les Kanak à Saint-Louis avaient des contacts réguliers au moment où le tayo évoluait.

Vu l'importance de l'agriculture et, plus précisément, la culture et production de sucre dans les contacts réunionnais-Kanak et malabar-Kanak, il est dommage que nous ne disposions pas actuellement, comme le note Chaudenson (1994, p. 132), de termes techniques ou « relevant de la culture matérielle » dans le tayo que nous puissions comparer avec leurs équivalents en créole réunionnais. Ce genre de comparaison qui aurait, d'ailleurs, la possibilité de soutenir ou d'affaiblir mon hypothèse, ne pourra se faire qu'après l'aboutissement d'une recherche dans les lexiques spécialisés du tayo. Pour l'instant, en me basant exclusivement sur les textes réunionnais de Julien Bernier et de Socrate, je peux signaler les traits suivants partagés par le créole réunionnais qui se parlait au dix-neuvième siècle en Calédonie et le tayo : les réalisations phonologiques « i » pour la voyelle arrondie en français « y » et « e » à la place de la voyelle arrondie en français « ø », les lexèmes « connaître » pour « savoir », « case », « couillonner » et « tien bon », l'agglutination de « l » aux noms créés à partir d'un nom français commençant par une voyelle ou par un h muet, Ø copule, les similarités entre la copule « le » en créole réunionnais et le pronom dépendant « le » dans la mise en relief en tayo, les présentateurs « na » et « napa », le verbe de modalité « moyen », l'article indéfini facultatif, les adjectifs invariables, l'adverbe de lieu « là-bas » et le pronom « moi ». Que certains de ces traits aient une congruence avec les langues Kanak et le français ne fait que renforcer leur sélection dans la nouvelle langue vernaculaire de Saint-Louis.

Peut-on donc catégoriser le tayo comme un « créole de deuxième génération » ? D'abord, il faut clarifier la notion de « créole de deuxième génération ». Chaudenson dit lui-même qu'il ne prétend

« nullement que le tayo est du réunionnais » (1994, p.131). Il suggère plutôt que le créole réunionnais est « une composante importante dans la genèse du tayo » (1994, p. 132). Il est vrai que les Réunionnais ont apporté la technologie sucrière aux Kanak de Saint-Louis et ont, selon toute probabilité, transmis leurs connaissances au moyen du créole réunionnais. Ce faisant, ils ont contribué au « feature pool » du tayo et, selon les critères de Chaudenson, il en résulte que le tayo, quoique endogène, peut être classé comme « créole de deuxième génération ». Néanmoins, je ne considère pas que la présence de locuteurs du créole réunionnais ait déclenché la genèse du tayo. Autrement dit, qu'ils aient été là ou non, les conditions existantes à Saint-Louis auraient toujours nécessité l'évolution d'une langue vernaculaire au village. Les Réunionnais ne représentaient donc pas un facteur décisif dans le développement du tayo, mais plutôt un groupe de locuteurs parmi d'autres qui ont apporté leur parler au « feature pool » du tayo.

Ayant établi de façon détaillée l'histoire sociale et démographique des Réunionnais au sud de la Calédonie à l'époque où le tayo se formait, j'ai pu en conclure que les Réunionnais et leurs engagés créolophones, présents en plus grand nombre que les autres chercheurs en étaient conscients, avaient sûrement un contact assez régulier avec les Kanak de Saint-Louis au dix-neuvième siècle et que ce contact a facilité un apport du créole réunionnais au tayo. Le degré de cet apport ne peut, pour le moment, être fixé car il reste un grand travail comparatif à faire entre les deux créoles et avec les créoles français en général, un travail que maintenant, étant donné les données historiques qui indiquent un contact entre les Réunionnais et les Saint-Louis, ne pourra manquer de se révéler utile à une meilleure compréhension de l'évolution du tayo, le seul créole français connu du Pacifique.

Bibliographie

Sources d'archives

Centre d'Archives d'Outre-Mer, Aix-en-Provence, France

Cartons :

CAOM FM SG NCL/1
CAOM FM SG NCL/11
CAOM FM SG NCL/26
CAOM FM SG NCL/28
CAOM FM SG NCL/32
CAOM FM SG NCL/172
CAOM FM SG NCL/173

Registres d'État Civil :

DPPC EC NCL/NOUMEA/3 1863-1865
DPPC EC NCL/NOUMEA/4 1866
DPPC EC NCL/NOUMEA/5 1867-1868
DPPC EC NCL/NOUMEA/6 1869-1870
DPPC EC NCL/NOUMEA/7 1871
DPPC EC NCL/NOUMEA/8 1872
DPPC EC NCL/NOUMEA/9 1873
DPPC EC NCL/NOUMEA/10 1874
DPPC EC NCL/NOUMEA/12 1876
DPPC EC NCL/NOUMEA/13 1877
DPPC EC NCL/NOUMEA/22 1886
DPPC EC NCL/NOUMEA/23 1887
DPPC EC NCL/NOUMEA/27 1891
DPPC EC NCL/NOUMEA/30 1894
DPPC EC NCL/NOUMEA/33 1897
DPPC EC NCL/NOUMEA/34 1898
DPPC EC NCL/NOUMEA/35 1899
DPPC EC NCL/PAITA/1 1870-1880
DPPC EC NCL/PAITA/2 1881-1886

DPPC EC NCL/DUMBEA/1 1875-1886
DPPC EC NCL/DUMBEA/2 1887-1889
DPPC EC NCL/MONTDOR/1 1879-1886
DPPC EC NCL/MONTDOR/2 1887-1889
Le Moniteur de la Nouvelle-Calédonie

BIB AOM/50104/1862-1885

Évêché de Nouméa

Manuscrits des missions maristes

Lettres et archives de l'archevêché de la Conception

Le Service des Archives de Nouvelle-Calédonie

Album Robin-De Greslan, cote 1
Album Marchand, cote 2

Sources imprimées

Angleviel, F. 2004. « Le métissage en Nouvelle-Calédonie : réalité biologique et question culturelle ». *In* Angleviel (éd.), *La Nouvelle-Calédonie : terre de métissages. Annales d'histoire calédonienne, 1*. Paris : Les Indes savantes, 13-23.

Armand, A. 1987. *Dictionnaire kréol rénioné – français*. Saint André : Océan Éditions.

Baggioni, D. 1987. *Petit dictionnaire créole réunionnais-français*. Université de la Réunion.

Baker, P. 1984. « Agglutinated French articles in Creole French : their evolutionary significance ». *Te Reo*, 27, 89-129.

Baker, P. 1990. « Off Target ? ». *Journal of Pidgin and Creole Languages*, 5.1, 107-119.

Baker, P. 1992. « Le créole mauricien : conséquence heureuse d'un problème de communication dans une société plurielle ? ». Communication au VIIe Colloque international des Études Créoles, Flic-en-Flac, Maurice, 30 septembre - 5 octobre 1992.

Baker, P. 1993. « Directionality in pidginization and creolization ». Communication au Colloque de la SPCL, Amsterdam, Pays-Bas, 10-12 juin 1993.

Baker, P. 1994. « Creativity in Creole Genesis ». *In* Adone, D. et Plag, I. (éds.), *Creolization and Language Change*. Tübingen : Max Niemeyer, 65-84.

Baker, P. 1995. « Motivation in Creole Genesis ». *In* Baker, P. (éd.), *From Contact to Creole and Beyond*. London : University of Westminster Press, 3-15.

Baker, P. et Corne, C. 1982. *Isle de France Creole : affinities and origins*. Ann Arbor : Karoma.

Baker, P. et Corne, C. 1987. « Histoire sociale et créolisation à la Réunion et à Maurice ». *Revue québécoise de linguistique théorique et appliquée*, 6.2, 71-87.

Baudoux, G. 1952. *Légendes canaques II : Ils avaient vu des hommes blancs*. Paris : Nouvelles Éditions Latines.

Baudoux, G. 1972. *Les blancs sont venus*. Nouméa : Publications de la Société d'Études Historiques de la Nouvelle-Calédonie.

Baudoux, G. 1979. *Les blancs sont venus tome 2*. Nouméa : Publications de la Société d'Études Historiques de la Nouvelle-Calédonie.

Bickerton, D. 1981. *Roots of Language*. Ann Arbor : Karoma.

Bickerton, D. 1984. « The language bioprogam hypothesis ». *Behavioral and Brain Sciences*, 7, 173-221.

Brou, B. 1973. *Mémento d'Histoire de la Nouvelle-Calédonie. Les temps modernes : 1774-1925.* Nouméa : Publications de la Société d'Études Historiques de la Nouvelle-Calédonie.

Brou, B. 1980a. « Un cas de vérité historique chez Baudoux ». *Bulletin de la Société d'Études Historiques de la Nouvelle-Calédonie*, 43, 47-56.

Brou, B. 1980b. *Peuplement et population de la Nouvelle-Calédonie.* Nouméa : Publications de la Société d'Études Historiques de la Nouvelle-Calédonie.

Brou, B. 1982. *Lieux historiques de La Conception, Saint-Louis, Yahoué.* Nouméa : Publications de la Société d'Études Historiques de la Nouvelle-Calédonie.

Brou, B. 1994. « Colonisation et 'Malgré Nous'. Recherches sur les motivations des colons de 1840 à 1875. Réflexions comparatives sur les débuts de la colonisation française dans le Pacifique Sud ». *In* de Dekker, P. (éd.), *Le peuplement du Pacifique et de la Nouvelle-Calédonie au XIXe Siècle (1788-1914) : Condamnés, Colons, Convicts, Coolies, Chân Dang.* Paris : L'Harmattan, 401-416.

Carayol, M. 1977. *Le français parlé à la Réunion : Phonétique et Phonologie.* Lille : Université de Lille III.

Cellier, P. 1985. *Comparaison syntaxique du créole réunionnais et du français.* Saint-Denis : Université de la Réunion.

Chaudenson, R. 1974. *Le lexique du parler créole de la Réunion, tome 1.* Paris : Honoré Champion.

Chaudenson, R. 1979. *Les créoles français.* Paris : Nathan.

Chaudenson, R. 1992. *Des îles, des hommes, des langues. Essai sur la créolisation linguistique et culturelle*. Paris : L'Harmattan.

Chaudenson, R. 1994. « À propos de Sabine Ehrhart, Le créole français de St-Louis (le tayo) en Nouvelle-Calédonie ». *Études créoles*, 17.1, 128-142.

Chaudenson, R. 1995. *Les créoles*. Paris : P.U.F.

Chaudenson, R. 2003. *La Créolisation : théorie, applications, implications*. Paris : L'Harmattan.

Chevalier, L. 1997. *Les Bourbonnais de Nouvelle-Calédonie : l'arrivée des premiers Réunionnais sur le Caillou*. Nouméa : L'Amicale des Réunionnais et des amis de la Réunion.

Colombani, H. 1988. « Le voyage dans la littérature Calédonienne (Baudoux, Bloc, Mariotti…) ». *In* Ricard, M. (éd.), *Actes du colloque Corail. Migrations et identités*. Nouméa : Publications de l'Université française du Pacifique.

Cook, J. 1777. *A voyage towards the South Pole, and round the world : performed in His Majesty's ships the Resolution and Adventure, in the years, 1772, 1773, 1774, and 1775/written by James Cook, commander of the Resolution ; in which is included, Captain Furneaux's narrative of his proceedings in the Adventure during the separation of the ships. In two volumes. Illustrated with maps and charts, and a variety of portraits of persons and views of places, drawn during the voyage by Mr. Hodges, and engraved by the most eminent Masters, Vol. II.* London : W. Strahan and T. Cadell.

Corne, C. 1989. « Un créole à base lexicale française en Nouvelle-Calédonie : le tayo ou le patois de Saint-Louis ». *Études créoles*, 12.2, 29-42.

Corne, C. 1990a. « L'agencement temporel des événements démographiques dans la création d'une langue créole et le tayo de Saint-Louis en Nouvelle-Calédonie ». *In* Tolron, F. (éd.), *L'Homme et le temps Actes du deuxième Colloque C.O.R.A.I.L.* Nouméa : C.O.R.A.I.L., 11-27.

Corne, C. 1990b. « Tayo pronouns : a sketch of the pronominal system of a French-lexicon Creole language of the South Pacific ». *Te Reo*, 33, 3-24.

Corne, C. 1991. « Pour une description de la langue créole parlée à Saint-Louis (Nouvelle-Calédonie) ». *Observatoire du français dans le Pacifique – Études et documents*, 6, 125-131.

Corne, C. 1993. « Creole French : of Continuity, Change and Creation ». *Prudentia*, 25.2, 47-71.

Corne, C. 1994. « Relativization and Thematization in Tayo and the implications for Creole genesis ». *Journal of Pidgin and Creole Languages*, 9.2, 283-304.

Corne, C. 1995a. « Pour une évaluation de la contribution des langues mélanésiennes dans la formation de tayo ». Angleviel, F. (éd.), *Parole, communication et symbole en Océanie*. Paris : L'Harmattan, 167-203.

Corne, C. 1995b. « A contact-induced and vernacularized language : how Melanesian is Tayo? » *In* Baker, P. (éd.), *From Contact to Creole and Beyond*. London : University of Westminster Press, 121-148.

Corne, C. 1997. « Tayo Causatives : The Retention in a French-lexified Contact-induced Vernacular of Transfers from New Caledonian Melanesian ». *Te Reo*, 40, 76-91.

Corne, C. 1998. « The Typology of the Tayo Language of St Louis, New Caledonia ». *In* Tent, J. & Mugler, F. (éds.), *SICOL Proceedings of the Second International Conference on Oceanic Linguistics, Vol. 1, Language Contact*. Canberra : Pacific Linguistics, 11-26.

Corne. C. 1999. *From French to Creole. The development of new vernaculars in the French colonial world*. London : University of Westminster Press.

Corne. C. 2000a. « Où en est l'étude du tayo ? Bilan et perspectives ». *Observatoire du français dans le Pacifique – Études et documents*, 13, 65-87.

Corne, C. 2000b. « Na pa kekan, na person : The evolution of Tayo negatives ». *In* J. Siegel, J. (éd.), *Processes of Language Contact : Studies from Australia and the South Pacific*. Montréal : Les Éditions Fides. Collection Champs Linguistiques, 293-317.

Cornet, C. 1997. « Didier Numa Joubert, pionnier malchanceux de l'agriculture calédonienne ». *Bulletin scientifique de la Société d'Études Historiques*, 112, 67-84.

Dauphiné, J. 1998. *Canaques de la Nouvelle-Calédonie à Paris en 1931. De la case au zoo*. Paris : L'Harmattan.

Delathière, J. 2004a. « Métissage forcé ou volontaire ? Un exemple d'acculturation rapide : les Indiens de Nouvelle-Calédonie ». *In* Angleviel (éd.), *La Nouvelle-Calédonie : terre de métissages. Annales d'histoire calédonienne*, 1. Paris : Les Indes savantes, 107-113.

Delathière, J. 2004b. *La Foa : 120 ans d'histoire municipale : 1883-2003*. La Foa : Mairie de La Foa.

Delignon dit Buffon, L. 1898. *Les aliénations de terres et la colonisation libre agricole en Nouvelle-Caléonie*. Paris : Challamel. (Thèse pour le doctorat).

D'Entrecasteaux, A. R. J. B. 2001. *Bruny d'Entrecasteaux : Voyage to Australia and the Pacific, 1791-1793*, Duyker, E. et Duyker, M. (eds./trads.). Melbourne : Melbourne University Press.

Devambez-Armand, V. 1994. « Les recrutements : chronologie de la main-d'œuvre immigrée sous contrat en Nouvelle-Calédonie ». *In* de Dekker, P. (éd.), *Le peuplement du Pacifique et de la Nouvelle-Calédonie au XIXe Siècle (1788-1914) : Condamnés, Colons, Convicts, Coolies, Chân Dang*. Paris : L'Harmattan, 208-217.

Dousset-Leenhardt, R. 1978. *Colonialisme et contradictions Nouvelle-Calédonie 1878-1978*. Paris : L'Harmattan.

Ehrhart, S. 1992. « La fête dans les traditions de la tribu de Saint-Louis, Nouvelle-Calédonie : brève étude linguistique d'un récit en créole français (tayo) ». *In* Gasser, B. (éd.), *La fête*. Nouméa : C.O.R.A.I.L, 147-164.

Ehrhart, S. 1993. *Le créole français de St-Louis (le tayo) en Nouvelle-Calédonie*. Humburg : Buske.

Ehrhart, S. 1994a. « Der Einfluβ des Réunionnais auf das Tayo in Neukaledonien – Mythos oder Realität? » Communication au 16ème Jahrestagung der Deutschen Gesellschaft für Sprachwissenschaft, mars 1996, Münster, Allemagne.

Ehrhart, S. 1994b. « Quelques réflexions concernant la genèse du tayo en Nouvelle-Calédonie et discussion des éventuels apports venant de l'extérieur, notamment du créole réunionnais ». ms.

Ehrhart, S. 2005. « Le rôle du substrat, du superstrat et des adstrats dans la formation d'une langue de contact – étude de cas : le Tayo de Saint-Louis ». ms.

Ehrhart-Kneher, S. et Corne. C. 1996. « The Creole language Tayo and language contact in the 'Far South' region of New Caledonia ». *In* Mühlhäusler, P., Tryon, D. et Wurm, S. (éds.), *Atlas of languages for intercultural communication in the Pacific region*. Berlin : de Gruyter, 265-270.

Ehrhart, S. et Speedy, K. 2005. « Multilingual patterns and language contact in New Caledonia ». ms.

Fuma, S. 1992. *L'esclavagisme à la Réunion 1794-1848.* Paris : L'Harmattan.

Gascher, P. 1975. *La belle au bois dormant : regard sur l'administration coloniale en Nouvelle-Calédonie de 1874 à 1894.* Nouméa : Publications de la Société d'Études Historiques de la Nouvelle-Calédonie.

Griscelli, P. 1985. « Hommage à Jean Mariotti ». *BSÉHNC*, 64, 7-11.

Guiart, J. 1997. « Introduction » de l'article de Kurtovich, I. « Sortir de l'indigénat : cinquantième anniversaire de l'abolition du régime de l'indigénat en Nouvelle-Calédonie ». *Journal de la Société des Océanistes* 105.2. 117-120.

Hall, R. Jr. 1966. *Pidgin and Creole Languages.* Ithaca, NY : Cornell University Press.

Hazaël-Massieux, M.-C. et Robillard, D. (éds.). 1997. *Contacts de langues contacts de cultures créolisation.* Paris : L'Harmattan.

Hollyman, K. J. 1971. « French in the Pacific ». In Sebeok, T. A. (éd.), *Current Trends in Linguistics 8 : Linguistics in Oceania.* La Haye, Paris : Mouton, 903-937.

Hollyman, K. J. 1976. « Les pidgins européens de la région calédonienne ». *Te Reo*, 19, 25-65.

Hollyman, K. J. 2000. « Les pidgins anglais et français de la région calédonienne ». *Observatoire du français dans le Pacifique – Études et documents*, 13, 25-64.

Jennings, W. 1993. « La genèse du cayennais : étude de sa démographie et l'évolution de son système verbal ». Mémoire inédit, Université d'Auckland.

Jennings, W. 1995. « The first generations of a Creole society : Cayenne 1660-1700 ». *In* Baker, P. (éd.), *From Contact to*

Creole and Beyond. London : University of Westminster Press, 21-40.

Joubert, N. 1997. « La canne à sucre dans la Vallée de la Dumbéa. Les débuts de la culture agricole en N.C. ». *Bulletin scientifique de la Société d'Études Historiques de la Nouvelle-Calédonie*, 112, 57-58.

Kihm, A. 1995. « Tayo, the strange bird from New Caledonia : determiners and tense-aspect in Tayo and their implications for creolization theories ». *Journal of Pidgin and Creole Languages*, 10.2, 225-252.

Le Chartier, H. 1885. *La Nouvelle-Calédonie et les Nouvelles-Hébrides*. Paris : Jouvet et Cie.

Lyons, M. 1986. *The totem and the tricolour : a short history of New Caledonia since 1774*. Kensington : New South Wales University Press.

Manessy, G. 1989. « De quelques notions imprécises (bioprogramme, sémantaxe, endogénéité) ». *Études créoles*, 12.2, 87-111.

McWhorter, J. 1999. « A Creole by any other name : streamlining the terminology ». *In* Huber, M. et Parkvall, M. (éds.), *Spreading the Word. The issue of diffusion among the Atlantic Creoles*. London : University of Westminster Press, 5-28.

Merle, I. 1995. *Expériences coloniales : La Nouvelle-Calédonie (1853-1920)*. Paris : Belin.

Merle, I. 1996. « Le Régime de l'indigénat et l'impôt de capitation en Nouvelle-Calédonie. De la Force et du Droit : la genèse d'une législation d'exception ou les principes fondateurs d'un Ordre Colonial ». *In* Saussol, A. et Zitomersky, J. (éds.), *Colonies, territoires, sociétés : l'enjeu français*. Paris : L'Harmattan, 223-241.

Mufwene, S. 1996a. « Creolization and grammaticization : what creolists could contribute to research on grammaticization ». In Baker, P. et Syea, A. (éds.), *Changing meanings, changing functions. Papers relating to grammaticalization in contact languages*. London : University of Westminster Press, 5-28.

Mufwene, S. 1996b. « The Founder Principle in Creole genesis ». *Diachronica*, 13.1, 115-168.

Mufwene, S. 1997. « Métissages des peuples et métissages des langues ». *In* Hazaël-Massieux, M.-C. et Robillard, D. (éds.), *Contacts de langues contacts de cultures créolisation*. Paris : L'Harmattan, 51-70.

Mufwene, S. 2001. *The Ecology of Language Evolution*. Cambridge : Cambridge University Press.

Mufwene, S. 2002. « Competition and Selection in Language Evolution ». *Selection 3*, 1, 45-56.

Mufwene, S. 2003. « Genetic Linguistics and Genetic Creolistics : A Response to Sarah G. Thomason's 'Creoles and Genetic Relationships' ». *Journal of Pidgin and Creole Languages*, 18.2, 273-188.

Mufwene, S. 2005. *Créoles, écologie sociale, évolution linguistique*. Paris : L'Harmattan.

O'Reilly, P. 1950. « Georges Baudoux prospecteur et écrivain calédonien ». *Journal de la société des océanistes*, 6, 185-206.

O'Reilly, P. 1953. *Calédoniens, répertoire bio-bibliographique de la Nouvelle-Calédonie*. Paris : Musée de l'homme.

Papen, R. 1978. *The French-Based Creoles of the Indian Ocean : An Analysis and Comparison*. PhD thesis, University of California.

Parkvall, M. 2000. *Out of Africa*. London : Battlebridge.

Pionnier, Père. 1911. *Temps héroïques de la mission de Nouvelle-Calédonie*. Nouméa.

Roux, J.-C. 1983. « Le problème des migrations dans la zone Pacifique insulaire, un éternel recommencement ». O.R.S.T.O.M Fonds Documentaire, B-3522. http://www.bondy.ird.fr/pleins_textes_5/6_fdi_02-03/03522.pdf

Roux, J.-C. 1984b. « Les Indiens de Nouvelle-Calédonie (une ethnie disparue par assimilation) ». *BSEHNC*, 58, 3-11.

Salinis, Père A. de. 1892. *Marins et missionnaires, conquête de la Nouvelle-Calédonie 1843-1853*. Paris : V. Retaux et Fils Libraires-Editeurs

Savoie, C. 1922. *Histoire de la Nouvelle-Calédonie et de ses dépendances, sous les Gouverneurs Militaires 1853-1884. Gouvernement, administration, politique, instruction publique, transportation, déportation, indigènes, Nouméa, Colonisation, élevage, agriculture, mines, commerce et industrie, insurrections et troubles, cyclones, Nouvelle-Hébrides*. Nouméa : Imprimerie Nationale.

Saussol, A. 1979. « Une expérience fouriériste en Nouvelle-Calédonie : le phalanstère de Yaté ». *Bulletin de la Société d'Études Historiques de la Nouvelle-Calédonie*, 38, 25-34.

Saussol, A. 1996. « Nouvelle-Calédonie : stratégies coloniales et organisation de l'espace. Le mythe d'une colonie de peuplement ». *In* Saussol, A. et Zitomersky, J. (éds.), *Colonies, territoires, sociétés : l'enjeu français*. Paris : L'Harmattan, 182-215.

Siegel, J., Sandeman, B. et Corne, C. 2000. « Predicting Substrate Influence: Tense-Modality-Aspect Marking in Tayo ». *In*

Siegel, J. (éd.), *Processes of Language Contact: Studies from Australia and the South Pacific*. Montréal : Les Éditions Fides. Collection Champs Linguistiques, 75-97.

Shineberg, D. 1967. *They came for sandalwood : a study of the sandalwood trade in the South-West Pacific 1830-1865*. Melbourne : Melbourne University Press.

Shineberg, D. 1991. « 'Noumea no good. Noumea no pay': 'New Hebridean' Indentured Labour in New Caledonia, 1865-1925 ». *The Journal of Pacific History*, 26.2, 187-205.

Singler, J. V. 1993. « African influence upon Afro-American Language Varieties : a consideration of sociohistorical factors ». *In* Mufwene, S. (éd.), *Africanisms in Afro-American Language Varieties*. Athens et London : The University of Georgia Press.

Speedy, K. 1994. « Mississippi and Tèche Creole : a demographic and linguistic case for separate genesis in Louisiana ». Mémoire inédit, Université d'Auckland.

Speedy, K. 1995. « Mississippi and Tèche Creole : two separate starting points for Creole in Louisiana ». *In* Baker, P. (éd.), *From Contact to Creole and Beyond*. London : University of Westminster Press, 97-114.

Speedy, K. 2002. « Early Louisiana French ». *AUMLA*, 97, 96-113.

Speedy, K. 2003. « Translating Socrates' 'Creole' in Georges Baudoux's Sauvages et Civilisés ». *Metamorphoses. Special Issue on Francophone Literature*, 11.1, 120-132.

Speedy, K. 2005. « Les parlers du Créole et du Tonkinois dans *Sauvages et Civilisés* de Baudoux : authentiques ou stéréotypés ? » *In* Fillol, V. et Vernaudon, J. (éds.), *Stéréotypes et représentations en Océanie, Actes du 17ème*

Colloque CORAIL, Nouméa : Corail/Éditions Grain de Sable, pp. 107-124.

Speedy, K. 2006. « 'Naturam expelles furca tamen usque recurret' : Exploring the Ambiguity behind the notions of 'Savage' and 'Civilised' in Baudoux's Colonial New Caledonia ». *Essays in French Literature*, 43, 217-235.

Speedy, K. sous presse. « Reunion Creole in New Caledonia : what influence on Tayo ? ». *Journal of Pidgin and Creole Languages*, 22.2.

Stefanson, B. (éd.). *Littérature de Nouvelle-Calédonie. Notre librairie. Revue des littératures du Sud.* Paris : CLEF.

Terrier-Douyère, Christiane. 1998. « Tous métis ». *In* Blandinières, G. (éd.), *Le Mémorial Calédonien*, Nouméa : Planète Mémo, 377-379.

Thompson, A.-G. 2000. *John Higginson, un spéculateur-aventurier à l'assaut du Pacifique, Nouvelle-Calédonie / Nouvelle-Hébrides.* Paris : L'Harmattan.

Vanmai, J. 1980. *Chân Dang : Les Tonkinois de Calédonie au temps colonial.* Nouméa : Société d'Études historiques.

Vanmai, J. 1983. *Fils de Chân Dang.* Nouméa : Éditions de l'Océanie.

Véronique, D. 1997. « Genèse des créoles français et appropriation : à propos des thèses de Robert Chaudenson ». *In* Hazaël-Massieux, M.-C. et Robillard, D. (éds.), *Contacts de langues contacts de cultures créolisation.* Paris : L'Harmattan, 191-208.

Table des matières

Remerciements		7
Liste des abréviations		8
Préface		9
Introduction		17
Chapitre 1 :	Les Blancs sont venus	33
Chapitre 2 :	Les grandes concessions : les débuts de l'industrie sucrière	43
Chapitre 3 :	L'appel à l'immigration réunionnaise	55
Chapitre 4 :	L'essor et le déclin du sucre en Nouvelle-Calédonie	67
Chapitre 5 :	La deuxième vague d'immigrants réunionnais	83
Chapitre 6 :	Les Coolies	113
Chapitre 7 :	Le créole réunionnais en Nouvelle-Calédonie	141
Chapitre 8 :	Contacts entre les Réunionnais et les Kanak de Saint-Louis	167
Conclusion		193
Bibliographie		201

Liste des illustrations

Carte 1 :	La Région de La Conception – Saint-Louis	12
Carte 2 :	Les Lieux historiques de La Conception, Saint-Louis et Yahoué	13
Carte 3 :	Les Quartiers du Mont-Dore	14
Carte 4 :	Le Village de Saint-Louis, aire centrale	15
Carte 5 :	Le Village mélanésien de Saint-Louis	16

Mission de Saint-Louis	161
Le Pont-des-Français en 1869	161
La plus ancienne photo de l'église de Saint-Louis prise probablement en 1868	162
Sœur Marie-de-la-Croix et ses filles en 1875 à Saint-Louis : le groupe des premières internes	163
Saint-Louis : la première école internat en maçonnerie	164
Vue de la ferme-modèle d'Yahoué	165
Entrepôt de Koé 1879	166

Liste des tableaux

Tableau 1 : Noms de famille des personnes nées à la Réunion recensés dans les registres d'État Civil de Nouméa, Dumbéa, du Mont-d'Or et de Païta (1863-1899) et dans l'annuaire téléphonique de Nouvelle-Calédonie en 2005   95

Tableau 2 : Noms de famille des personnes nées à la Réunion recensés dans le Moniteur de la Nouvelle-Calédonie (1862-1899) et dans d'autres sources imprimées et dans l'annuaire téléphonique de Nouvelle-Calédonie en 2005 ou en 2006   99

Tableau 3 : Les métiers exercés par les Réunionnais à Nouméa 1863 - 1899   108

Tableau 4 : Les métiers exercés par les Réunionnais à Dumbéa 1866-1898   109

Tableau 5 : Les métiers exercés par les Réunionnais au Mont d'Or 1871-1891   110

Tableau 6 : Les métiers exercés par les Réunionnais à Païta 1871-1883   110

Tableau 7 : Population océanienne, asiatique et africaine au 18 août 1869   119

Tableau 8 : Les lieux de naissance des personnes désignées comme « Indiens » ou « Malabars » dans les registres d'État Civil de Nouméa, Dumbéa, du Mont-d'Or et de Païta (1863-1899)   130

Tableau 9 : Métiers exercés par les Indiens (hommes et femmes) à Nouméa, Dumbéa, au Mont-d'Or et à Païta de 1863 à 1880 et de 1881 à 1899   132

Tableau 10 : Patronymes indiens recueillis dans les registres d'État Civil de Nouméa, Dumbéa, du Mont-d'Or et de Païta (1863-1899) qui se trouvent aussi dans l'annuaire téléphonique de Nouvelle-Calédonie en 2005 et les lieux de résidence en 2005 de ces familles   135

Tableau 11 : Les noms des engagés déserteurs avec leur signalement   137

L'HARMATTAN, ITALIA
Via Degli Artisti 15 ; 10124 Torino

L'HARMATTAN HONGRIE
Könyvesbolt ; Kossuth L. u. 14-16
1053 Budapest

L'HARMATTAN BURKINA FASO
Rue 15.167 Route du Pô Patte d'oie
12 BP 226
Ouagadougou 12
(00226) 50 37 54 36

ESPACE L'HARMATTAN KINSHASA
Faculté des Sciences Sociales,
Politiques et Administratives
BP243, KIN XI ; Université de Kinshasa

L'HARMATTAN GUINÉE
Almamya Rue KA 028
En face du restaurant le cèdre
OKB agency BP 3470 Conakry
(00224) 60 20 85 08
harmattanguinee@yahoo.fr

L'HARMATTAN CÔTE D'IVOIRE
M. Etien N'dah Ahmon
Résidence Karl / cité des arts
Abidjan-Cocody 03 BP 1588 Abidjan 03
(00225) 05 77 87 31

L'HARMATTAN MAURITANIE
Espace El Kettab du livre francophone
N° 472 avenue Palais des Congrès
BP 316 Nouakchott
(00222) 63 25 980

L'HARMATTAN CAMEROUN
BP 11486
Yaoundé
(00237) 458 67 00
(00237) 976 61 66
harmattancam@yahoo.fr

590727 - Décembre 2014
Achevé d'imprimer par